复旦政治学评论

FUDAN POLITICAL SCIENCE REVIEW

《复旦政治学评论》第二十七辑
FUDAN POLITICAL SCIENCE REVIEW Vol.27
复旦大学国际关系与公共事务学院
中文社会科学索引（CSSCI）来源

主 编：陈明明
学术委员会（以姓氏或首字音序排序）

曹沛霖	复旦大学
陈 峰	香港浸会大学
国分良成	日本庆应义塾大学
何包钢	澳大利亚迪肯大学
肖 滨	中山大学
景跃进	清华大学
林尚立	复旦大学
牛铭实	美国杜克大学
孙关宏	复旦大学
王绍光	香港中文大学
徐湘林	北京大学

编辑委员会（以姓氏或首字音序排序）

包刚升　陈 云　陈明明　陈周旺　郭定平　洪 涛
李 辉　林 涓　刘春荣　刘建军　邱柏生　任军锋
桑玉成　熊易寒　臧志军

利益的关联、
博弈与公共政策

复旦政治学评论

第二十七辑

复旦大学出版社

目 录

政治与公共政策

中国税制的现代化改革:理论逻辑与路径选择
……………………… 张平 燕洪 苟燕楠 3
政治吸纳与民营企业家地位感知:基于全国私营企业调查
的实证分析 ……………………………… 黄杰 41
企业规模、利益耦合与政商关系类型…………… 孙明 72
从互助到行动:罕见病患者组织何以参与政策倡导?
……………………………………………… 吴洁 100
风腐一体化治理:逻辑、特征与策略
………………… 杨丽天晴 公婷 王大安 134

比较政治

可信承诺的政治适用:内在理路及其局限
………………………………………… 谢振达 161
新家产制与非洲政治研究:一项学术史考察
…………………………………………… 闫健 186

中国政治史

"制造利维坦":大一统君主官僚制国家的起源和形成
（770BC—87BC）
　　——基于精英关系、边陲和中心关系、天命论的分析
.... 黄　涛　221

迁都规律与国家发展
　　——兼论周振鹤先生对政治地理学的贡献
.... 张　远　259

学术独立论与青年文官训练：以中央政治学校（1929—1946）
为例 .... 周　顺　290

政治思想

近代中国政治思想研究的原生概念发掘 .... 谢丽萍　317

学术对话与评论

罗宾汉与储钱罐：西方福利国家的研究对话
.... 考斯塔·艾斯平-安德森
斯坦因·库勒　托马斯·霍义乎普　刘春荣　翻译：王涵霏　341

Contents

The Modernization of Tax Reform in China: Theoretical

　　Logic and Reform Path ·· 39

Political Cooptation and Private Entrepreneurs' Status

　　Perception: Evidence from a National Survey ················· 70

Enterprise Size, Interest Coupling and China's Government-

　　Business Relations ·· 99

From Mutual Aid to Participation: Rare Disease Patient Groups'

　　Policy Advocacy in China ··· 132

Integrated Governance of Work-Style and Corruption:

　　Logic, Characteristics, and Methods ··························· 156

The Political Application of Credible Commitment: The

　　Internal Logic and Limitations ·································· 185

Neopatrimonialism and African Political Studies: A Literature

　　Review ··· 217

"Creating Leviathan": The Origin and Formation of the Emperor-

　　Bureaucrat State (770BC–87BC) — An Analysis Based on the

　　Relationship between Elites, the Relationship between Border

and Center, and the Theory of Destiny ……………………… 257

The Law of Capital Relocation and State Development

— On the Contributions of Professor Zhou Zhenhe to

Political Geography ……………………………………… 289

Academic Independence and the Training of Young Civil Servants:

A Case Study of National Chengchi University (1929—1946)

……………………………………………………………… 312

The Issue on Exploring Indigenous Concepts of Political Thought

in Early Modern China ………………………………… 337

Robin Hood, the Piggy Bank and Welfare State Dynamics:

An Research Conversation ……………………………… 365

政治与公共政策

中国税制的现代化改革：
理论逻辑与路径选择

张 平* 燕 洪** 苟燕楠***

[内容提要] 税收制度现代化是国家治理体系和治理能力现代化的重要组成部分。本文在深化税制改革和建立现代财政制度的背景下，探讨了中国税收制度现代化的理论逻辑与路径选择。本文首先基于现代税收制度内涵、职能以及在政府治理中的作用，剖析了税收对政府治理的影响机制。其次从税收制度与职能、税收原则、最优税制理论、税制与税基相匹配等理论层面，探讨了现代税收制度的核心逻辑。最后从国家政策层面提炼出构建现代税收制度的四个政策导向，即完善社会主义市场经济体系、提升直接税比重、完善地方税体系以及促进共同富裕。在此基础上，本文阐述了中国税制现代化改革的路径选择，即建立流转税、所得税、财产税三大类税种相辅相成，以直接税为主体、直接税与间接税相结合，以及对个人征税与对企业征税相均衡的现代税制体系。

[关键词] 税收制度现代化；税收职能；理论逻辑；路径选择

---

* 张平，复旦大学国际关系与公共事务学院。
** 燕洪，复旦大学国际关系与公共事务学院。
*** 苟燕楠，上海大学经济学院。

一、引言与背景

2013年11月,中共十八届三中全会提出"国家治理体系和治理能力现代化"的重大命题,其中明确提出了深化税制改革、建立现代财政制度的目标原则和主要任务,这标志着新一轮财税体制改革进程的启动。① 2022年10月,党的二十大首次明确提出以中国式现代化全面推进中华民族伟大复兴。现代化已成为中国经济社会持续发展推进的必然方向,在不同领域也会不断推动相关制度的现代化建设,税收制度同样如此。税收制度是国家按照一定的政策和原则构建的税收体系。② 这一体系是由诸个税类或税种所构成的相互协调、相互补充的整体系统,并通过税制结构呈现出层次分明、主次关系明确的特点。在改革开放40多年来的财税改革进程中,我国从最初只有寥寥几个税种的极简税收体系逐渐过渡到了一个具有多税种、多环节、多层次特点的复合税收体系③,税收在组织财政收入、提供公共服务和宏观调控方面的作用不断强化。那么,基于中国当前的经济社会实践和发展阶段,税收制度的现代化应该基于哪些理论逻辑,又存在哪些具体的路径选择?

税收体系可依不同的标准来界定:税收负担能否转嫁、主体税种选择的不同,以及税收收入归属权的不同。按照以上三种标准分析,我国税收体系有以下显著特征。

(1) 以间接税为主体。在我国税制结构中,间接税收入与直

---

① 楼继伟:《深化财税体制改革 建立现代财政制度》,《求是》2014年第20期。
② 高培勇:《从结构失衡到结构优化——建立现代税收制度的理论分析》,《中国社会科学》2023年第3期。
③ 杨志勇:《中国税制40年:经济、社会与国家治理视角》,《国际税收》2018年第12期。

接税收入之比大约为70∶30(见图1)①,间接税对税收收入的贡献远大于直接税。2022年,在全部税收收入中,来自国内增值税、国内消费税、关税等间接税收入的占比达到65.66%。除此之外,来自企业所得税、个人所得税等直接税收入的占比,仅为34.34%。② 间接税作为价格的构成要素嵌入各种商品和要素的价格中,高培勇形象地将其称为"价格'通道'税"。③ 以间接税为主体的税收体系意味着我国税收负担分配的主要依据为消费和价格因素,容易因扭曲消费选择而导致资源配置效率损失④、具有较强的累退性质而对收入分配产生逆向调节⑤、与价格捆绑在一起而引起通货膨胀⑥等。相比之下,2020年,OECD(Organization for Economic Co-operation and Development,经济合作与发展组织)国家直接税和间接税之比大致为53∶47。⑦ 相较于OECD国家相对均衡的税收收入结构,我国间接税比重仍然很高。

---

① 按照税收负担能否转嫁的标准可将我国现行的18个税种划分为直接税和间接税两大类。其中,间接税包括:国内增值税、国内消费税、进口货物增值税、关税、城市维护建设、车辆购置税、印花税、资源税、契税、土地增值税、耕地占用税、城镇土地使用税、环境保护税、车船税、船舶吨税、烟叶税等其他税收;直接税包括:企业所得税、个人所得税、房产税。

② 数据来源:《2022财政收支情况》(2023年1月30日),中华人民共和国财政部官网,http://gks.mof.gov.cn/tongjishuju/202301/t20230130_3864368.htm,最后浏览日期:2024年8月7日。受增值税留抵退税改革的影响,2022年增值税比重下降明显,使得间接税比重也相应下降。

③ 高培勇:《论完善税收制度的新阶段》,《经济研究》2015年第50期。

④ 倪红福:《中国间接税的效率损失——基于中国生产网络结构一般均衡模型方法》,《管理世界》2022年第38期。

⑤ 岳希明、张斌、徐静:《中国税制的收入分配效应测度》,《中国社会科学》2014年第6期;张敏、李颖、曹青:《间接税税负归宿对城镇居民收入分配的影响研究》,《税务研究》2021年第9期。

⑥ 储德银、吕炜:《我国税制结构对价格水平变动具有结构效应吗》,《经济学家》2016年第1期。

⑦ 为了与中国的税收体系(未包括社会保障缴款)进行同口径比较,我们剔除了OECD国家的社会保险费收入,并将其余税收收入调整为100%基准。在此基础上,2020年OECD国家的直接税和间接税占比分别为53%和47%。数据来源:https://stats.oecd.org/Index.aspx?DataSetCode=RS_GBL。

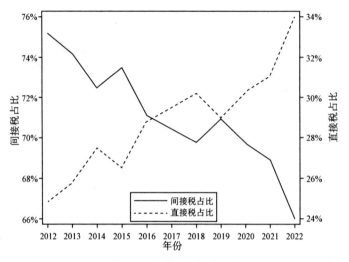

图 1　直接税与间接税占比

数据来源：中华人民共和国财政部网站，https://gks.mof.gov.cn/tongjishuju/。

（2）以流转税和所得税为双主体。按主体税种的划分方法，在我国现行税收体系下，2022 年我国的流转税，主要包括国内增值税和国内消费税，约占总税收收入的 40%；所得税，包括企业所得税与个人所得税，合计约占总税收收入的 35%；房产税基本缺失，仅约占总税收收入的 2%（见图 2）。然而，可以根据相关数据测算，现阶段我国房产总价值超过 300 万亿元人民币。① 与此相对照，2022 年我国的国内生产总值（GDP）为 120 万亿元人民币。这一数据揭示了房产价值在我国总财富中所占的重要地位，如此巨大的潜在税基仍然脱离中国当前的税制体系之外，表明当前中国税制结构与税基结构的脱离。更值得关注的是，在我国的税收

---

① 根据国家统计局数据和第七次全国人口普查数据，可以大致估算出我国房产总价值约为：1 万/平方米 * 37 平方米/人 * 8.4 亿人 = 308 万亿（住房单价 * 人均居住面积 * 城镇常住人口）。该测算利用的是全国的住房均价，如果考虑到不同城市的房价差异，且人口多集中于大城市，实际的住房市值可能高于这里的测算。测算的数据来源为：2021 年全国商品住宅均价为 10 139 元/平方米，城市家庭人均居住面积为 36.52 平方米；2022 年末，全国人口为 141 175 万人，家庭户人口为 129 281 万人，集体户人口为 11 897 万人。常住人口城镇化率为 65.22%，计算得出家庭户城镇常住人口约 84 371 万人。

体系中,企业直接缴纳的税收高达 90% 左右;企业承担的间接税占总税收的 70% 左右,企业所得税占比约为 20%。在这样的税收结构下,税收因素可能对企业的投资和经营决策产生较大的扭曲效应,使得税收难脱"非中性"之弊。① 尽管纳税对象和税负承担者有所不同,但企业承担税收比例过高仍然会直接降低资本收益率,甚至会影响企业的国际竞争力。

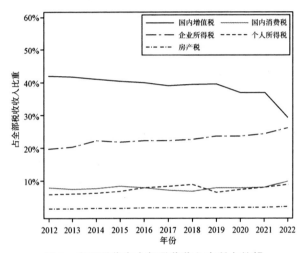

图 2　主要税收在全部税收收入中所占份额

数据来源:中华人民共和国财政部网站,https://gks.mof.gov.cn/tongjishuju/。

(3) 地方政府缺乏主体税种。地方税当前面临的突出问题在于缺少主体税种、税种小且多、税源分散,征管难度大、成本高等问题。② 近年来,中央税、中央与地方共享税改革取得较大进展③,地方税改

---

① 高培勇:《从结构失衡到结构优化——建立现代税收制度的理论分析》,《中国社会科学》2023 年第 4 期。
② 参见孙玉栋:《"中国之治"背景下的我国税制改革研究》,中国人民大学出版社,2020 年。
③ 2002 年 1 月 1 日正式实施的所得税分享方案正是中央与地方共享税改革的典型代表。在此次改革中,企业所得税由地方税转变为地方中央共享税,地方政府在此后的所得税征收中收入占比由 100% 陡然降至 50%,并于 2003 年进一步下降为 40%。此外还有 2003 年出口退税分担机制改革,以及多次的印花税分享比例改革等。

革却相对缓慢,尤其是地方缺乏主体税种而难以获得大宗的、稳定的收入,这与发展地方经济和各项事业建设所需财力不相适应。2016年,营业税改增值税(营改增)改革全面完成后,原本作为地方重要税种的营业税也随之消失。2018年,国税地税由分设回到合并,这在理论上能够提高征管效率、降低征管成本的同时,也显然反映了地方税体系的式微。长期以来,中国的财政体系一直存在着事权与财权不匹配、地方政府高度依赖转移支付的问题。

二、现代税收制度的理论逻辑

如何设计税制、进行新一轮的税制改革,理论界众说纷纭。现代税收制度的健全与完善离不开核心的逻辑,这包括税收制度、税收职能与政府治理的关系,效率与公平的基本原则,最优税制理论,以及税制与税基相匹配等基本原理。这些基本原则和理论指导着税收政策的制定与实施,以促进经济发展和社会公正。

(一)最优税制理论

公平与效率的权衡取舍是现代税收制度研究的核心问题之一。最优税制理论(Optimal tax theory)[1]所研究的就是如何构建兼顾资源配置的效率性和收入分配的公平性的税收制度,它是对税收原则理论(特别是税收公平原则和效率原则)的细化和综合。[2] 在这一理论构架下,最优税收是从公平和效率意义上使社会福利最大化的税收。20世纪70年代以来,最优税制分析的规范性研究取得长足进展,具体到现代社会的复合税制中,最优税制

---

[1] 最优税制理论,也叫最优税收理论、税收优化理论。
[2] 杨志勇:《税收经济学》,东北财经大学出版社,2011年,第110页。

主要体现在最优税制结构理论上。

最优税制结构理论,也称直接税与间接税最优搭配理论。这一理论最早可以追溯至阿特金森(Atkinson)和斯蒂格利茨(Stiglitz),该研究指出,当存在非线性所得税,并且效用函数满足消费和闲暇之间的弱可分性假定时,最优税收体系可以仅通过直接税(非线性所得税)来实现,这一结论也被称为 A-S 定理。① 但是,该结论的依赖条件在税收实践中很难满足。此后,大部分有关最优税制结构的理论研究主要关注的是:在一个以直接税为主导的税收体系中,是否有必要引入间接税。相关研究在此基础上主要沿着两个方向展开:一是通过放宽假设证明 A-S 定理的不适用性。部分学者进一步探讨了在存在直接税逃税可能性的情况下②、引入劳动供给回报的不确定性③,以及放宽生产边际成本不变的假定后④直接税与间接税的组合问题,结果表明差异化商品税是能够实现帕累托效率的最优税制结构的重要组成部分。阿尔科特(Allcott)等研究发现在消费者非完全理性的假设下,差异化商品税有助于通过再分配实现税收的公平性。⑤ 二是在认可 A-S 定理有效性的基础上对其进行扩展与修正。例如,赛斯(Saez)将 A-S 定理推广到异质性消费偏好的情况下,认为无论是从筹集财

---

① Atkinson A. B. and Stiglitz J. E., "The Design of Tax Structure: Direct versus Indirect Taxation," *Journal of Public Economics*, Vol.6, Issue 1-2, 1976, pp.55-75.

② Boadway R., Marchand M., and Pestieau P., " Towards a Theory of the Direct-Indirect Tax Mix," *Journal of Public Economics*, Vol.55, Issue 1, 1994, pp.71-88.

③ Cremer H., and Gahvari F., "Uncertainty, Optimal Taxation and the Direct versus Indirect Tax Controversy," *The Economic Journal*, Vol. 105, Issue 432, 1995, pp.1165-1179.

④ Naito H., "Re-examination of Uniform Commodity Taxes under a Non-Linear Income Tax System and Its Implication for Production Efficiency," *Journal of Public Economics*, Vol.71, Issue 2, 1999, pp.165-188.

⑤ Allcott H., Lockwood B., and Taubinsky D., "Ramsey Strikes Back: Optimal Commodity Taxes and Redistribution in the Presence of Salience Effects," *AEA Papers and Proceedings*, Vol.108, 2018, pp.88-92.

政收入还是实现再分配的角度,直接税都优于间接税。① 哥梯尔(Gauthier)和拉罗克(Laroque)表明当政府能够察觉消费者的异质性偏好时,最优税收可以仅通过直接税实现。②

　　国内对于税制结构的研究始于20世纪末期。马栓友基于我国1979—1999年的税收数据进行回归分析,认为直接税对经济增长有显著的抑制作用,我国以增值税、营业税和消费税等间接税为主体的税制结构是合理的。从促进经济增长角度讲,使我国经济增长最大化的最优直接税规模是GDP的3.5%,最优直接税/间接税比率是0.45,这意味着应适当削减直接税。③ 王亮使用我国1992—2002年的税收数据进行回归分析,认为我国经济增长最大化时,最优的流转税占GDP的7.78%,最优所得税占GDP的2.1%,我国税改重点应为增大所得税的比率。④ 李华测算了2001—2010年中国省级最优税制结构及其实际偏离度,结果表明我国流转税比重过高,在一定范围内提高直接税比重有利于实现税收的公平与效率。⑤ 吕炜等通过构建一般均衡模型研究发现,在财产税比重较低时,可以在均匀税率下通过仅对高财富人群征税从而以极小的福利损失带来较大的财富不平等程度的改善,而采用累进性财产税税率形式甚至可能实现公平和效率的双重红利。因此,中国未来可以通过对高财富人群开征适当形式的财产

---

① Saez E., "The Desirability of Commodity Taxation under Non-Linear Income Taxation and Heterogeneous Tastes," *Journal of Public Economics*, Vol. 83, No. 2, 2002, pp. 217-230.
② Gauthier S. and Laroque G., "Separability and Public Finance," *Journal of Public Economics*, Vol. 93, Issue 11-12, 2009, pp. 1168-1174.
③ 马栓友:《税收结构与经济增长的实证分析——兼论我国的最优直接税/间接税结构》,《经济理论与经济管理》2001年第7期。
④ 王亮:《我国流转税与所得税最优比例关系的实证分析》,《财贸研究》2004年第5期。
⑤ 李华、任龙洋:《中国省级税制结构优化:效率与公平的双重红利》,《财贸经济》2012年第10期。

税,以提高直接税比重来实现税制结构优化。可见,随着社会经济的发展,学界对中国税制结构的观点也发生了变化:从早期强调以间接税为税制主体的合理性,到近年来越来越关注直接税在税制中的角色,这在一定程度上反映了税收目标从侧重于追求效率向兼顾效率与公平的方向转变。①

(二)税收制度、税收职能与政府治理

现行税制体系在推动经济发展中发挥重要作用。然而,随着全面深化改革不断向纵深推进,我国现行税收体系仍存在不少"短板"和"弱项"②,亟待按照国家治理体系和治理能力现代化的新要求进一步深化改革,不断向现代税收制度转化。王绍光认为,从"税收国家"向"预算国家"跃升,其核心驱动力是建立现代预算制度,通过财政统一和预算监督使得现代税收制度明显区别于传统财税制度。③ 现代预算制度根本性地改变了国家汲取和支出财政资源的方式,促进了财政活动的理性化与财政问责制度的深化。④ 随着建立现代税收制度的推进,税收职能的重塑也成为改革的关键环节。随着国家的演进和经济社会的发展,税收的职能范围不断扩展。正如马克思所说,"赋税是政府机器的经济基础,而不是其他任何东西",税收的基本职能是财政职能,即筹集收入以满足政府财政的需要。随着商品经济的发展,生产率的提高以

---

① 吕炜、杨林林、齐鹰飞:《税制结构调整的财富分布效应与福利影响——以通过财产税提高直接税比重为例》,《财贸经济》2022年第43期。
② 高培勇:《从结构失衡到结构优化——建立现代税收制度的理论分析》,《中国社会科学》2023年第3期。
③ 王绍光:《从税收国家到预算国家》,《读书》2007年第10期。
④ 王绍光和马骏根据税收来源的不同,将"财政国家"分成6类:领地国家(domain-state)、贡赋国家(tribute-state)、关税国家(tariff-state)、税收国家(tax-state)、贸易国家(trade-state)、自产国家(owner-state),并指出在近现代时期,领地国家向税收国家转型是财政国家的变迁趋势,此后国家的财政收入主要来源于私人部门。参见王绍光、马骏:《走向"预算国家"——财政转型与国家建设》,《公共行政评论》2008年第1期。

及人口的流动使得课税范围不断扩大,流转环节的税收选择不断增加,税收的调节职能开始显现。① 以马斯格雷夫(Musgrave)为代表的主流财政学将税收职能的描述概括为:组织财政收入、公平分配、市场调节、经济稳定和增长。② 然而,主流财政文献都是从经济学角度对税收职能进行概括,未能将税收置于现代国家治理更宽阔的理论视野进行概括,这在一定程度上弱化了税收职能理论的现实解释力。事实上,无论从理论上看,还是基于税制实践的客观事实,税收都有经济、社会和政治等方面的多重职能。③ 根据十八届三中全会对财政税收职能的界定,税收应发挥优化资源配置、维护市场统一、促进社会公平、实现国家长治久安四项基本职能。在建立现代财税体制的语境下,税收的职能边界得到了极大拓展:从经济领域,延伸至包括经济、政治、文化、社会和生态文明以及党的建设在内的所有领域,成为推进国家治理的基础性和支撑性要素。税收职能的边界随着时代的发展而不断拓宽,不同阶段的税收制度与税收职能紧密联系在一起,"奔着实现一定的税收职能格局而去,围着一定的税收职能格局而转"。④ 税收职能与税收制度之间的互动主要包括两个方面。首先,税收职能指导税制设计,并制约着特定税收制度的具体内容。⑤ 税收制度的改革和完善必须以履行相应税收职能的要求为服务目标。其次,特定的税收制度是充分发挥税收职能作用的必要条件。通过合理设计税

---

① 彭妙薇、陈志刚:《税收职能再思考:基于国家治理的视角》,《税务研究》2019 年第 2 期。
② 理查德·A. 马斯格雷夫,佩吉·B. 马斯格雷夫:《财政理论与实践》(第五版),邓子基、邓力平译校,中国财政经济出版社,2003 年,第 6—14 页。
③ 刘成龙、王婷、冯卉:《国家治理视角下我国个人所得税的优化》,《税务研究》2020 年第 2 期;李建军、冯黎明、尧艳:《论完善现代税收制度》,《税务研究》2021 年第 6 期。
④ 高培勇:《从结构失衡到结构优化——建立现代税收制度的理论分析》,《中国社会科学》2023 年第 4 期。
⑤ 李建军:《现代财政制度下的税收职能探析》,《税务研究》2016 年第 1 期。

收制度来实现税收职能的发挥,提高税收征管效率,保障国家财政收入,调节经济社会发展等。但是,税收制度的实施效果又受到包括税制设计、税收政策、社会经济环境等多种因素的影响,因此,需要不断改革和完善税收制度,以更好地履行相应税收职能的要求。

在现代财政制度框架下,税收与国家治理紧密关联,现代税收在一定程度上是治理型税收,其与国家的经济治理、社会治理和政治治理具有高度的契合性。① 税收在国家治理中起着收入机制、分配机制和稳定机制的作用,税收推动国家治理的渠道和机制复杂多样,可简化概括为三个方面:一是财力机制(收入)。汲取财政收入并按一定方式进行支出是国家能力基本的支持性要素之一。税收是筹集财政收入重要和主要的政策工具,而且,"相对于其他任何要素而言,一个国家筹集和配置财政资源的方式更能说明国家现有的能力"。② 政府作用的发挥依赖于国家以税收为主的财力支撑,汲取资源以及按一定的方式进行支出,是国家能力最基本的支持性要素之一。③ 缺乏适当的财力,国家治理的目标将不可能实现。与此同时,税收的累进性特征又具有显著的收入分配效应,在筹集财政收入时,起到收入分配调节工具的作用。二是激励与约束机制(分配)。税收制度不仅是一个国家当前社会经济状况的衡量指标,更是国家政治、经济和社会结构改革的触发和激励机制。④ 这一机制体现在税收政策的设计中:税收政策通过明确的征税对象、方式和税率以及是否给予减免,不仅可以对纳税人的经

---

① 刘元生、李建军:《论推动国家治理现代化的税收职能作用》,《税务研究》2019年第4期。

② Skocpol, Theda, "Bringing the State Back In: Strategies of Analysis in Current Research," in Peter Evans, Dietrich Rueschemeyer and Theda Skocpol, eds., *Bring the State Back In*, New York: Cambridge University Press, 1985.

③ 王绍光、马骏:《走向"预算国家"——财政转型与国家建设》,《公共行政评论》2008年第1期。

④ 卢洪友、张楠:《国家治理逻辑下的税收制度:历史线索、内在机理及启示》,《社会科学》2016年第4期。

济行为产生积极的激励或适度的约束,还能够间接地推动政治改革和社会结构的调整,确保国家的综合发展和稳定。三是问责机制(稳定)。财政问责是建立责任政府、落实"政治问责"必不可少的条件。① 税收作为国家治理的重要工具,其设置和实施涉及诸多法律过程,纳税人对税款使用具有监督权、税法知情权等,通过多元主体参与的垂直问责、平行问责和社会问责机制②,增强政府的透明度和公信力。公众意识到了承担税收负担后就有权力和动力去约束、监督政府的行为,关心税款的使用和公共产品的提供情况,使得纳税人对征税的公正性、合理性以及税款的使用进行监督,从而确保税收资源得到有效和公正的分配。这些问责和权力意识的激发,实际上是国家与社会、政府与民众之间深入互动的过程③,有助于解决税收政策执行中的问题,为国家治理提供了稳定基础。

(三) 税收的公平与效率原则

一国税制,无论古今中外,均强调税制公平和效率。公平与效率是现代税收制度的两大基本原则,正确处理公平与效率的关系是我国现代税收制度研究的核心问题之一。④ 在税收公平方面,税收公平具有横向公平和纵向公平两个层次:横向公平是指具有相似纳税能力的主体税负接近;纵向公平是指纳税能力不同或相

---

① 王绍光、马骏:《走向"预算国家"——财政转型与国家建设》,《公共行政评论》2008 年第 1 期。
② 张平、侯一麟:《解读中国现代财政体制改革研究中的三个重要问题》,《公共管理与政策评论》2019 年第 8 期。
③ 吕冰洋、张兆强:《中国税收制度的改革:从嵌入经济到嵌入社会》,《社会学研究》2020 年第 35 期。
④ 2021 年 8 月 17 日,中央财经委员会第十次会议提出要坚持以人民为中心的发展思想,在高质量发展中促进共同富裕,正确处理效率和公平的关系,构建初次分配、再分配、三次分配协调配套的基础性制度安排,加大税收、社保、转移支付等调节力度并提高精准性等。

差较大的主体承担不同的税负。对于税收公平的衡量标准,即纳税人是否承担了税收负担的"合理份额"①,理论界存在两种不同的主张:一是"受益说",即谁受益谁纳税;二是"纳税能力说",即按照纳税能力纳税。受益原则强调的是根据纳税人从政府提供的公共服务受益程度纳税,符合受益原则的税收被称为受益税。受益原则在税收制度中有广泛应用,典型的受益税是房地产税,个人所得税、一般消费税和社会保障税等也具有受益税的性质。② 纳税能力原则强调纳税人所承担的税收负担与其支付能力相匹配,在税收实践中,支付能力一般以纳税人的消费、收入、财产等指标衡量。在税收效率方面,税收效率标准包括经济效率和征管效率两个维度。在规范经济学意义上,经济效率是指税制设计应最大程度降低经济资源配置效率损失或经济福利中的"无谓损失"(deadweight loss),即保持税收中性。征管效率是指在征收和管理税收的过程中,实现征管和遵从成本的最小化。

在税收制度中,直接税和间接税是两种基本的税收形式,均可实现税收的财政收入功能,但两者公平和效率的权衡具有不同的特点。具体而言,直接税以所得和财产为课税对象,这种税制形式不会扭曲商品价值,具有更高市场效率,也更能确保纵向公平,但征管成本相对较高。作为直接课征于收入端和财产端的税收,纳税人的税负与其收入或财富呈正相关关系,更好地体现了纳税能力原则,确保财富较多的群体承担更大的税收责任。间接税则是以货物或劳务的交易为课税对象,通常具有管理成本较低、征税阻力较小、税源分布广泛等优势。但是,由于间接税是以消费或支出

---

① See Musgrave R. A., *Public Finance in Theory and Practice: A Study in Public Economy*, New York: McGraw-Hill, 1959.
② 吕冰洋、张兆强:《中国税收制度的改革:从嵌入经济到嵌入社会》,《社会学研究》2020 年第 35 期。Bird R. M. "Intergovernmental Fiscal Relations: Universal Principles, Local Applications", International Center for Public Policy, Andrew Young School of Policy Studies, Georgia State University, 2000.

为征税依据,而居民的边际消费倾向呈现递减的规律,间接税的累退性可能加大收入分配的不平等,其在整体税收中占比较大时将使得整体的税负主要由中低收入群体承担。此外,我国间接税以增值税为主体,从价计征使增值税成为市场价格的"税收楔子",难以实现税收中性。这种税制形式会扭曲价格机制的形成,影响消费者在商品之间的消费选择,进而损害市场效率和资源的有效配置。① 从这个角度讲,直接税优于间接税。

(四)税制与税基的匹配

税制与税基的匹配性是税收制度改革的核心现实逻辑,以及重要驱动力。若想实现"拔最多的鹅毛,听最少的鹅叫",税收制度应当与税收基础的特性、规模和变化相适应,以确保税收的公平性、效率性和稳定性。我国税收制度的历史变迁与其社会经济发展紧密相连,体现了税制与税基不断匹配的过程:从新中国税收发展 70 多年来看,随着我国经济结构从以农业为支柱向工商业经济的转变,以及市场经济体制改革后国民财富与收入的不断增长,我国税收制度也经历了从以农业税为主体到以工商税为主体,再到个人所得税和财产税等直接税比重逐渐上升的演变过程。随着我国税源基础从国民收入循环的生产环节向再分配和财富积累环节转移,税收基础将逐渐从以价格为依托转为以收入和所得为依托,这对推动我国税收制度改革提出了新的挑战。

从政府间税收划分的角度,马斯格雷夫根据税基的流动性和税收目标而提出的税收划分原则认为:在辖区间具有低流动性的税基应由地方政府征收,以确保低层级政府税收的周期稳定性,并避免税基流动性带来的恶性税收竞争和经济竞争;对于地区间分

---

① Friedman M., "The 'Welfare' Effects of an Income Tax and an Excise Tax," *Journal of Political Economy*, Vol. 60, No. 1, 1952, pp. 25-33; Harberger A. C., "The Measurement of Waste," *The American Economic Review*, 1964, pp. 58-76.

布不均衡的税基、旨在实现收入再分配的累进性税收,以及适合经济稳定政策目标的税收,应当由中央政府征收。① 基于这一原则,良好地方税应具有税基固定、税收充分、税收稳定可预期、税收不易输出、税基可见、征纳高效等七大特征。② 从我国税制体系来看,在分税制下,地方政府参与税收分成的税种(中央地方共享税)主要是增值税、企业所得税和个人所得税,分别对应于商品、资本及劳动这三种流动性税基;适合作为地方税的税种十分有限。在这种税收体系下,地方政府将热衷于从税收利益出发推动工业投资和房地产投资、制造税收洼地等,以带动增值税和企业所得税增长,由此引发工业产能过剩、扭曲市场资源配置以及市场分割等一系列问题。③ 为引导政府职能向提供优质公共服务转变,地方税体系建设仍然非常重要。④

从全球税收制度的历史发展来看,税基的选择首先取决于经济发展水平。在经济水平较低的发展中国家,由于直接税,尤其是所得税的基础相对薄弱,间接税自然成为税制的核心。而在经济更为发达的国家,虽然各类税基都相对充裕,税制的结构和选择往往更多地受到政策取向,特别是对效率与公平考量的影响。⑤ 我国经过改革开放后 40 多年的经济发展,经济社会结构发生了巨大变化;但与之相对的是,我国的税制结构还维持着 1994 年分税制改革所确定的基本架构。从三大类税种(流转税、所得税和财产

---

① Musgrave, R. A., "Who Should Tax, Where and What," in McLure, C., *Tax Assignment in Federal Countries*, Canberra: Australian National University, 1983.

② Bahl R. and Bird R., "Subnational Taxes in Developing Countries: The Way Forward," *Public Budgeting & Finance*, Vol. 28, Issue 4, 2008, pp. 1-25.

③ 吕冰洋:《从分税到分成:分税制的演进与改革》,《中国财政》2014 年第 1 期;银温泉、才婉茹:《我国地方市场分割的成因和治理》,《经济研究》2001 年第 6 期。

④ 谷成、曲红宝:《发展中国家政府间税收划分:理论分析与现实约束》,《经济社会体制比较》2015 年第 2 期;郭庆旺、吕冰洋:《地方税系建设论纲:兼论零售税的开征》,《税务研究》2013 年第 11 期。

⑤ 李林木:《在寻求效率与公平的平衡中深化我国税制改革》,《税务研究》2012 年第 11 期。

税)的比重来看,我国的税收以流转税为主;其次是所得税,其中又以企业所得税为主;而财产税相对缺失。这样的税制体系适合20年前家庭财富积累不多的情况,但现在私人层面已经积累了相当体量的财富,这部分财富游离在税收体制之外,就出现了税制体系与税基结构不契合的情况。① 这部分财富的分布不平等程度比收入更高,也会成为"共同富裕"需要调节的税基对象。

三、中国构建现代税收制度的政策导向

关于现代税收制度,中共中央政治局于2014年6月30日审议通过的《深化财税体制改革总体方案》中提到完善税制改革的目标是建立"有利于科学发展、社会公平、市场统一的税收制度体系"。深化税收制度改革是要优化税制结构、完善税收功能、稳定宏观税负、推进依法治税,建立有利于科学发展、社会公平、市场统一的税收制度体系,充分发挥税收筹集财政收入、调节分配、促进结构优化的职能作用。2020年10月29日,中共十九届中央委员会第五次全体会议通过《中共中央关于制定国民经济和社会发展第十四个五年规划和二〇三五年远景目标的建议》中提出"健全省以下财政体制,增强基层公共服务保障能力。完善现代税收制度,健全地方税、直接税体系,优化税制结构,适当提高直接税比重,深化税收征管制度改革"。习近平总书记在《求是》发表的《扎实推动共同富裕》一文中也明确提出"加强对高收入的规范和调节"。深化财税体制改革是一次立足全局、着眼长远的制度创新和系统性重构,是一场关系国家治理现代化的深刻变革。综合中国关于税

---

① 张平:《中国直接税改革的历史逻辑与未来方向——基于个人所得税和房地产税改革路径的分析》,《山东财经大学学报》2020年第32期。

制改革的顶层设计文件,我们将中国现代税制改革的政策导向概括为以下四个方面:完善社会主义市场经济体系;提升直接税比重;完善地方税体系和促进共同富裕。

(一)完善社会主义市场经济体系

纵观新中国成立以来的财税体制改革历程,始终以服务中国特色社会主义市场经济体制建设为宗旨。[①] 健全现代税收制度是构建高水平社会主义市场经济体制的重要支撑。随着我国经济社会进入高质量发展阶段,社会主义市场经济体制所暴露的市场体系不成熟、市场发育不充分、政府和市场"两只手"的关系尚未完全理顺等问题[②],深刻体现了处理好政府和市场关系的紧迫性和重要性,更加凸显了财税制度作为连接政府和市场关系关键一环的重要作用。随着中国特色社会主义进入新时代,税制改革作为全面深化改革的一个重要组成部分,要跳出就税收论税收或就经济论税收的思维局限,不仅要实现税收公共化与加快完善社会主义市场经济体制进程同频共振,最大限度减少税收对市场资源的直接配置和对微观经济活动的直接干预,充分发挥市场在资源配置中的决定性作用;还要最大限度将现代税收制度优势转化为现代税收治理效能,更好发挥政府作用,有效弥补市场失灵。[③]

财税政策作为宏观经济治理工具,根据社会主义市场经济体制要求和宏观调控目标,引导优化市场资源配置,推动有效市场和有为政府结合。推动经济高质量发展,一方面需要有较强的财税政策支持以改善基础设施等硬环境,另一方面也需要在税收制度

[①] 杨灿明:《中国共产党领导下的百年财税改革历程、趋势和启示》,《中南财经政法大学学报》2021年第6期。
[②] 《加快建设高标准市场体系》(2021年2月1日),中国政府网,https://www.gov.cn/zhengce/2021-02/01/content_5584042.htm,最后浏览日期:2024年8月8日。
[③] 高培勇:《新时代中国税收的主题和使命》,《红旗文稿》2020年第11期。

方面改革完善,以进一步优化企业营商软环境。① 围绕税制改革对社会主义市场经济体系的推动作用,中央政策文件的若干表述和提法(见表1),明确了财政在国家治理的基础和重要支柱作用,反映了税制改革在各领域中所承担的关键角色。为此,应以新发展理念为引领,全面提升税收制度的有效性,不断激发微观市场主体活力。

(二)逐步适当提高直接税比重

2014年6月通过的《深化财税体制改革总体方案》强调要重点推进三个方面的改革,即改进预算管理制度、深化税收制度改革、调整中央和地方政府间财政关系。其中,深化税收制度改革以"优化税制结构"为起始语,足见税制结构在现代税收制度中的重要地位。在某种程度上,我国未来税制改革就是围绕"税制结构"的优化展开。②

中国现行税制结构以间接税为主体。间接税收入占到全部税收收入的70%左右,这意味着我国税收的主要来源是对商品和服务的消费征税。间接税较易呈现出累退性,收入越高的人,在间接税的负担上所承受的比例相对越低,收入越低的人承受的比例反而越高。这样一种累退性显然对税负公平以及扩大消费不利。2013年,党的十八届三中全会要求"逐步提高直接税比重",但税制结构的转变不会一蹴而就,"逐步提高"的提法相对务实。2020年的《中共中央关于制定国民经济和社会发展第十四个五年规划和二〇三五年远景目标的建议》更是明确提出了"健全地方税、直接税体系,优化税制结构,适当提高直接税比重"的改革目标。中央政策文件中其他相关的表述可参见表1。

---

① 胡怡建、周静:《我国大规模、实质性减税降费的历史动因、现实逻辑和未来路径》,《税务研究》2022年第7期;胡怡建、周静虹:《深化地方税体系改革 服务中国式现代化》,《税务研究》2023年第8期。
② 胡洪曙、王宝顺:《我国税制结构优化研究——基于间接税与直接税选择的视角》,《税务研究》2017年第8期。

表 1　中央政策文件关于税制改革的相关表述

发布日期	相关文件	关于完善市场经济体系的表述	关于提高直接税比重的表述	关于完善地方税体系的表述	关于共同富裕的表述
2011.03.14	中华人民共和国国民经济和社会发展第十二个五年规划纲要	—	—	—	完善保障和改善民生的制度安排,把促进就业放在经济社会发展各项社会服务均等化,推进基本公共服务均等化,加大收入分配调节力度,坚定不移走共同富裕道路,使发展成果惠及全体人民
2013.03.17	第十二届全国人民代表大会第一次会议关于2012年中央和地方预算执行情况与2013年中央和地方预算的决议	积极发挥财税政策在调节收入分配中的作用,支持国有企业、金融、投融资体制,事业单位改革,促进社会主义市场经济体制不断完善,激发经济社会发展内在活力和动力	—	—	—

21

（续表）

发布日期	相关文件	关于完善市场经济体系的表述	关于提高直接税比重的表述	关于完善地方税制体系的表述	关于共同富裕的表述
2013.11.12	中共中央关于全面深化改革若干重大问题的决定	财政是国家治理的基础和重要支柱,科学的财税体制是优化资源配置、维护市场统一、促进社会公平、实现国家长治久安的制度保障	深化税收制度改革,完善地方税体系,逐步提高直接税比重	深化税收制度改革,完善地方税体系,逐步提高直接税比重	—
2014.06.30	《深化财税体制改革总体方案》	深化税收制度改革,优化税制结构,完善税收功能,稳定宏观税负,推进依法治税,建立有利于科学发展、社会公平、市场统一的税收制度体系,充分发挥税收筹集财政收入、调节分配、促进结构优化的职能作用	—	—	—

22

(续表)

发布日期	相关文件	关于完善市场经济体系的表述	关于提高直接税比重的表述	关于完善地方税制体系的表述	关于共同富裕的表述
2015.10.29	中共中央关于制定国民经济和社会发展第十三个五年规划的建议	深化财税体制改革,建立健全有利于转变经济发展方式、形成全国统一市场、促进社会公平正义的现代财政制度,建立税种科学、结构优化、法律健全、规范公平、征管高效的税收制度	—	—	—
2016.03.16	中华人民共和国国民经济和社会发展第十三个五年规划纲要	—	按照优化税制结构、稳定宏观税负、推进依法治税的要求全面落实税收法定原则,建立税种科学、结构优化、法律健全、规范公平、征管高效的现代税收制度	围绕解决中央地方事权和支出责任划分、完善地方税体系、增强地方发展能力、减轻企业负担等关键性问题,深化财税体制改革,建立健全现代财税制度	必须坚持发展为了人民、发展依靠人民、发展成果由人民共享,作出更有效的制度安排,使全体人民在共建共享发展中有更多获得感,增强发展动力,增进人民团结,朝着共同富裕方向稳步前进

23

（续表）

发布日期	相关文件	关于完善市场经济体系的表述	关于提高直接税比重的表述	关于完善地方税制体系的表述	关于共同富裕的表述
2016.03.16	中华人民共和国国民经济和社会发展第十三个五年规划纲要	—	度，逐步提高直接税比重	完善地方税体系，推进房地产税立法	—
2017.03.15	第十二届全国人民代表大会第五次会议关于2016年中央和地方预算执行情况与2017年中央和地方预算的决议	—	深化税制改革，合理调整税制结构，逐步提高直接税比重	加快制定中央和地方收入划分总体方案，抓紧提出健全地方税体系方案	—
2019.10.31	中共中央关于坚持和完善中国特色社会主义制度推进国家治理体系和治理能力现代化若干重大问题的决定	—	健全以税收、社会保障、转移支付等为主要手段的再分配调节机制，强化税收调节，完善直接税制度并逐步提高其比重	—	—

24

（续表）

发布日期	相关文件	关于完善市场经济体系的表述	关于提高直接税比重的表述	关于完善地方税制体系的表述	关于共同富裕的表述
2020.05.11	中共中央、国务院关于新时代加快完善社会主义市场经济体制的意见	坚持社会主义市场经济改革方向,更加尊重市场经济一般规律,最大限度减少政府对市场资源的直接配置和对微观经济活动的直接干预,充分发挥市场在资源配置中的决定性作用,更好发挥政府作用,有效弥补市场失灵	—	—	—
2021.03.11	第十三届全国人民代表大会第四次会议关于2020年国民经济和社会发展计划执行情况与2021年国民经济和社会发展计划的决议	—	—	—	把促进全体人民共同富裕摆在更加重要的位置,精心谋划共同富裕顶层设计,研究开展共同富裕示范区建设,研究制定"十四五"时期扩大中等收入群体实施方案

（续表）

发布日期	相关文件	关于完善市场经济体系的表述	关于提高直接税比重的表述	关于完善地方税制体系的表述	关于共同富裕的表述
2021.03.11	中华人民共和国国民经济和社会发展第十四个五年规划和2035年远景目标纲要	坚持和完善社会主义基本经济制度，充分发挥市场在资源配置中的决定性作用，更好发挥政府作用，推动有效市场和有为政府更好结合	健全以税收、社会保障、转移支付的为主要手段调节再分配的机制，完善直接税制度并逐步提高其比重	—	坚持居民收入增长和经济增长基本同步、劳动报酬提高和劳动生产率提高基本同步，持续提高低收入群体收入，扩大中等收入群体，更加积极有为地促进共同富裕
2023.03.13	第十四届全国人民代表大会第一次会议关于2022年国民经济和社会发展计划执行情况与2023年国民经济和社会发展计划的决议	2023年国民经济和社会发展计划的主要任务：(四)深化重点领域和关键环节改革，构建高水平社会主义市场经济体制。深化财税体制改革，完善财政转移支付体系，健全省以下财政体制，进一步优化税制结构，完善地方税制度，夯实地方基本财力和自我发展能力	—	深化财税体制改革，完善财政转移支付体系，健全省以下财政体制，进一步优化税制结构，完善地方税体系和个人所得税制度，夯实地方基本财力和自我发展能力	—

为了确保税收制度真正符合现代公平与正义的原则,税收制度和政策的设计应深入每个纳税人的层面。在税制改革的过程中,着眼于"逐步提高直接税比重"的直接税建设是最重要、最具核心意义的方面。① 从我国税收体系的实际情况看,逐步适当提高直接税比重,是根据我国目前收入分配差距较大的情况,以及政府决心通过税收手段调节收入分配、缩小收入分配差距而提出的。根据国家治理体系和治理能力现代化的需求,《深化财税体制改革总体方案》提出完善税制改革重点锁定六大税种:增值税、消费税、资源税、环境保护税、房地产税和个人所得税。其中的五大税种,近几年均已进行了相对实质性的改革;而房地产税的落地,似乎仍然需要时日。从当前改革现状和整个社会的税基结构分析,要完善地方税制体系和实现"共同富裕"的目标,均需要使得税收制度与税基结构相适应,适当提高直接税比重,直面当前社会的不平等,个人所得税和财产税(房地产税)将是未来一段时间内中国直接税改革的重点。②

(三)完善地方税制体系

分税制体系在将收入集中的同时,却让地方政府承担了比财政包干制时期更多的支出责任,使地方财政运行全面依靠中央的转移支付。收入权利上移和支出责任下移导致越基层的政府,财力越紧缺。这带来了一系列问题。一是收入集中和支出分权导致地方政府的支出偏好扭曲。在过去的一二十年里,地方政府明显存在重发展型支出、轻服务型支出的现象。在 2021 年的一般公共预算中,地方政府的教育、卫生和社会保障支出比重仍分别仅占

---

① 高培勇:《从结构失衡到结构优化——建立现代税收制度的理论分析》,《中国社会科学》2023 年第 4 期。
② 张平:《中国直接税改革的历史逻辑与未来方向——基于个人所得税和房地产税改革路径的分析》,《山东财经大学学报》2020 年第 32 期。

17.0%、9.0%和15.6%。二是地方财力紧缺强化了地方政府寻求预算外收入的冲动,这导致近年来地方政府过于依赖"土地财政"以及地方债问题日益加剧。三是财权与事权不匹配和支出责任划分不明确进一步导致上级政府将事权事责下移,加剧了地方政府的财力短缺。地方政府通过"跑部进钱"获取转移支付,资金使用的效率损失明显。缺少稳定的自有收入来源以及对土地出让金的过度依赖,已经成为中国地方财政的典型特征,由此导致地方债务风险和地方财政可持续性问题。地方税不仅是地方政府履行各项职能的财力保障,也是地方政府治理的重要政策工具。在构建新发展格局的时代背景下,既要立足于建设全国统一大市场、畅通国内大循环,又要充分发挥地方政府因地制宜塑造发展新优势的积极性和主动性。目前,我国已充分认识到完善地方税体系的紧迫性和必要性,中央文件中明确提出"抓紧提出健全地方税体系方案""健全地方税体系""夯实地方基本财力和自我发展能力"(见表1)等。为此,还需要进一步综合考虑共享与专享、税收与税权、税制体系与主体税种等改革,在财政体制的大框架内逐步完善地方税体系建设。

  房地产税在体量上和性质上都是天然的地方税种。房地产税的税基是房地产本身,与其他税基相比,其重要特征是作为生活必需品、不可移动且是家庭财产的重要组成部分。受益税的重要属性是,纳税人与公共服务受益者能够匹配到一起,多数税基的流动性决定了很多税种做不到这一点。房地产税税基的不可移动使得政府可以很好地将房地产税纳税人和公共服务受益者进行匹配,这构成了房地产税作为受益税的重要基础。地方政府承担提供相关公共服务事责的同时,房地产税作为其重要收入来源可以成为财权事责相匹配的天然工具。[①] 从政府间财政关系的角度看,需

[①] 张平、邓郁松:《中国房地产税改革的定位与地方治理转型》,《经济社会体制比较》2018年第2期。

要赋予地方政府主体税种,使其获得充分自主的自有财源。房地产税作为地方税也将改善地方的收入结构,使得地方政府拥有自己的主体税种,提高政府收支效率和降低债务风险。因此,房地产税将为地方政府提供稳定的收入来源,一定程度上缓解当前地方政府财力短缺和过于依赖"土地财政"产生的系列问题。

(四) 促进共同富裕

共同富裕是中国特色社会主义的本质要求,中国式现代化是全体人民共同富裕的现代化。中央政策文件中多次论述了共同富裕的重要性,以及通过调整收入分配的方式以推进共同富裕(见表1)。何为"富裕"?与居民生活直接相关的维度包括收入、财富和消费。将消费、收入、财富的不平等程度相比较,在各国均有统一的规律,即财富的不平等程度最高,收入次之,消费的不平等程度最低(财富＞收入＞消费)。这是由于财富的积累过程除了工资收入外,还有股权等其他各类非工资性收入,尤其是巨富阶层,其主要财富往往不是来源于工资收入。"边际消费倾向递减"的规律,则导致消费的不平等程度低于收入不平等:消费上升的速度,要低于收入上升的速度。因此,收入和财富的不平等是"共同富裕"政策需要关注的重要领域。

基尼系数是衡量不平等的常用指标之一,根据已有数据测算,中国的收入基尼系数大致为 0.47,而财富基尼系数则达到了 0.65 以上。多项调查表明,经过 40 多年的改革开放,中国中产家庭数量增长迅速,进入多数家庭拥有相当资产的时代,资产中 2/3 以房产的形式持有。从家庭资产分布来看,2018 年中国家庭追踪调查(Chinese Family Panel Studies, CFPS)数据显示,顶端 1% 的家庭拥有全国财产的 31.6% 左右,而底端 25% 的家庭拥有的财产总量仅为 0.9% 左右。审视不同群体的收入差距,我们会发现财富差距在住房拥有上更加明显。由此可见,"共同富裕"的相关政策在针对收入层面展开的同时,也需要甚至更加需要针对财富层面展开。①

从增长的角度看,对财富存量征税也有利于沉淀资产的流动,促进经济发展。中国家庭财产中近70%为房产,这也就意味着,相当体量的资本沉淀在不具生产性的房产市场中。开征房地产税,一定程度上会促进房地产市场中的投机资本回流到生产性行业中,这显然有利于提升经济效率,促进社会发展。也正因为房产占据着财产的绝大多数比重,财产税的改革将离不开房地产税的改革。房产的主要持有者是中国的中产阶层,且由于收入限制了税率水平,房地产税对财富的调节效应也会有限。因此,未来财富分布的调节,可能需要寄希望于真正的财富税(针对巨富阶层的具有较高起征点的财富税)或是财富发生代际传承时的遗产税。

四、中国构建现代税收制度的路径选择

基于现有的税制结构,中国构建现代税收制度的路径选择是什么?按照现代税收理论对税种的分类,最基本的税收体系应包含所得税类、流转税类、财产税类等。中国的商品劳务税主要为增值税和消费税等,所得税为企业所得税和个人所得税,财产税为房产税和城镇土地使用税等。从税收种类来看,也形成了不同税种相互结合的税制结构。但从税收收入的构成看,主要仍是以间接税为主,以流转税(商品劳务税)为主体收入来源,主要对企业征税的税制体系。在改革路径选择上,一个治理现代化的税制体系应

---

① 张平:《"共同富裕"中的税制改革逻辑》(2021年8月23日),澎湃新闻,https://www.thepaper.cn/newsDetail_forward_14166984,最后浏览日期:2024年8月10日。

是以直接税为主体,直接税与间接税相结合;流转税、所得税、财产税三大税种相辅相成;以及对个人和对企业相结合的税制体系。①

(一)流转税、所得税、财产税三大税种相辅相成

改革开放以来,中国已初步建成了一套以流转税和所得税为双主体、其他税种相配合的复合税收体制,但我国目前的财产税地位还比较薄弱。数据显示,2020年我国流转税占税收收入比重为44.6%,远超OECD国家32.1%的平均水平,表明我国对流转税的依赖程度较高。与此同时,2020年我国所得税和财产税占税收收入的比重仅分别为31.1%和2.15%,财产税的占比远低于OECD国家5.7%的平均水平以及与中国人均GDP相近的南非、阿根廷和哥伦比亚等发展中国家的9.12%。②尽管中国历次税改已尝试调整各税种占比,以适应经济增长与市场变化,但流转税与所得税作为税收双主体的格局未有大的变动。

从完善税收制度的角度看,现有的税基结构已经形成了消费(流转税)、收入(所得税)和财富(财产税)三足鼎立的态势,过度依赖流转税明显产生了诸多问题,包括企业税负过重、税收负担不公平现象突出、调节收入和财富分配的效应较弱等等。因此,针对税制与税基结构脱节的问题,需要增加直接税比重,建立与新的税基结构相适应的税收制度。在收入方面进一步重视所得税,尤其是个人所得税的改革;在财富方面,由于房产价值占整个家庭财富的近70%,房地产税将是未来一段时间中国财产税改革的重点。多项报告均显示中国的家庭财富存量快速增长,且在世界范围内也

---

① 张平:《中国直接税改革的历史逻辑与未来方向——基于个人所得税和房地产税改革路径的分析》,《山东财经大学学报》2020年第32期。
② 数据来源:中华人民共和国财政部,https://gks.mof.gov.cn/tongjishuju/202101/t20210128_3650522.htm;OECD Data set, https://stats.oecd.org/index.aspx?DataSetCode=rev#。

已经举足轻重。《中国财富报告2022》显示,2021年中国居民财富总量已达到687万亿元,接近700万亿元,居全球第二,仅次于美国,户均资产达到了134万元,2005—2021年年均复合增长率达到14.7%。① 综上可见,结合《深化财税体制改革总体方案》确定的六大税种,下一阶段的税制改革完善过程指向两个重要税种:个人所得税和房地产税。个人所得税和房地产税将是中国税制改革未来的重要方向。

(二) 以直接税为主体,直接税与间接税相结合

直接税占全部税收比重过低,是当下中国面临的一个极其突出的税情。中国目前的税收结构中,间接税如增值税、营业税和消费税占据了超过60%的比例,而直接税如企业所得税和个人所得税只占约30%。直接税一般不可转嫁,可以促进公民积极的参与式治理②,带来更有力的公共部门问责监督以及更高的政府响应能力。③ 从税制结构的角度来看,中国的税收体系亟须逐渐减少对间接税的依赖,增加直接税的比重。在相关的讨论中,也有学者提出,中国是不是已经到了从间接税向直接税转变的发展阶段?这一说法源于在征收管理方面,间接税以及针对企业的税收有计算和稽查比较简单的优势,可以很大程度上降低征管成本;而直接税和针对个人的税收一般来说稽查技术比较复杂,涉及的内容和纳税人较多,要求具备比较高的税收管理水平。这一观点有一定道理,但从治理现代化以及税基结构的变化来看,从间接税转向直

---

① 数据来源:新浪财经,https://finance.sina.com.cn/zl/china/2022-05-27/zl-imizirau4986008.shtml。
② 吴俊培、陈曾、刘文璋:《税制结构、参与式治理与国家治理现代化》,《税务研究》2021年第9期。
③ Speer J., "Participatory Governance Reform: A Good Strategy for Increasing Government Responsiveness and Improving Public Services?" *World Development*, Vol. 40, Issue 12, 2012, pp. 2379-2398.

接税,从对企业征收为主到向个人征收为主,是未来既定的发展方向。结合这一结论,中国要建立现代税制体系,完善税制结构,需要加强针对个人的直接税体系建设,推进财产税的建设与完善。

直接税比重如何"逐步提高",无非有两条路可以选择:一是进一步降低间接税比重;二是提高直接税比重。就前者而言,增值税税率的进一步简并和税率的下调,都有助于目标的实现;消费税征税范围的缩小和税率的下降,也有助于降低间接税比重。① 在当前税制的改革实践中,以减税为目的的间接税改革取得了较显著效果,但以征税为目的直接税改革却裹足不前,在财政支出总量不变的情况下,其结果必然是财政收入较少,需要以增发国债以弥补收入亏空。② 长期来看,只注重以营改增为代表的间接税改革,而忽视以个人所得税和房地产税为代表的直接税改革,难以保持平衡和稳定。因而,新一轮税制改革的唯一可行方向是兼顾间接税和直接税改革,走税制结构优化道路。③

(三)对个人征税与对企业征税相结合

中国企业所承担的税负高于国际一般水平,是可以观察到的另一个基本税情。2022年,我国直接税占税收收入比重已经超过30%,其中企业所得税收入占比为24.3%,个人所得税收入仅为8.1%;间接税占比为66.0%。④ 企业所得税加上间接税占比超过90%,这意味着我国绝大部分税收收入来自企业缴纳。若不考虑企业法人缴纳的税收如何通过各种途径转嫁等复杂情况,单

---

① 杨志勇:《中国税收现代化之路的选择》,《国际税收》2018年第6期。
② 高培勇:《直接税改革:基于防范化解金融风险视角的讨论》,《税务研究》2017年第10期。
③ 高培勇:《中国财税改革40年:基本轨迹、基本经验和基本规律》,《经济研究》2018年第53期。
④ 数据来源:中华人民共和国财政部网站,http://gks.mof.gov.cn/tongjishuju/202301/t20230130_3864368.htm。

从征纳环节来看,我国几乎所有的税收负担首先由企业承担。与之形成鲜明对比的是,在发达国家中最重要的直接税个人所得税,在我国的税收总额中所占的比例尚未达到10%,这与发达国家的税收结构存在明显不同。我国直接源于居民个人的直接税收入仅占税收收入的10%,且针对家庭及私人层面直接征收的财产税基本缺失,这意味着我国税收体系在整体上与居民个人的直接对接渠道相当狭窄:不仅在税收调节上难以触及居民个人,而且基本只能触及居民的收入流量,难以伸展至财产存量。由此,政府运用税收手段调节居民收入分配差距,特别是调节包括收入流量和财产存量在内的贫富差距,便会在很大程度上陷于"空谈"状态。①

为通过税收手段调节贫富差距、实现共同富裕,目前亟须以逐步提高针对个人直接税的比重为抓手,调整并优化当下失衡的现行税制结构。可从以下三个方面切入。一是逐步建立完善综合与分类相结合的个人所得税制度,通过计算居民之间所有收入之和的综合收入差距,而非个别类别上的收入差距,按统一税制一并计税,这有利于将原有倾向于分类管理的征税方式转变为更加注重公平公正的征税模式。② 二是加快房地产税的立法并适时推进改革。通过理论阐释房地产税的正当性,充分取得纳税人共识,用赋权方式换取房地产税支持,实现税制的顺利转型。③ 三是择机开征遗产和赠与税。在现行税制结构中,遗产和赠与作为涉及存量的重要组成部分,对其征税仍属缺失状态。因而,应作为重要的征税对象,纳入新一轮税制改革中。④

---

① 高培勇:《从结构失衡到结构优化——建立现代税收制度的理论分析》,《中国社会科学》2023 年第 4 期。
② 同上。
③ 熊伟:《克服房地产税改革的正当性焦虑》,《中国社会科学报》2019 年 8 月 7 日。
④ 高培勇:《论完善税收制度的新阶段》,《经济研究》2015 年第 50 期。

五、税制改革总体方向与政府层级间划分方式

中国税制的现代化改革需要从完善税制结构本身和理顺政府间财政关系两个维度展开。

一是从税制结构的角度看,现代税收理论对税种最基本的分类包含流转税类、所得税类、财产税类三大类。中国现行税收构成也形成了不同税种相互结合的税制结构,但从税收收入的构成看,主要仍是以间接税为主,以流转税类(商品劳务税)为主体收入来源,主要对企业征税的税制体系。从数据比例看,中国的流转税类、所得税类、财产税类三者占比约为 65∶30∶5,间接税和直接税占比约为 65∶35,针对企业税和针对个人税的占比约为 90∶10。反观 OECD 国家的数据,流转税类、所得税类、财产税类三者占比约为 34∶53∶13,间接税和直接税占比约为 47∶53,针对企业税和针对个人税的占比约为 49∶51。[1] 两相对比,中国的流转税类比重明显过高,进而导致了间接税比重和针对企业税的比重较高。

做以上对比,并非认为 OECD 国家的税制结构就是好的,实际上不同国家的税制结构应该与本国的经济社会发展阶段相适应,尤其是要与当前的税基结构相适应。经过 40 多年的经济发展,现在私人层面已经积累了相当体量的财富,中国的税基结构已经发展到了不应过度依赖流转税的阶段,应适时向所得税类和财产税类转变,这有利于增加税制结构和税基结构的匹配度,从而同时提升税收效率和税制公平,也是完善社会主义市场经济体系的

---

[1] 为了与中国的税收体系进行同口径比较,我们剔除了 OECD 国家的社会保险缴款收入,并将其余税收收入调整为 100% 基准。数据来源:https://stats.oecd.org/Index.aspx?DataSetCode=RS_GBL。

重要步骤。间接税和直接税占比以及针对企业税与针对个人税的占比,其理论逻辑和原理是一致的,本质仍然是要与税基结构相匹配,因此未来的税制改革需要增加直接税的占比,增加针对个人税的占比。

二是从政府间财政关系的角度看,地方政府长期缺乏主体税种,带来了支出偏好扭曲、依赖"土地财政"以及地方债问题日益加剧等复杂交错的地方治理问题。因此,需要赋予地方政府主体税种,使其获得有充分自主性的自有财源,提供地方政府履行各项职能的财力保障,以此助力实现支出责任划分明确和财权与事权相匹配的目标,最终从多维度提升地方治理能力和水平。在这个意义上,地方税体系的建设在提升基层治理的逻辑路径上起到的是先决条件和逻辑起点的作用。

《深化财税体制改革总体方案》提出了重点改革的六大税种:增值税、消费税、资源税、环境保护税、房地产税和个人所得税。其中资源税和环境保护税属于政策类税种,主要用于调节相关资源的分配和达到实施环境保护的目标,其他四个税种属于直接会影响税制结构的税种。增值税和消费税属于流转税和间接税,近年来在减税降费政策的趋势下,增值税改革将推进简并税率级次、降低税率水平、完善抵扣链条和改进留抵退税制度等改革,建立能够有效提升税收中性、大幅度减轻市场主体实际税负的现代增值税制度。房地产税和个人所得税则属于直接税和针对个人税,未来将进一步推动改革和完善。

因此,从具体税种来看,中国税制现代化改革的路径和趋势可总结为:增值税等流转税的税负将进一步下降,在此背景下为平衡日益严峻的政府财政压力,个人所得税和房地产税的税负将逐步上升。由于增值税等流转税负的下降,个人所得税和房地产税的税负上升,随着时间推移的此消彼长,中国的直接税比例将逐步上升,针对个人税和针对企业税的比重也将日益均衡。在地方税制体系的建设方面,房地产税的税基特征决定了其是最佳的地方税,作为地方政府重要收入来源可以成为财权事责相匹配的天然工具,将从多维度提升地方治理。因此,未来中国实现治理现代化的税制体系将实现以直接税为主体,直接税与间接税相结合;流转税、所得税、财产税三大税种相辅相成;以及对个人税和对企业税相结合的现代税制体系。

现代税收制度和地方税收体系要对政府治理发挥正面作用,离不开政府间财政关系的有效建立。那么,以流转税、所得税、财产税为三大类税种的现代税收制度,在不同政府层级间如何分配呢?未来流转税主要为增值税和消费税。由于增值税具有流动性强的特点,应该划为中央税。现在的增值税中央地方五五分成的做法,可以看作地方主体税种缺失情况下的权宜之计。实际上,国外增值税也很少有划归中央地方共享税的情况。① 随着地方税收体系的建立,地方拥有了适合自己的稳定收入来源后,增值税可以逐步上收划归为中央税,这样能够避免地区之间的增值税竞争带来不必要的效率损失。消费税征收环节后移后将取决于各地的家庭消费额,这样的税收竞争是有利于经济增长效率提高的良性竞争。因此,从效率的角度看,消费税可以划归地方,其中省及省以下可以按一定的比例进行分享。

在所得税方面,原先按行政隶属关系划分所得税归属的制度,客观上造成了地方经济分割,形成了地区间壁垒。因此,企业所得税可以进一步收归中央,弱化本地和外地企业的区别,减少地区间类似增值税竞争的企业所得税竞争,提高整体经济效率。个人所

---

① 朱青:《借鉴国际经验,改革和完善我国的税收制度》,《涉外税务》2010 年第 10 期。即使有一些国家将增值税划归为共享税,也是将其作为中央(联邦)对地方转移支付来处理。例如,德国的增值税是共享税,但联邦与州的分成比例经常变化,在确定转移支付时要考虑增值税的分成比例。还有一种情况是增值税分成不按实际收入计算。例如,,西班牙地方政府可以分享 35%的增值税,但分享的基数是"消费指数",而不是本地企业实际缴纳的增值税。

得税则可以在中央和地方之间进行分享,具体分享比例可根据中央地方政府的财力以及相应的支出责任而定。

在财产税方面,房地产税的地方化且作为地方主体税种的定位可以被看作适应日益发展的差异性偏好的公共服务需求。"受益税"特征则表明,无论是区域间还是区域内的异质性都需要房地产税地方化来提高效率和满足不同偏好。房地产税既会影响收入端,也会影响支出端,可通过公共选择机制影响基层政府治理、调整政府间关系及政府的运行效率。由于房地产税作为地方主体税种有可能使地区差距拉大,可以将房地产税的收入在不同政府层级间进行一定的划分。例如,一部分收入上收由省市政府统筹,用于缩小省内和地市内不同区县的横向差距,其余由基层区县自行使用。而未来财产税中的遗产税则可归属于中央政府。

综上所述,我们大胆设想,建议中国未来在不同政府层级间税收收入可作如下划分(见表2):增值税、企业所得税和部分个人所得税划归中央政府,消费税和部分个人所得税归属省政府,地市政府主体收入为消费税和少量房地产税,区县政府的主体收入则为房地产税和少量的消费税。以上只是不同税种在政府层级之间的大致划分。由于公共服务的提供需要基于对社会需求的回应和向公民负责的角度,并同时考虑效率公平的因素进行划分,一个理想的政府间财政体系应当先行划分支出责任归属,再决定收入划分。不同层级政府具体的收入比重应该从财权、财力、事权、事责之间的关系角度进行确定,通过调整所得税和消费税的分享比例调节不同政府层级的收入比重。

表2 中国未来税收收入在不同政府层级的划分设想

政府层级	税种划分
中央政府	增值税 + 所得税

(续表)

政府层级	税种划分
省政府	消费税+所得税
地市政府	消费税+房地产税(少量)
区县政府	房地产税+消费税(少量)

The Modernization of Tax Reform in China: Theoretical Logic and Reform Path

Ping Zhang　Hong Yan　Yannan Gou

Abstract: The modernization of the tax system is an important component of the modernization of the national governance system and governance capabilities. This paper discusses the theoretical logic and reform path of the modernization of China's tax system against the backdrop of deepening tax system reform and the establishment of a modern fiscal system. Firstly, based on the connotation, functions, and the governance of the modern tax system, this paper analyzes the mechanism by which the taxation affects state governance. Secondly, we explore the core logic of the modern tax system from the theoretical aspects of the tax system and functions, tax principles, optimal tax system theory, and the matching of tax system and tax base. Thirdly, four policy orientations for building a modern tax system are extracted from the national policy level, namely, improving the socialist market economic system, increasing the proportion of direct taxes, refining the local tax system, and promoting common prosperity. On this basis, this paper elaborates on the reform path for the modernization reform of China's tax system: (1) to establish a modern tax system that complements each other among turnover taxes, income taxes, and property taxes, (2) to build a combination of direct and indirect taxes with direct taxes as the main part, and (3) to shape a tax system with a balanced mixture of individual and corporate tax payers.

Keywords: Tax System Modernization; Tax Functions; Theoretical Logic; Reform Path

政治吸纳与民营企业家地位感知：
基于全国私营企业调查的实证分析*

黄 杰**

[内容提要] 改革开放以来，随着民营经济的蓬勃发展，民营企业家逐步成为官方政治吸纳的重要对象。基于第12次全国私营企业调查数据，本文关注官方政治吸纳对民营企业家主观社会地位评价的影响。研究发现：(1)作为官方认可的重要标志，获得各类政治吸纳显著地提高了企业家的主观地位感知。(2)政治吸纳的地位效应具有非同质性。相比政党吸纳，行政吸纳、社团吸纳更能提升企业家的地位感知。相比经济地位与社会地位，企业家的政治地位感知更容易受到政治吸纳的影响。(3)政治吸纳的地位效应受到企业家自身资源禀赋的调节。对于企业规模较小、文化程度较低的企业家，政治吸纳的作用更为明显。本文的发现对于评估官方吸纳政策的效果，提高企业家获得感及在此基础上促进政商关系健康发展都有重要的意义。

[关键词] 民营企业家；政治吸纳；地位感知；政商关系

---

* 本文为国家社科基金青年项目"新型政商关系视野下'民企二代'统战问题研究"（批准号：19CZZ006）的阶段性成果。

** 黄杰，南京大学政府管理学院。

一、问题的提出

改革开放 40 多年以来,中国社会结构中一个十分重要的变化是民营企业家的重现和快速崛起。在改革开放前,私营经济及其所有人被认为与社会主义体制不相容,发展一波三折。改革开放以后,非公有制经济的快速发展为中国重新创造了一个庞大的民营企业家群体。根据一些学者的估计,在 2001 年时,全国有大约 460 万的民营企业主,占总人口的 1%左右。[①] 到 2019 年时,这一群体扩大到 3 500 万,占总人口的比率上升为 2.5%。[②] 随着经济实力的快速增长,民营企业家这一"新经济精英"群体在社会和政治领域也逐渐扮演愈发重要的角色。特别是,在商业政策、慈善捐赠、环境保护等议题上,民营企业家已经成长为一股不可忽视的关键力量。

面对经济社会的巨大变化,党和政府并不是被动的接受者,而是能始终不断调整自我,无论是组织、意识形态以及治理方式,以建立与新社会行动者的联系,维持对变化社会的影响力。[③] 对于民营企业家群体,党和政府很早就意识到他们对于经济、社会稳定的重要意义,并对其采取各种吸纳和统合的措施。特别是,在党的十八大以后,以习近平同志为核心的党中央提出建构亲清新型政商关系,民营企业家成为官方政治吸纳的重要对象,被大规模吸纳进入官方、半官方的机构中(人大、政协、工商联、青联

---

① 参见陆学艺主编:《当代中国社会流动》,社会科学文献出版社,2004 年。
② 参见高云龙主编:《中国民营经济发展报告》,中华工商联合出版社,2021 年。
③ 参见郑永年:《中国模式:经验与困局》,浙江人民出版社,2010 年;Elizabeth Perry and Sebastian Heilmann, *Mao's Invisible Hand: The Political Foundations of Adaptive Governance in China*, Cambridge: Harvard University Press, 2011.

等)。① 例如,在十三届全国人大和政协十三届全国委员会中,民营企业家代表、委员的数量就超过150位,是仅次于党政领导干部的代表群体。其中,大部分代表、委员是国内外具有影响力的知名企业家,包括李彦宏、马化腾、雷军、刘永好等。②

长期以来,作为国家民营经济政策的重要组成部分,党和政府对民营企业家的政治吸纳一直是国内外学术界关心的热点。③ 然而,纵观已有文献,大量研究关心的是何种类型的企业家更可能获得官方政治安排以及党和政府对不同企业家采取的不同吸纳措施。对于官方努力的实际效果,既有文献大多视作当然的存在而鲜有关注,少数注意到这一问题的文献也并未给出一致的看法。例如,德国学者阿魄曼(Björn Alpermann)的研究显示,获得政治安排的企业家总体上比未获政治安排的企业家对政治和社会现状更满意,这种效应在营商环境好的地区尤其明显。④ 而陈捷和迪忠蒲(Bruce Dickson)最近的一项研究则发现,在控制企业家下海前经历及其他个体变量的情况下,企业家的各类政治嵌入对他们的政治态度没有显著影响。⑤

---

① 习近平总书记在参加全国政协十二届四次会议民建、工商联界联组会讲话时就强调:"对有贡献的非公有制经济人士做适当政治安排是一项重要工作。要坚持标准、严格程序、认真考察,做好综合评价,真正把那些思想政治强、行业代表性强、参政议政能力强、社会信誉好的非公有制经济代表人士推荐出来。"参见习近平:《毫不动摇坚持我国基本经济制度 推动各种所有制经济健康发展》,《人民日报》2016年3月9日,第二版。

② 参见《胡润研究院发布〈两会中的上榜企业家报告2018〉》(2018年3月2日),胡润百富, https://www.hurun.net/zhCN/Info/Detail?num=1D1D63DF521D, 最后浏览日期:2024年8月8日。

③ See Bruce Dickson, *Red Capitalists in China: The Party, Private Entrepreneurs, and Prospects for Political Change*, New York: Cambridge University Press, 2003; Margaret Pearson, *China's New Business Elite: The Political Consequences of Economic Reform*, Berkeley: University of California Press, 1997.

④ Björn Alpermann, "Wrapped up in Cotton Wool: Political Integration of Private Entrepreneurs in Rural China," *The China Journal*, Vol.56, 2006, pp.33-61.

⑤ Jie Chen and Bruce Dickson, "Allies of the State: Democratic Support and Regime Support among China's Private Entrepreneurs," *The China Quarterly*, Vol.196, 2008, pp.780-804.

本研究试图进入这一重要但未受充分关注的领域,分析官方政治吸纳政策的实际效果。① 基于2016年第12次全国私营企业调查的数据,本研究将聚焦于政治吸纳对民营企业家地位感知的影响。所谓地位感知是指社会行动者按照一定的标准对自身在特定群体或网络中的重要性和影响力的主观认知,这些标准包括经济财富、政治权力、职业声望等。② 由于个体的主观社会地位感知能相当程度地预测其政治倾向,考察政治吸纳与企业家社会地位感知的关系因而可以被视作间接地对官方政治吸纳政策效果的评估。③ 具体而言,本文的主要研究问题包括:官方的政治吸纳措施是否显著提高了民营企业家的地位感知?不同类型政治吸纳对于民营企业家地位感知是否有不同的影响?以及这些影响对中国新型政商关系的建构有何启示?

本文主要有两方面贡献:第一,拓展了民营企业家政治吸纳的研究。不同于既有的研究大多将企业家政治吸纳作为因变量展开,本研究将政治吸纳作为自变量来考察官方政治吸纳的实际效果。其发现不仅丰富了有关政治吸纳的讨论,也为我们评估中国民营企业家的政治能动性提供了现实的、经验的基础。第二,本研究展示了转型期中国经济精英社会地位认同的多样性。本文拒绝对概念的简单化操作,不仅关心企业家不同类型社会地位认知的

---

① 在最近颁布的《关于加强新时代民营经济统战工作的意见》中,中央再次强调政治安排是建设一支高素质、有担当的民营经济代表人士队伍的重要方面,并明确提出要进一步规范政治安排工作,"坚持思想政治强、行业代表性强、参政议政能力强、社会信誉好的选人用人标准,严把人选政治关和遵纪守法关"。参见《中共中央办公厅印发〈关于加强新时代民营经济统战工作的意见〉》(2020年9月15日),中国政府网,https://www.gov.cn/zhengce/2020-09/15/content_5543685.htm,最后浏览日期:2024年11月28日。

② 参见[美]戴维·波普诺:《社会学》(第十一版),李强等译,中国人民大学出版社,2007年。

③ 如一些学者指出的,主观的地位认同反映了民众的真实心声、社会景气和社会信心,是特定时期社会和谐的"方向标"和国家治理绩效的"晴雨表"。参见李汉林:《要注重和加强社会景气和社会信心的研究》(2016年12月28日),中国社会科学网,http://nisd.cssn.cn/zcyj/zcyj_xsgw/201612/t20161228_3362264.shtml,最后浏览日期:2024年8月10日。

差异,也分析官方不同类型政治吸纳的影响。这一多样化的分析有助于我们理解当代中国阶层分化的复杂性,对提高民营企业家的满足感、获得感,维护社会和谐稳定都有重要启示意义。

二、文献回顾与研究假设

(一)社会分层与民营企业家地位变迁

个体社会地位是社会分层研究的一个核心议题。长期以来,社会学家对此进行了深入的理论思考和实证研究,提出了各种不同的观点。这种分歧特别反映在研究者们对社会地位划分标准的认识上。马克思及其追随者特别强调以生产资料的占有关系作为根本的划分标准,将社会成员区分为资产阶级与无产阶级两大阵营。拥有生产资料的资产阶级被认为不仅可以影响社会经济的运作,也必然能左右社会的政治及公共事务。① 与之不同,马克斯·韦伯和韦伯主义者则提出了更为多元的划分标准,认为个体在社会中的地位至少有三个不同的维度:经济地位、社会地位与政治地位。在韦伯主义者看来,三种不同社会地位未必是重合的,拥有高经济地位个人有可能在社会和政治领域地位颇低。② 换言之,在高度多元的现代社会,个体的社会地位是一个多要素的复合存在。

作为社会地位的一个重要方面,个体地位感知是指其对自己

---

① 参见[德]马克思、恩格斯:《共产党宣言》,中央编译局编译,人民出版社,2018年;Wright, Erik Olin, *Class Count: Comparative Studies in Class Analysis*, New York: Cambridge University Press, 1997.

② 参见[德]马克斯·韦伯:《经济与社会》(下册),林荣远译,商务印书馆,1997年;Goldthorpe, John, *On Sociology*, Stanford: Stanford University Press, 2000.

在社会阶层结构中所占据位置的主观认知。在当代中国快速变革的社会环境下,大量研究显示个体的地位感知受到个人、家庭、社会制度、群体观念等多方面因素的影响。例如,李强、李春玲等的研究发现,教育、职业、收入等结构性因素是当前中国各类社会群体自我评估社会地位时的主要考量。拥有体面职业和收入的人更可能认为自己属于"中间以上"的社会阶层。① 李培林、张翼等的研究则显示,家庭背景等先赋性因素对个体的地位认同有巨大影响。当父辈社会地位较高时,子代的地位感知也会相对较高;而且自身地位认知较低的人更多地将其失败的原因归结为家庭支持的缺乏。② 边燕杰、刘欣等的研究则指出,在中国民众的观念中,社会地位并不仅是一个财富多少的问题,同时也是权势大小的问题。在相同的经济条件下,那些在体制内工作、拥有决策权的中产阶层就远比体制外新兴中产有更高的地位认知。③

总的来说,民营企业家作为改革开放后重新崛起的一个重要社会阶层,其社会地位在过去数十年中有显著的增长。④ 在改革开放初期,由于国家政策的模糊,进入民营经济的大都是体制外边缘人群,如返城知青、城市无业人员、农村闲散劳动力等。开办民营企业不受人尊重。⑤ 随着民营经济的快速发展,民营企业家的财富和社会影响力都有大幅度的提升,企业家一跃而成为全社会

---

① 参见李强:《当代中国社会分层》,生活·读书·新知三联书店,2019 年;李春玲:《社会阶层的身份认同》,《江苏社会科学》2004 年第 6 期。
② 参见李培林:《当代中国阶级阶层变动》,社会科学文献出版社,2018 年;张翼:《中国城市社会阶层冲突意识研究》,《中国社会科学》2005 年第 4 期。
③ 参见边燕杰、吴晓刚、李路路主编:《社会分层与流动:国外学者对中国研究的新进展》,中国人民大学出版社,2008 年;刘欣:《转型期中国大陆城市居民的阶层意识》,《社会学研究》2001 年第 3 期。
④ 范晓光、吕鹏:《中国私营企业主的社会构成:阶层与同期群差异》,《中国社会科学》2017 年第 7 期。
⑤ See Young, Susan, *Private Business and Economic Reform in China*, New York: M. E. Sharpe, 1995.

追捧的对象。① 然而,在整体趋势上升的背后,企业家地位也呈现了一些非均衡的特点:(1)不同类型的企业家地位感知的差异很大。如许多研究注意到的,企业规模越大、学历越高的企业家通常比中小企业、具有较低学历的企业家拥有更强的社会效能感及更高的自我地位评价。② (2)对于不同类型的地位,企业家的感知也有重要差别。不少的证据显示,企业家对自我经济地位的评价要高于其社会和政治地位的评价,地位评价不一致问题突出。③ 本文同时关心以上两方面的地位不均衡,试图从官方政治吸纳的角度考察这两方面的不均衡。

(二) 政治吸纳及其可能的政经效应

政治吸纳是指执政者通过长期和制度化的方式将社会行动者吸收进入既有体制的过程,使原先不能参与权力与利益分配的社会成员加入"游戏规则"之中。④ 相比一般社会大众,政治吸纳特别重视那些拥有特殊资源、对政权稳定有战略价值的群体。由于其巨大的经济和社会影响力,中国的民营企业家是党和政府政治吸纳的重要对象。一方面,经历了40多年的快速发展,民营经济已经成长为国民经济增长的主要贡献者,我国社会主义市场经济的重要组成部分,为经济社会发展提供了重要的物质基础。在政

---

① 早在世纪之交,陆学艺教授领衔的"当代中国社会结构变迁研究"课题组就将民营企业家列为新时期十大社会阶层之第三位,仅次于国家与社会管理者及高级经理人员阶层。参见陆学艺主编:《当代中国社会流动》,社会科学文献出版社,2004年。
② 参见[美]蔡欣怡:《绕过民主:当代中国私营企业主的身份与策略》,黄涛、何大明译,浙江人民出版社,2013年;Kennedy, Scott, *Business of Lobbying in China*, Cambridge: Harvard University Press, 2005.
③ 参见李培林等编:《中俄社会分层:变迁与比较》,社会科学文献出版社,2016年;范晓光、吕鹏:《中国私营企业主的"盖茨比悖论"——地位认同的变迁及其形成》,《社会学研究》2018年第6期。
④ 参见唐睿:《体制性吸纳与东亚国家政治转型:韩国、新加坡和菲律宾的比较分析》,中央编译出版社,2014年。

府与市场之间建立制度性联系,促进两者的信息交流和政策协调,是中国作为后发国家实现并维持经济快速赶超的重要奥秘。① 另一方面,对于执政党而言,政治稳定和长期执政是更加根本的考虑。一个日益强大的民营企业家阶层有可能会寻求更大的政治行动和表达空间。政治吸纳的更深用意便在于增强这些新兴经济精英对既有体制的认同,抑制和削弱他们对既有秩序的冲击。②

在统一战线的框架下,党和政府已经逐步探索和发展出了多种不同的吸纳途径③:(1)政党吸纳,即通过吸收企业家加入执政党来吸纳他们。④ 特别是在世纪之交,党中央提出"三个代表"理论,明确党不仅是中国工人阶级的先锋队,同时是中国人民和中华民族的先锋队。作为先进生产力的重要组成,民营企业家成为执政党吸收的重点对象,不再游离于党外。(2)行政吸纳,即把企业家吸收进政府决策的结构中,从而协调和代表这一新精英群体的利益。⑤ 在当前的制度环境下,这一类型吸纳的主要平台是并称两会的各级人民代表大会和政治协商会议。作为国家政治制度的重要组成,人大代表和政协委员的职务为企业家反映公共意见、参

---

① 参见[美]琳达·维斯、约翰·霍布森:《国家与经济发展:一个比较及历史性的分析》,黄兆辉、廖志强译,吉林出版集团有限责任公司,2009年。
② 黄冬娅:《私营企业主与政治发展:关于市场转型中私营企业主的阶级想象及其反思》,《社会》2014年第4期。
③ 本文对企业家政治吸纳的类型划分,借鉴了孙明、吕鹏的研究。参见孙明、吕鹏:《政治吸纳与民营企业家阶层的改革信心:基于中介效应和工具变量的实证研究》,《经济社会体制比较》2019年第4期。
④ 郎友兴:《政治吸纳与先富群体的政治参与——基于浙江省的调查与思考》,《浙江社会科学》2009年第7期;See Bruce Dickson, *Red Capitalists in China: The Party, Private Entrepreneurs, and Prospects for Political Change*, New York: Cambridge University Press, 2003.
⑤ 参见金耀基:《中国政治与文化》,牛津大学出版社,1997年;吕鹏:《私营企业主任人大代表或政协委员的因素分析》,《社会学研究》2013年第4期;See Yue Hou, *The Private Sector in Public Office: Selective Property Rights in China*, New York: Cambridge University Press, 2019.

与公共决策提供了可能。(3)社团吸纳,是指政治体系通过体制内的社会组织对社会精英进行吸纳。① 社团吸纳的组织并非西方意义上的独立团体,而是在党和政府领导下运作的半官方机构(官方统称为"人民团体"),其典型是工商联和青年联合会。在实践中,获得社团吸纳往往是获得行政吸纳的重要前提。

对于政治吸纳的利弊成败,既有的研究提出了不同的看法。一些学者如亨廷顿(Samuel Huntington)、迪忠蒲等认为,政治吸纳是一把"双刃剑":尽管政治吸纳或许能使组织获得新的技能和资源,并暂时地化解新社会群体对社会稳定的冲击,但如果被吸纳者不能充分认同组织的目标和理想,这种吸纳长期而言会削弱组织的凝聚力。② 更多的研究者则认为,政治吸纳不仅不会破坏体制内部的团结,而且促进了政商之间的合作,推动了两者共生关系的成长。③ 这背后的逻辑在于,在中国社会主义市场经济运作中,政府依然是一个不容忽视的重要行动者。它不仅是经济改革的发起者和领导者,决定着经济改革的方向,而且直接控制着大量战略性资源(如土地、信贷、能源等)。在这一状况下,相比追求所谓的"自主性",企业家更感兴趣的是进入体制,成为其中的一部分,以获得可能的政治支持和政策优惠。④ 正因此,一些研究者甚至认为,政治吸纳是中国执政党和政府在经济社会快速变动的环境中维持政

---

① 参见陈剩勇、汪锦军、马斌:《组织化、自主治理与民主:浙江温州商会研究》,中国社会科学出版社,2004年;肖存良:《政治吸纳·政治参与·政治稳定——对中国政治稳定的一种解释》,《江苏社会科学》2014年第4期。

② 参见[美]塞缪尔·P.亨廷顿:《变化社会中的政治秩序》,王冠华、刘为等译,上海人民出版社,2008年;Bruce Dickson, "Cooptation and Corporatism in China: The Logic of Party Adaptation," *Political Science Quarterly*, Vol.115, No.4, 2000, pp.517-540.

③ 参见陈家喜:《改革时期中国民营企业家的政治影响》,重庆出版社,2000年;See David Wank, *Commodifying Communism: Business, Trust, and Politics in a Chinese City*, New York: Cambridge University Press, 1999.

④ Christopher Mcnally and Teresa Wright, "Sources of Social Support for China's Current Political Order: The 'Thick Embeddedness' of Private Capital Holders," *The Communist and Post-Communist Studies*, Vol.43, No.2, 2010, pp.189-198.

治稳定的至为关键的"法宝"。①

（三）研究假设

处在以上两股文献的交汇处,本研究分析的是官方政治吸纳对企业家社会地位感知的影响(见图1)。由于个体的主观地位感知本身是其对现状满意度的重要方面,考察政治吸纳与企业家地位感知的关系因而也是在间接评估官方政治吸纳的效果。本研究的主要研究假设是政治吸纳能显著提高民营企业家的主观地位感知(假设1)。之所以作如此假设,主要基于以下两方面考虑：(1)作为一种国家认可的标志,官方的政治身份可以改善企业家的公众形象,提高他们的政治及社会影响力。在中国的社会环境下,受到儒家和社会主义传统的影响,经济财富始终受政治权力左右,并不独立决定社会地位。即使个体在物质财富上已非常富足,社会地位和权威的获得依然有赖于国家的认可,后者掌握着道德和意识形态的绝大部分资源。② (2)更为重要的是,作为一种关键的政治联系,获得官方的政治吸纳本身会为企业家带来一定的现实优势。根据现有的文献,这些优势包括但不限于政策审批、市场准

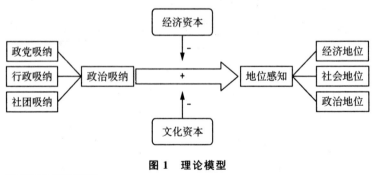

图1 理论模型

---

① 参见阎小骏：《中国何以稳定：来自田野的观察与思考》,中国社会科学出版社,2017年。
② 中国传统有所谓"天下有道,礼乐征伐自天子出"。国家历来是政治荣誉及规范的垄断性提供者,商业财富难以成为独立的权力来源。

入、银行信贷、土地使用、环保审查。① 这些现实的优势会进一步促进企业的发展,提高企业家的经济和社会影响力。

当然,本研究充分认识到政治吸纳地位效应的非同质性和复杂性。因而,我们在自变量和因变量两个维度上分解了这一效应。从自变量的角度,我们考察三种不同类型的政治吸纳,即政党吸纳、行政吸纳、社团吸纳,对企业家地位感知的影响。尽管所有这些吸纳都加强了政企间的联系,但田野调查的经验告诉我们不同吸纳的吸引力是有差异的。② 就政党吸纳而言,作为世界第一大政党,中国共产党的党员规模庞大、党的组织纪律严明。尽管加入中国共产党是进入体制内部门、获得更高层级政治安排的重要条件,但入党本身并不能带来直接的政治和社会影响力,因此,对于一般企业家吸引力并不很强。③ 相对而言,其他两种吸纳,由于规模较小且对象多是各领域的代表性人物,是企业家普遍追求的。例如,根据《中华人民共和国宪法》,人大和政协分别是国家的权力机关和统一战线组织,在国家政治运作中发挥重要作用。担任人大代表和政协委员使得企业家有机会直接参与各类公共事务的决策和协商,并结识不同类型的社会精英(特别是政府官员)。④ 这些差别,在我们看来,不可避免会影响吸纳的地位促进效应,即行政和社团吸纳的效果要大于政党吸纳(假

---

① 参见[美]蔡欣怡:《绕过民主:当代中国私营企业主的身份与策略》,黄涛、何大明译,浙江人民出版社,2013年;Truex, Rory, "The Returns to Office in a 'Rubber Stamp' Parliament," *American Political Science Review*, Vol. 108, No. 2, 2014, pp. 235 - 251.

② 在过去几年间,笔者在上海市、江苏省、浙江省、广东省等地开展过深入的田野调查,前后访谈各类民营企业家100余人。

③ 21世纪初,曾有过一股企业家争相入党的潮流。彼时由于民营部门中党员数量很少,企业家入党的积极性很高。但近年来,随着中央政策的变化及民营部门党员规模的扩大,企业家吸纳入党的数量有大幅度下降。

④ 黄杰、毛叶昕:《"民企二代"的政治参与——基于"中国私营企业调查"的实证研究》,《青年研究》2020年第5期;See Bruce Dickson, *Wealth into Power: The Communist Party's Embrace of China's Private Sector*, New York: Cambridge University Press, 2008.

设2)。

与此同时,从因变量的角度,我们考察了不同类型社会地位对官方政治吸纳的敏感度。如前所述,现代社会个体地位是高度多元化的,至少包括了政治、社会与经济三种不同子地位类型。尽管各子地位内部会有一定相关性,但个体对自身各种子地位的评价往往是不均衡的。大量已有研究和我们的田野观察都显示,中国的民营企业家对自身经济和社会地位的评价较高,而对自身政治地位的评价较低。① 这种地位感知的不均衡与如下的事实有密切联系:经济、社会地位反映的是个人在经济和社会事务中的影响力。作为相对基础的认同需求,经济、社会地位受个人财富影响较大,一般随事业发展、财富增长而自然提升。政治地位反映的是个人在公共的、政治性事务中的影响力。作为相对高阶的需求,其提升则离不开国家的认可。② 改革开放以来,随着经济实力的增强,中国的民营企业家在经济和社会事务上的影响力已经有了巨大的提升。但在政治领域,由于缺乏重要的政治联系,其影响力仍然十分有限,就此而论,我们有理由相信,对于政治地位普遍不高的中国企业家而言,官方政治吸纳,作为国家认可的重要标志,对其政治地位的影响会更甚于对其经济和社会地位的影响(假设3)。

除了以上主效应的分析外,本研究也考察了企业家自身资源禀赋对政治吸纳影响的调节效应。简单说来,我们认为,政治吸纳虽然对于企业家社会地位提升有明显的促进效应,但这种效应受到企业家原有经济和文化资本的调节,因而对特定类型的企业家比另一些类型的企业家影响要显著。具体而言,在本研究中,我们

---

① 例如联想集团的柳传志就曾明确表示,"从现在起我们要在商言商,以后的聚会我们只讲商业不谈政治,在当前的政经环境下做好商业是我们的本分"。
② 参见[美]亚伯拉罕·马斯洛:《动机与人格》(第3版),许金声等译,中国人民大学出版社,2012年。

考察的调节因素包括了:(1)企业规模。一般来说,企业规模(经济资本)越大,企业家经济和社会影响也越大。① 由于大企业家本身社会地位已很高,获得政治吸纳对他们社会地位的提升有限。中小企业家本身社会地位较低,政治吸纳可部分弥补他们经济资源上的弱势,其地位提升效应因而会更强(假设 4)。(2)企业家受教育程度。大量研究显示,作为文化资本的重要方面,教育能显著提高个体的自我效能感。拥有良好教育背景的企业家往往会有较高的自我地位认知,无论其实际地位状况如何。② 因此,与企业规模类似,对于本身拥有良好教育背景的企业家而言,政治吸纳的边际地位提升效果有限。然而,对于文化程度较低的企业家,政治吸纳则可以部分弥补其教育背景的不足,因而更可能促进其地位感知的提升(假设 5)。

三、研究设计

(一) 数据来源

本文使用的数据是来自中央统战部、全国工商联、国家工商行政管理总局等单位联合组织的 2016 年第 12 次全国私营企业调查(CPES2016)。自 1990 年开始,全国私营企业调查每两年举行一

---

① See Thomas Heberer and Gunter Schubert, *Weapons of the Rich: Strategic Action of Private Entrepreneurs in Contemporary China*, Singapore: World Scientific Publishing Company, 2020; Scott Kennedy, *Business of Lobbying in China*, Cambridge: Harvard University Press, 2005.
② 参见[美]兰德尔·柯林斯:《文凭社会:教育与分层的历史社会学》,刘冉译,北京大学出版社,2018 年;David Goodman, *Class in Contemporary China*, Cambridge: Polity Press, 2014.

次,主要关注私营企业及其所有人的政治、经济、社会状况。[①] 该数据目前由中国社会科学院私营企业主群体研究中心负责日常维护,第 12 次全国私营企业调查是目前公开的最近一轮数据。该次调查使用了国家市场监管总局信息中心提供的全私营企业名录作为抽样框,进行了严格的目录抽样,具有良好的统计代表性。在实际执行中,依托各省(区、市)工商联和工商局力量,在全国范围内开展。调查完成时间在 2016 年 3 月到 4 月间。经过数据清理,有效样本为 4 219 个。

(二) 变量测量

1. 因变量:地位感知

本研究的因变量是民营企业家的地位感知。如前所述,个体地位可分为客观和主观两种主要类型。国际学术界地位测度的主流是围绕客观地位展开的,即基于个体的职业、收入和教育程度,计算出个人的社会经济地位指数。[②] 考虑中国的实际,在测度个体地位时,本土学者往往会考虑更多的一些因素,如权力、工作部门及社会歧视等。[③] 本研究聚焦于个体地位的主观一面,因而主要侧重个体对自身地位的评估。结合全国私营企业调查的问卷,我们以民营企业家对自身地位的主观评价作代理变量。具体而言,问卷要求受访者对自身的经济地位、社会地位、政治地位作 1 分(最高)至 10 分(最低)的评估。我们首先将这些原始评分以"11 - 得分"的方式转制,分别作为企业家经济地位、社会地位、政治地位感知的值。然后以主成分因子法,提取一个"企业家总体地

[①] 陈光金、吕鹏、林泽炎等:《中国私营企业调查 25 周年:现状与展望》,《南开管理评论》2018 年第 6 期。

[②] See John Goldthorpe, Catriona Llewellyn and Clive Payne, *Social Mobility and Class Structure in Modern Britain*, Oxford: Clarendon Press, 2005.

[③] 参见谢宇:《认识中国的不平等》,《社会》2010 年第 3 期;李强:《当代中国社会分层》,生活・读书・新知三联书店,2019 年。

位感知"的公因子。① 初步的描述统计显示,民营企业家对自身社会地位(5.169分)、经济地位(5.138分)的感知平均要高于其政治地位感知(4.546分),总体地位感知的均值(4.416分)则在全样本的中偏下。这符合目前媒体和学界的一般看法:民营企业家对自身的地位评估偏低,且其经济和社会的地位高于政治地位。

2. 自变量:政治吸纳

本研究的核心解释变量是官方的政治吸纳。改革开放以来,党和政府一直高度重视新兴社会阶层和群体,并通过多样化的方式加强对这些新社会行动者的吸纳和统合。对于非公经济人士,所谓的"政治吸纳"主要是指各级党和政府的统战部门"对其中的某些政治上先进、经济上典型、形象上良好的代表人士安排一定的政治待遇或角色"。② 如前所述,本研究着重考察三种不同的政治吸纳:政党吸纳、行政吸纳、社团吸纳。具体而言,政党吸纳是指通过吸收企业家加入执政党③;行政吸纳在目前的环境下主要是指赋予企业家各级人大代表或政协委员的身份;社团吸纳是指通过各级工商联或青年联合会等体制内的社会团体进行的政治吸纳;在操作上,我们以受访者是否担任以上这些职务来编码(担任是"1",否则为"0")。在我们的样本中,2 048人(48.5%)获得过社团吸纳,而只有462人(11.0%)获得过政党吸纳,1 088人(25.8%)获得过行政吸纳。由此可见,对民营企业家而言,获得不同政治吸纳的难度并不一致:政党吸纳、行政吸纳的难度大于社团吸纳。

---

① 在提取公因子后,我们作了巴特利特球形检验(P值小于0.000)和KMO检验($KMO=0.724$),结果都符合因子分析的要求。由于版面的限制,这里没有详细展示因子分析的具体过程和操作。如有需要,可向作者索取。

② 参见孙信、姜立、马东升:《新的社会阶层统战工作概论》,中央编译出版社,2007年。

③ 企业家入党包括两种类型:经商前入党及经商后入党。经商前入党,基本上是企业家自主政治行为;经商后入党,则大部分是国家政治吸纳的结果。因此,在本文中,政党吸纳仅仅指那些经商后获得党员身份的企业家。

3. 调节变量

本研究的调节变量包括:(1)企业规模。这里我们主要以企业雇员数量加1取自然对数的方法来测度。在我们的样本中,企业平均雇员数为170人,最小雇员数为0人,最大雇员数为60 000人。(2)企业家受教育程度。根据问卷调查的企业家的学历(初中及以下、高中及中专、大专、本科、研究生、博士),我们将其转化为相应的受教育年限。在本研究样本中,企业家的平均受教育时长为14.12年,高中及以下学历占约37.24%,本科及以上学历约占28.77%。

4. 控制变量

在参考、借鉴已有文献的基础上,本研究同时纳入以下三组控制变量:(1)企业家个人特质,包括性别、年龄、父亲职业、个人收入、个人创业前工作等。(2)企业的特征变量,包括企业年龄、企业绩效、所在行业等。(3)地区环境因素,即企业运营所在地。在本文中,我们直接将地区因素按省级行政单位纳入分析。与其他变量一起,本研究各控制变量的具体界定和操作化方式被归纳在表1,各变量的描述性统计则在表2。

表1 变量定义

变量名称	定义
因变量	
总体地位感知	企业家的经济地位、社会地位和政治地位,通过主成分法提取一个"企业家地位的公因子":0分(最低)—10分(最高)
经济地位感知	企业家自评经济地位:1分(最低)—10分(最高)
社会地位感知	企业家自评社会地位:1分(最低)—10分(最高)
政治地位感知	企业家自评政治地位:1分(最低)—10分(最高)
自变量	
政党吸纳	企业家是否在经商后加入中国共产党:1-有　0-没有

(续表)

变量名称	定义
行政吸纳	企业家是否担任人大代表或政协委员:1-有　0-没有
社团吸纳	企业家是否加入工商联或青年联合会:1-有　0-没有
调节变量	
企业规模	企业规模=ln(2015年雇用人员数+1)
教育程度	按企业家学历(初中及以下、高中及中专、大专、本科、研究生、博士)转化为受教育年限
控制变量	
性别	1-男　0-女
企业家年龄	年龄=2016-出生年份
父亲职业	企业家创业前,父亲的职业:1-专业技术或管理岗,即干部、军官、企业家、经理人或专业技术人员　0-其他
创业前工作	经营现企业前工作单位性质: 1-国有机构(机关、国企或事业单位)　0-其他
企业年龄	企业年龄=2016-企业成立年份
个人收入	根据个人上年度总收入准化转换:个人收入=(2015年个人收入-个人收入均值)/个人收入标准差
企业绩效	根据企业上年度净利润标准化转换:企业绩效=(2015年企业净利润-净利润均值)/净利润标准差
行业	根据企业第一主业所在行业的虚拟变量转换:包括农、林、牧、渔业、采矿业、制造业等15个行业,重新编码为14个虚拟变量
地区	根据企业所在省市自治区,重新编码为30个虚拟变量

表2　变量的描述统计

数值型变量	均值	标准差	最小值	最大值	样本量
总体地位感知	4.416	1.996	0	10	4 219
经济地位感知	5.138	1.855	1	10	4 219

(续表)

数值型变量	均值	标准差	最小值	最大值	样本量
社会地位感知	5.169	1.879	1	10	4 219
政治地位感知	4.546	2.171	1	10	4 219
企业家年龄	45.136	9.507	20	81	4 219
教育程度	14.119	2.605	9	22	4 219
企业年龄	9.621	6.710	0	43	4 219
企业规模	3.181	1.787	0	11.002	4 219
个人收入	-0.001	1.058	-0.264	57.918	4 219
企业绩效	-0.010	1.275	-72.126	33.623	4 219
类别变量	样本量	百分比	类别变量	样本量	百分比
政党吸纳-有	462	10.95%	性别-男	3 400	80.59%
政党吸纳-无	3 757	89.05%	性别-女	819	19.41%
行政吸纳-有	1 088	25.79%	父亲职业-专业技术或管理岗	518	12.28%
行政吸纳-无	3 131	74.21%	父亲职业-其他	3 701	87.72%
社团吸纳-有	2 048	48.54%	创业前工作-国有部门	1 151	27.28%
社团吸纳-无	2 171	51.46%	创业前工作-其他	3 068	72.72%

（三）分析策略

在本研究中,主效应模型和调节效应模型都采用普通最小二乘法(OLS)估计。具体而言,在主效应模型中,我们分别将企业家总体地位感知、经济地位感知、社会地位感知、政治地位感知作为因变量对各自变量、调节变量、控制变量作回归分析。在调节效应模型中,则采用交互项的形式来探究企业规模与企业家教育程度对政治吸纳地位效应的影响。在稳健性检验中,为了减少遗漏变量带来的选择性偏误,我们也使用倾向值匹配的方法(PSM)作了估计。①

四、数据分析及发现

(一)分组比较与初步推论

在进行深入的多元回归分析前,我们首先对数据作了初步的分组比较,以对政治吸纳的地位效应有一感性认识。图2显示了分组比较的结果:获得政党吸纳、行政吸纳及社团吸纳的企业家平均总体地位感知分别是5.183、5.640与5.210,未获政党吸纳、行政吸纳及社团吸纳的企业家平均总体地位感知分别是4.322、3.991与3.667。获得政党吸纳、行政吸纳及社团吸纳的企业家比未获相应政治吸纳的企业家总体地位感知分别高出0.861(19.9%)、1.649(41.3%)、1.543(42.1%),所有差异均在0.001的置信水平上显著。这一结果初步证实了政治吸纳是影响企业家地位感知的重要因素。

(二)主效应模型:总体地位感知

企业家的地位感知受到多方面因素的影响,为了进一步厘清官方政治吸纳对企业家地位感知的影响,多变量模型分析是十分

---

① 有必要指出的是,受限于CPES截面数据的性质,本文的实证检验仍不免受到各种内生性问题的干扰,尽管我们的多样化努力已经让这一可能性降到了很低的程度。严格意义上的因果推论仍有待更完善数据的出现。

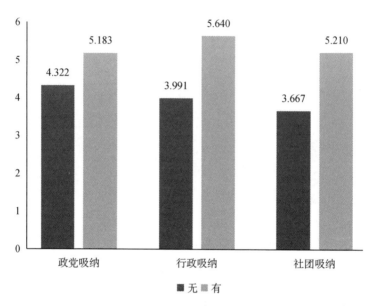

图 2 企业家总体地位感知的分组比较

必要的。表 3 展示了以企业家总体地位感知为因变量的主效应模型。具体而言,在模型 1—3 中,我们将政党吸纳、行政吸纳及社团吸纳分别作为自变量,考察它们各自对企业家总体地位感知的影响。[①] 结果显示,在控制其他各类变量的前提下,政党吸纳、行政吸纳及社团吸纳的标准化系数分别为 0.042、0.174、0.166,且分别在 0.01、0.001、0.001 的置信水平上显著。模型 4 则同时考虑了所有政治吸纳的效果。结果显示,政党吸纳、行政吸纳及社团吸纳的标准化系数依然为正,且分别在 0.10、0.001、0.001 的置信水平上显著。同时,与我们理论预期一致,不同吸纳的效果也不同:行政吸纳＞社团吸纳＞政党吸纳。特别是,如果依据模型 4 的结果,行政吸纳的效果(标准化系数为 0.143)大约是政党吸纳效果(标准化系数为 0.024)的 6 倍,社团吸纳(标准化系数为 0.120)大约是

---

① 在本文中,所有的回归方程均进行了共线性检验,结果表明不存在严重的多重共线性问题。

政党吸纳的 5 倍。总体上,表 3 的结果支持了政治吸纳提升企业家总体地位的假设,且显示不同类型政治吸纳的地位效应不同。

表 3　政治吸纳与企业家总体地位感知

	模型 1 总体地位	模型 2 总体地位	模型 3 总体地位	模型 4 总体地位
政党吸纳	0.042**	—	—	0.024†
	(0.094)	—	—	(0.093)
行政吸纳	—	0.174***	—	0.143***
	—	(0.069)	—	(0.072)
社团吸纳	—	—	0.166***	0.120***
	—	—	(0.073)	(0.075)
性别	0.038**	0.038**	0.038**	0.036*
	(0.074)	(0.073)	(0.073)	(0.072)
企业家年龄	0.130***	0.101***	0.122***	0.104***
	(0.003)	(0.003)	(0.003)	(0.003)
教育程度	0.073***	0.058***	0.055***	0.050**
	(0.012)	(0.012)	(0.012)	(0.012)
父亲职业	0.061***	0.062***	0.055***	0.057***
	(0.085)	(0.084)	(0.085)	(0.084)
创业前工作	-0.003	-0.010	-0.011	-0.012
	(0.067)	(0.066)	(0.066)	(0.065)
企业年龄	0.044**	0.026	0.023	0.007
	(0.005)	(0.005)	(0.005)	(0.005)
企业规模	0.324***	0.269***	0.257***	0.223***
	(0.021)	(0.021)	(0.022)	(0.022)
个人收入	-0.006	-0.003	-0.004	-0.001
	(0.028)	(0.027)	(0.032)	(0.030)

(续表)

	模型1 总体地位	模型2 总体地位	模型3 总体地位	模型4 总体地位
企业绩效	-0.000	-0.001	-0.002	-0.002
	(0.019)	(0.018)	(0.021)	(0.019)
地区、行业	控制	控制	控制	控制
样本数	4 219	4 219	4 219	4 219
R^2	0.236	0.256	0.250	0.264
F	25.81***	29.16***	28.07***	29.25***

注：此表格报告的是标准化系数，括号中是稳健标准误，† $p<0.1$，* $p<0.05$，** $p<0.01$，*** $p<0.001$。

（三）主效应模型：各子地位感知

在确认总体地位模型效应后，我们把注意力转向子地位模型的结果。正如研究假设中提到的，由于特定的历史传统、政治结构和自身成长轨迹，中国的新经济精英群体尽管在商业和社会事务上积累了相当影响，但在政治领域的影响力仍然十分有限。因此，我们预期获得政治吸纳这一官方的政治认可对提高企业家政治地位感知的效应应当更强。子地位模型的结果很大程度上确证了这一点（见表4）。具体而言，模型5—7分别以经济地位、社会地位、政治地位为因变量。回归结果显示：(1)除了模型5和模型6中的政党吸纳外，所有模型中的政治吸纳对于企业家地位感知均呈现显著的正效应。(2)与总体地位模型中的发现一致，不同类型的政治吸纳对企业家子地位感知的影响存在差异。在所有模型中，行政吸纳和社团吸纳的效力均明显大于政党吸纳。(3)政治吸纳对不同类型地位感知的促进效应有明显差别。如我们所预期的，官方吸纳，特别是行政吸纳，对企业家政治地位的提升效应，明显高于其对另外两种社会地位的效应。

表 4 政治吸纳与企业家各子地位感知

	模型 5 经济地位	模型 6 社会地位	模型 7 政治地位
政党吸纳	0.003	0.021	0.043**
	(0.088)	(0.089)	(0.102)
行政吸纳	0.086***	0.115***	0.194***
	(0.069)	(0.070)	(0.082)
社团吸纳	0.098***	0.122***	0.110***
	(0.069)	(0.072)	(0.086)
控制变量	控制	控制	控制
样本数	4 219	4 219	4 219
R^2	0.239	0.224	0.225
F	24.18***	22.69***	25.25***

注：此表格报告的是标准化回归系数，括号中是稳健标准误，† $p<0.1$，* $p<0.05$，** $p<0.01$，*** $p<0.001$。

（四）调节效应模型

以上的分析显示了政治吸纳对企业家地位感知的影响，且通过细分自变量和因变量的方式展现了这一影响的复杂性。这一部分将通过调节效应模型进一步探究何种情况下官方政治吸纳更容易发挥作用。我们的预期是官方政治吸纳部分弥补了企业家经济和文化资源禀赋的不足。企业家本身拥有的经济资本和文化资本越少，官方政治吸纳的地位效应越强。具体而言，我们采用交互项的方式分析其调节效应，即在回归模型中纳入各类吸纳与不同调节变量的乘积。① 表 5 报告了以总体地位感知为因变量的交互项检验的结果。模型 8—10 的结果显示，各类政治吸纳与企业规模

---

① 在主效应模型中，各调节变量对企业家地位感知都有显著的正效应。加入交互项分析后，这些调节变量本身的正效应依然在统计上显著。

的交互项均显著为负(系数分别为-0.098、-0.132、-0.094, p 值分别小于 0.10、0.01、0.05)。表明企业规模越小,官方政治吸纳与企业家地位感知的正相关关系越强。模型 11—13 的结果显示,政党吸纳、行政吸纳与企业家教育程度的交互项显著为负(系数分别为-0.069 和-0.040, p 值均小于 0.10)。表明对于教育程度越低的企业家,政党吸纳、行政吸纳对其地位感知的提升效果确实更强。

表 5　政治吸纳与企业家地位感知:个人资源禀赋的调节效应

	模型 8 政党吸纳*企业规模	模型 9 行政吸纳*企业规模	模型 10 社团吸纳*企业规模	模型 11 政党吸纳*教育程度	模型 12 行政吸纳*教育程度	模型 13 社团吸纳*教育程度
交互项	-0.098†	-0.132**	-0.094*	-0.069†	-0.040†	0.016
	(0.057)	(0.040)	(0.042)	(0.039)	(0.023)	(0.029)
政党吸纳	0.561*	0.149	0.155†	1.149*	0.149	0.158†
	(0.264)	(0.093)	(0.093)	(0.576)	(0.093)	(0.093)
行政吸纳	0.652***	1.226***	0.671***	0.652***	1.246***	0.650***
	(0.072)	(0.190)	(0.072)	(0.072)	(0.349)	(0.072)
社团吸纳	0.468***	0.435***	0.762***	0.474***	0.471***	0.245
	(0.075)	(0.076)	(0.141)	(0.075)	(0.075)	(0.315)
企业规模	0.261***	0.283***	0.300***	0.249***	0.248***	0.249***
	(0.023)	(0.025)	(0.031)	(0.022)	(0.022)	(0.022)
教育程度	0.038**	0.038**	0.038**	0.045***	0.049***	0.030
	(0.012)	(0.012)	(0.012)	(0.012)	(0.014)	(0.017)
控制变量	控制	控制	控制	控制	控制	控制
常数项	1.170***	1.128***	1.109***	1.110***	1.032***	1.286***
	(0.306)	(0.307)	(0.308)	(0.306)	(0.321)	(0.339)
样本数	4 219	4 219	4 219	4 219	4 219	4 219

(续表)

	模型 8 政党吸纳* 企业规模	模型 9 行政吸纳* 企业规模	模型 10 社团吸纳* 企业规模	模型 11 政党吸纳* 教育程度	模型 12 行政吸纳* 教育程度	模型 13 社团吸纳* 教育程度
R^2	0.265	0.266	0.265	0.265	0.265	0.264
F	29.01***	28.96***	28.85***	28.88***	28.75***	28.79***

注:此表格报告的是非标准化系数,括号中是稳健标准误,† $p<0.1$,* $p<0.05$,** $p<0.01$,*** $p<0.001$。

(五)稳健性检验

为了确保研究结果的可靠,本研究还通过倾向值匹配的方法(PSM)开展了稳健性检验。① 倾向值匹配是基于可观测的混淆变量,来计算个体接受干预的概率,进而考察自变量对因变量的净效应。倾向值匹配的优势在于通过控制个体倾向值模拟反事实对象,尽可能减少选择性偏误的影响。表 6 利用倾向值匹配检验了政治吸纳对企业家总体地位感知的影响。② 其中,模型 14—16 采用近邻匹配的方法,模型 17—19 采用核匹配的方法。这些模型的干预变量分别是政党吸纳、行政吸纳、社团吸纳,协变量则是前文的控制变量。③ 无论是哪一种匹配,其结果都十分接近:参与者平均处理效应(ATT)均远大于 0,且在统计上显著。这一结果再次确证了本研究主要发现的稳健性。

---

① 从理论上说,本研究还可能存在双向因果引致的内生性问题,即自变量政治吸纳和因变量企业家地位感知互为因果。然而,考虑到官方在政治吸纳中的主导地位,认为企业家更高的主观地位认知会带来官方的政治荣誉和职位显然不甚合理。因此,我们并未检验双向因果的问题。
② 我们也对各匹配模型进行了平衡性检验,结果都显示匹配良好。由于版面的限制,这里没有详细展示。如有需要,可向作者索取。
③ 在倾向值匹配中,协变量是同时影响干预变量和结果变量的混杂因素,它们应尽可能发生在干预变量前。前文的控制变量基本满足了这些要求。我们同时也通过 psestimate 筛选了倾向值匹配的协变量,结果与此类似。

表 6　稳健性检验：倾向值匹配

	近邻匹配			核匹配		
	模型 14 政党吸纳	模型 15 行政吸纳	模型 16 社团吸纳	模型 17 政党吸纳	模型 18 行政吸纳	模型 19 社团吸纳
处理组	5.184	5.639	5.200	5.184	5.639	5.200
控制组	4.939	4.970	4.555	4.871	4.932	4.509
ATT	0.245*	0.669***	0.645***	0.313**	0.707***	0.691***
标准误	0.111	0.087	0.126	0.101	0.083	0.116
T 值	2.20	7.67	5.14	3.11	8.54	5.96

注：† $p<0.1$，* $p<0.05$，** $p<0.01$，*** $p<0.001$。

（六）拓展性分析

在确认政治吸纳的地位效应之后，我们有必要讨论一下地位提升对民营企业家社会行为的影响。从理论上说，许多社会心理的研究已经发现，当个体在社会比较中感知到自己具有优势的时候，其自信心和满足感会增强，进而促使其心理资源增加，更愿意关注他人的处境和需求。① 在中国的语境下，我们历来有达则兼济天下的传统。作为经济改革的最大受益群体之一，过去 40 年民营企业家已经积累了大量的财富。如果能够进一步实现社会地位提升，那么他们可能会有更大的道德和精神动力去承担更多的社会责任。正是基于这样的逻辑，我们选择了企业慈善捐赠额度作为代理变量，对企业家的地位感知作了 OLS 回归分析。② 结果显示，无论是企业家总体地位感知，还是各子地位感知的提升，都能

---

① Sauder Michael, Lynn Freda and Podolny Joel, " Status: Insights from Organizational Sociology," *Annual Review of Sociology*, Vol.38, 2012, pp.267-283；谢昕琰、刘伟强：《达则兼济天下：私营企业主地位认同与企业社会责任的关系探究》，《社会学评论》2022 年第 2 期。

② 这里，因变量是以 2015 年企业慈善捐赠额加 1 后取自然对数的形式测度的。模型控制了表 1 中除政治吸纳外的其他所有变量。

显著提高企业慈善捐赠的额度(见表7)。这也从一个侧面进一步证明了对民营企业家政治吸纳的必要性。

表7 稳健性检验:倾向值匹配

	模型20 慈善捐赠	模型21 慈善捐赠	模型22 慈善捐赠	模型23 慈善捐赠
总体地位	0.062***	—	—	—
	(0.009)	—	—	—
经济地位	—	0.055***	—	—
	—	(0.010)	—	—
社会地位	—	—	0.064***	—
	—	—	(0.010)	—
政治地位	—	—	—	0.047***
	—	—	—	(0.008)
控制变量	控制	控制	控制	控制
常数项	-1.031***	-1.091***	-1.123***	-1.026***
	(0.203)	(0.205)	(0.204)	(0.203)
样本数	3 587	3 587	3 587	3 587
R^2	0.453	0.451	0.453	0.451
F	24.18***	22.69***	25.25***	40.53

注:此表格报告的是非标准化回归系数,括号中是稳健标准误,† $p<0.1$,* $p<0.05$,** $p<0.01$,*** $p<0.001$。

五、结论与讨论

经历了近40年的快速发展,民营企业家已然成为当今中国社会举足轻重的行动者。如何管理协调这一关键群体是执政党必须认真考虑的问题。基于全国私营企业调查数据,本研究关注官方政治吸纳的地位效应。研究发现:(1)官方的政治吸纳是影响民营企业家地位感知的重要因素。同等条件下,那些获得了官方政治吸纳的企业家比没有获得吸纳的企业家往往具有更高的自我地位感知。(2)政治吸纳的地位效应具有非同质性。相比政党吸纳,行政吸纳、社团吸纳更能提升企业家的地位感知。相比经济地位与社会地位,企业家的政治地位感知更容易受到政治吸纳的影响。(3)政治吸纳的地位效应受到企业家自身资源禀赋的调节。对于企业规模较小、文化程度较低的企业家,政治吸纳的作用更为明显。

本研究的发现拓展了我们对官方政治吸纳政策的认识。在过去相当长一段时间中,政治吸纳已经成为中国执政党和政府联系、统合新兴经济精英的重要方式。通过安排民营经济的代表性人士进入各类官方、半官方机构,政治吸纳的根本目的是为新兴经济精英提供制度化的政治参与渠道,提高他们对既有秩序的认同和支持。[①] 然而,对于官方的政治吸纳政策是否真正达到预期的目的,我们却一直知之甚少。这项研究从地位感知的视角弥补了这一文献缝隙。文章的主要发现表明,作为一种官方认可的重要标志及重要的政治联系,获得各类政治吸纳确实显著地提高了企业家的主观地位感知(特别是政治地位感知)。由于主观地位感知是个体政治社会态度的重要测度指标,这一结果实际上间接地证实了官方政治吸纳努力的效果。

更进一步看,本研究的发现对于我们理解当代中国的政商关系也有重要意义。长期以来,受到现代化理论的影响,西方研究者错误地认为,随着中国市场化改革的深入,国家权力在经济运作中

---

① 参见[美]沈大伟:《中国共产党:收缩与调适》,吕增奎、王新颖译,中央编译出版社,2011年;Elizabeth Perry and Sebastian Heilmann, *Mao's Invisible Hand: The Political Foundations of Adaptive Governance in China*, Cambridge: Harvard University Press, 2011.

的影响力会逐渐式微,社会行动者的自主性会不断提升。① 然而,中国的现实是国家权力不仅没有退场,而且在经济领域依然发挥着不可忽视的重要作用。这一作用不仅反映在国家对经济改革进程的主导及对关键性经济资源的掌控上,而且也反映在对荣誉及社会地位等价值资源的分配中。正如本研究发现所显示的,尽管中国的民营企业家已经积累了巨额的经济财富,但其社会地位及影响力的获得依然离不开国家权力的认可。事实上,也正是由于对国家权力的高度依赖,中国的民营企业家始终没有成长为西方学者所设想的"既有秩序的挑战者"。②

本研究的发现有一定的政策启示。一方面,本研究的发现为官方的民营企业家政治吸纳政策提供了经验支持。党的十八大以来,以习近平同志为核心的党中央从新时期国家战略出发,多次强调要保护企业家合法权益,弘扬企业家精神。提高企业家社会地位,增强企业家的获得感、满足感无疑是其中的关键。本研究的发现显示,党和政府通过对企业家的各类政治安排,成功吸纳了这一新兴经济精英群体。未来可以丰富相关举措,创造更多渠道加强对他们的吸纳统合。特别是,考虑到政治吸纳发挥作用的最佳条件及群体内部公平,党和政府应当加强对经济和文化资本较少的弱势企业的扶持,为他们提供更多制度化的渠道反映其意见和诉求,促进整个企业家群体的健康均衡发展。另一方面,政治吸纳的政策意涵也并不限于企业家地位感知。正如本研究拓展分析所显

---

① See Thomas Heberer and Gunter Schubert, *Weapons of the Rich: Strategic Action of Private Entrepreneurs in Contemporary China*, Singapore: World Scientific Publishing Company, 2020; Victor Nee, "A Theory of Market Transition: From Redistribution to Markets in State Socialism," *American Sociological Review*, Vol.54, No.5, 1989, pp.663-681.

② See Jie Chen and Bruce Dickson, *Allies of the State: China's Private Entrepreneurs and Democratic Change*, Cambridge: Harvard University Press, 2010; Yue Hou, *The Private Sector in Public Office: Selective Property Rights in China*, New York: Cambridge University Press, 2019.

示的,对于民营企业家而言,地位感知的提升能够带来更多亲社会行为。相比地位感知不高的同行,那些拥有更高地位感知的企业家更可能积极承担各类社会责任。这实际上意味着,政治吸纳在改变企业家社会心态的基础上,对于激励民营企业家奉献社会、投身共同富裕建设具有重要的规范和引领价值。未来几年,地方各级人大、政协及工商联将陆续面临换届。建议在换届过程中,提高社会责任表现在综合评价中的权重,精准吸纳更多在扶贫开发等社会责任实践中表现突出的企业家,并通过对这些先进案例的广泛宣传,更好发挥政治安排的"指挥棒"作用。

当然,本研究仍然存在一些不足。其中之一是本研究使用的是2016年的全国私营企业调查数据。尽管这是目前为止公开的最近的数据,但由于过去几年间宏观经济环境、市场化程度等条件的发展变化,我们不能断言本研究发现的政治吸纳的地位效应是否依然成立,或是得到了进一步的加强。此外,本研究虽然指出了政治吸纳地位效应背后的可能影响机制,但并未用数据严格证明这些机制。对机制的确证需要有更丰富的田野调查和案例资料。对于这些问题,我们期待未来的实证研究能在条件允许的情况下作更深入、全面的探讨。

Political Cooptation and Private Entrepreneurs' Status Perception: Evidence from a National Survey

Jie Huang

Abstract: Since the reform and opening up, with the rise of the private economy in China, private entrepreneurs have gradually become an important target for official political cooptation. Based on the data from the 12th Chinese Private Enterprise Survey, this article examines the impact of the state's political cooptation on the private entrepreneurs' subjective social status. It demonstrates: (1) Obtaining various prestigious political appointments, as an important symbol of official recognition, can significantly improve entrepreneurs' the subjective evaluation of their status. (2) The status-facilitating effect of political cooptation is not homogeneous. Compared with party cooptation, administrative and associative cooptation can more significantly enhance the entrepreneurs' status perception. Compared with economic and social status, entrepreneurs' political status is more likely to be affected by political cooptation. (3) The status-facilitating effect of political cooptation is moderated by entrepreneurs' original economic and cultural capital. For entrepreneurs with small enterprises and low education, the status-facilitating effect of political cooptation is more obvious. The findings of this article have great implications for evaluating the effects of official cooptation policies, improving entrepreneurs' sense of acquisition, and ultimately promoting the healthy development of state-business relations.

Keywords: Private Entrepreneurs; Political Cooptation; Status Perception; State-Business Relations

企业规模、利益耦合与政商关系类型*

孙 明**

[内容提要] 依据"亲""清"两个维度,政商关系可以划分为服务型、疏离型、互惠型、攫取型四种类型。与市场转型假说、资源依赖假说、政商关联假说不同,企业规模是影响政商关系类型的一个重要因素。具体而言,地方官员在谋求晋升的政治利益和经济利益的双重驱动下会选择规模较大的民营企业伸出扶持与攫取之手,而后者也具有获得垄断租金的意愿和建立政商关联的资本,结果规模较大的民营企业呈现互惠型的政商关系。但随着地区经济发展水平的提升,大企业的政商关系出现向服务型转变的趋势。对第十二次全国私营企业调查数据的统计分析结果支持了上述研究假设。随着市场经济体制改革的深化,大型民营企业的政商关系将向"亲""清"转变。

[关键词] 政商关系;企业规模;经济发展

一、问题的提出

政商关系是企业成长和地区经济发展的决定性因素,是解释

---

* 本研究得到国家社科基金一般项目"新时期政商关系的类型与生成逻辑研究"(项目编号:19BSH084)资助。
** 孙明,同济大学政治与国际关系学院。

中国经济奇迹与国家社会关系变迁的关键,也是检验我国经济体制改革成效和国家治理现代化的试金石。① 它涉及经济发展、反腐倡廉、国家治理现代化等重要议题,不仅成为学界研究的热点,也受到社会各界的广泛关注。尤其是习近平总书记在 2016 年 3 月 4 日参加全国政协、民建、工商联界联谊会时提出构建以"亲""清"为核心的新型政商关系,并在党的十九大报告中再次提及,使政商关系研究迈入新的阶段。对政商关系进行理论探讨和实证研究、寻求塑造新型政商关系的实践路径,成为不断完善社会主义市场经济体制以及提升国家治理水平和治理能力现代化的重要问题。

政商关系是多层次的,它涵盖了宏观层次的国家与市场关系、中观层次的政府与企业关系,以及微观层次的官员与企业家关系。② 与此同时,政商关系又具有多主体的特征,"政"包括中央政府、地方各级政府以及官员,"商"涵盖不同产权性质的企业和企业家,这些多层次、多元的政商主体之间发生着复杂多样的关系。有研究者指出,政商关系更多指高度人格化的官员与企业家的关系,这是政商关系的实质以及合理化、合法化的终端环节。③ 笔者认同上述观点,将地方政府与民营企业、官员与民营企业家之间的关系作为政商关系研究的重点,从中管窥社会转型期国家与市场关

---

① Keng, Shu, "Developing into a Developmental State: Explaining the Changing Government-Business Relationships behind the Kunshan Miracle," in Tse-Kang Leng and Yunhan Chu, eds., *Dynamics of Local Government in China during the Reform Era*, Lanham, MD: Rowman & Littlefield, 2010;杨典:《政商关系与国家治理体系现代化》,《国家行政学院学报》2017 年第 2 期;周黎安:《转型中的地方政府:官员激励与治理》(第二版),格致出版社,2017,第 298 页。
② 张田、孙涛:《转型中国的政企关系:多学科视角分析》,《经济与管理研究》2015 年第 4 期;孙丽丽:《关于构建新型政商关系的思考》,《经济问题》2016 年第 2 期;吴才唤:《新型政商关系研究综述》,《党政论坛》2017 年第 6 期。
③ 邱实、赵晖:《国家治理现代化进程中政商关系的演变和发展》,《人民论坛》2015 年第 5 期;周黎安:《转型中的地方政府:官员激励与治理》(第二版),格致出版社,2017 年,第 301 页。

系的变迁。

那么中观或微观层次的政商关系包括哪些类型呢？如何抓住转型期政商关系的性质进行有效的分类？已有研究沿着庇护主义和发展型国家两种理论视角展开，进行了有益的探索。例如，改革早期政商之间是不平等的庇护-依附关系①，而后演变为相对平等的合作关系②，但此种分类比较单一。发展型国家理论的视角则根据政府干预经济的方式和程度来区分政商关系的多种类型③，更偏重地方政府在经济发展中的角色和作用。在已有研究的基础上，本文围绕"亲"与"清"这两个核心特征来类型化，既承认政府拥有干预经济的巨大权力、发展经济的强烈意愿、积极正向的扶持之手，又回应了已有研究中反复涉及的特殊主义利益关联、掠夺之手等问题。

对政商关系进行类型化之后，那影响政商关系的因素有哪些？已有的市场转型假说、资源依赖假说、政商关联假说分别从宏观、中观、微观三个层次提出诸多影响因素，与之不同，本文将企业规模视作影响政商双方行为和策略的关键性因素，基于政治行动者

---

① Wank, David L., "Private Business, Bureaucracy, and Political Alliance in a Chinese City," *Australian Journal of Chinese Affairs*, Vol. 33, 1995a, pp. 55–71; Wank, David L., "The Institutional Process of Market Clientelism: Guanxi and Private Business in a South China City," *China Quarterly*, No. 147, 1996, pp. 820–838.

② See Wank, David L., *Commodifying Communism: Business, Trust, and Politics in a Chinese City*, New York: Cambridge University Press, 1999; Choi, Eun Kyong and Kate Xiao Zhou, "Entrepreneurs and Politics in the Chinese Transitional Economy: Political Connections and Rent-Seeking," *China Review*, Vol. 1, No. 1, 2001, pp. 111–135; 李宝梁：《从超经济强制到关系性合意——对私营企业主政治参与过程的一种分析》，《社会学研究》2001 年第 1 期。

③ Baum, Richard and Alexei Shevchenko, "The 'State of the State'," in Merle Goldman and Roderick MacFarquhar, eds., *The Paradox of China's Post-Mao Reforms*, Cambridge: Harvard University Press, 1999; 郁建兴、石德金：《超越发展型国家与中国的国家转型》，《学术月刊》2008 年第 4 期；Keng, Shu, "Developing into a Developmental State: Explaining the Changing Government-Business Relationships behind the Kunshan Miracle," in Tse-Kang Leng and Yunhan Chu, eds., *Dynamics of Local Government in China during the Reform Era*, Lanham, MD: Rowman & Littlefield, 2010.

和经济行动者的利益和激励,提出一种微观的解释机制。对规模较大的民营企业而言,政商双方的利益耦合使政商关系倾向于互惠型,而小微民营企业则更多属于疏离型或攫取型。大型民企的互惠型政商关系随着地区经济发展水平的提升,存在向服务型政商关系转变的可能。

二、基于"亲""清"的政商关系类型化

本文依据"亲""清"两个维度对政商关系进行类型化。首先,"亲"的维度关注国家和地方政府对经济发展的巨大影响力,以及在晋升锦标赛体制下地方官员发展经济的强烈动机。① 中国政治体制的特征和多年的"行政性分权"改革使地方政府控制着关键性的生产要素、掌握着政策资源、拥有大量干预经济的权力。② 一些研究者将地方政府和官员对企业伸出的"扶持之手"视作中国经济快速发展的重要原因,并详细分析了地方政府的角色,提出不同的政商关系类型。例如,戴慕珍(Jean C. Oi)的地方国家法团主义(local state corporatism)③、魏昂德(Andrew G. Walder)的"地方政

---

① Li, Hongbin and Zhou Li An, "Political Turnover and Economic Performance: the Incentive Role of Personnel Control in China," *Journal of Public Economics*, Vol. 89, Issue 9-10, 2005, pp.1743-1762. 周黎安:《中国地方官员的晋升锦标赛模式研究》,《经济研究》2007 年第 7 期。

② 黄冬娅:《企业家如何影响地方政策过程——基于国家中心的案例分析和类型建构》,《社会学研究》2013 年第 5 期;黄冬娅:《私营企业主与政治发展:关于市场转型中私营企业主的阶级想象及其反思》,《社会》2014 年第 4 期;周黎安:《转型中的地方政府:官员激励与治理》(第二版),格致出版社,2017 年,第 298—299 页。

③ Oi, Jean C., "Fiscal Reform and the Economic Foundations of Local State Corporatism in China," *World Politics*, Vol.45, Issue 1, 1992, pp.99-126; Oi, Jean C., "The Role of the Local State in China's Transitional Economy," *China Quarterly*, Vol.144, 1995, pp.1132-1149.

府即厂商"①以及杨善华和苏红提出的"谋利型政权经营者"②,地方政府都是直接干预经济、参与经营活动的"企业家型政府";而通过创造良好的营商环境来间接推动辖区企业发展的是"发展型政府"。③ 耿曙根据产权的安排和政策制定权的分配,在上述两种类型之外增加了政商边界清晰却又互信、互利、互动的"服务型政府"。④ 上述研究的共同点是指向地方政府和官员在经济发展中的"扶持之手",因而"亲"是中国政商关系的一个重要特征。

其次,"清"的维度回应了社会普遍关注的腐败问题,指涉"政"的清正廉洁与"商"的守法经营。一些研究者以恩庇主义的视角来考察中国的政商关系,由于官员掌握了稀缺资源的分配权以及监管中的自由裁量权,政商之间形成庇护-依附关系(patron-client relationship),在更微观和人格化的层面,企业家与特定的官员结成特殊主义的利益同盟。⑤ 另一些研究者则更激进地认为,政商之间没有利益交换,在某些历史时期部分地方政府频频伸出"掠夺之手"。比如,20世纪90年代中期分税制改革之后,地方政府乱

---

① Walder, Andrew G., "Local Governments as Industrial Firms: an Organizational Analysis of China's Transitional Economy," *American Journal of Sociology*, Vol. 101, No. 2, 1995, pp. 263-301.

② 杨善华、苏红:《从"代理型政权经营者"到"谋利型政权经营者"——向市场经济转型背景下的乡镇政权》,《社会学研究》2002年第1期。

③ 托尼·赛奇、邵明阳:《盲人摸象:中国地方政府分析》,《经济社会体制比较》2006年第4期;郁建兴、石德金:《超越发展型国家与中国的国家转型》,《学术月刊》2008年第4期;张汉:《"地方发展型政府"抑或"地方企业家型政府"?——对中国地方政企关系与地方政府行为模式的研究述评》,《公共行政评论》2014年第3期。

④ 耿曙的分类基于地方政府与外企的关系,还包括掠夺型政府和无为型政府(minimal state),但并没有对这两种类型进行详细论述。Keng, Shu, "Developing into a Developmental State: Explaining the Changing Government-Business Relationships behind the Kunshan Miracle," in Tse-Kang Leng and Yunhan Chu, eds., *Dynamics of Local Government in China during the Reform Era*, Lanham, MD: Rowman & Littlefield, 2010.

⑤ Wank, David L., "Private Business, Bureaucracy, and Political Alliance in a Chinese City," *Australian Journal of Chinese Affairs*, Vol. 33, 1995a, pp. 55-71; Wank, David L., 1996, "The Institutional Process of Market Clientelism: Guanxi and Private Business in a South China City," *China Quarterly*, Vol. 147, 1996, pp. 820-838.

收费、乱罚款、乱筹资的问题比较突出①,甚至部分政府机构为了填补预算短缺出现了"组织腐败"(organizational corruption)。② 无论是"权钱交易"还是"掠夺之手",揭示的都是政商关系中蔓延滋长的腐败现象。因此,"清"是政商关系中不能回避的另一个核心维度。

结合"亲""清"两个维度来划分政商关系的类型与鲍瑞嘉(Baum Richard)和舍甫琴柯(Shevchenko)提出的类型有部分相似之处,他们根据地方政府发展经济和提高生产效率的意愿、是否与特定的企业有利益关联划分出企业家型、发展型、庇护型以及掠夺型。③ 与之不同的是,笔者更关心地方政府官员是否给予企业积极的支持,而不区分政府干预经济的具体方式;此外,对广大小微企业而言,疏离型有可能是普遍存在的政商关系形态。

本文提出的四种类型是:服务型、互惠型、疏离型、攫取型(见表1)。服务型是最理想的政商关系,双方感情上亲近、行动上坦诚,政府提供充分的服务和保障;关系清白纯洁,不搞权钱交易。互惠型指双方关系亲密,地方政府及官员为特定企业提供庇护;双方的合作共生存在阿拉特斯(Alatas)所谓的"交易性腐败"④,是一种基于利益交换关系形成的"非正式的隐性契约关系"。⑤ 疏离型指地方政府和官员对民营经济发展没有积极的作为,民营企

---

① 陈抗、Hillman、顾清扬:《财政集权与地方政府行为变化——从援助之手到攫取之手》,《经济学》(季刊)2002年第4期。

② Lu, Xiaobo, "Booty Socialism, Bureau-Preneurs, and the State in Transition: Organizational Corruption in China," *Comparative Politics*, Vol.32, No.3, 2000, pp.273-294.

③ Baum, Richard and Alexei Shevchenko, "The 'State of the State'," in Merle Goldman and Roderick MacFarquhar, eds., *The Paradox of China's Post-Mao Reforms*, Cambridge: Harvard University Press, 1999.

④ See Alatas, Syed Hussein, *Corruption: Its Nature, Causes, and Functions*, Aldershot: Avebury, 1990.

⑤ 章奇、刘明兴:《权力结构、政治激励和经济增长:基于浙江民营经济发展经验的政治经济学分析》,格致出版社,2016年,第232页。

业没有享受政府的支持,双方缺乏交集;但关系清白,政府和官员的掠夺和腐败行为受到有力的约束。在党中央高压反腐的背景下,部分地区出现的"懒政"就属于疏离型的政商关系。攫取型指个别地方政府和官员不关心民营经济和民营企业的发展,双方关系不亲密甚至对立;官员以权谋私,尤其是以"合法伤害权"威胁民营企业的经营状况乃至生死存亡来索取贿赂[1],这类似阿拉特斯提出的"勒索性腐败"——为了避免受到伤害或威胁而被迫行贿。[2]

表1 "亲""清"政商关系的四种类型

"清"的维度 \ "亲"的维度	亲	不亲
清	服务型	疏离型
不清	互惠型	攫取型

需要进一步说明的是,本文依据"亲""清"两个维度划分的政商关系类型着眼于微观层次和人格化的关系,因为政治锦标赛和官场竞争聚焦于人、晋升激励落实到人[3],政商关系中的民营企业最终落脚于企业家的行动与感受。但对地方政府与企业、官员与企业家这两个层次未进一步细分,也很难区分。此外,本文对政商关系进行测量和分析的数据是以民营企业家为分析单位,与以往研究相比,笔者采用了以企业/企业家为主体的微观视角。

---

[1] 周黎安:《转型中的地方政府:官员激励与治理》(第二版),格致出版社,2017年,第299页。

[2] See Alatas, Syed Hussein, *Corruption: its Nature, Causes, and Functions*, Aldershot: Avebury, 1990.

[3] 周黎安:《转型中的地方政府:官员激励与治理》(第二版),格致出版社,2017年,第301页。

三、转型、依赖、关联：政商关系影响因素回顾

（一）宏观层次的市场转型假说

市场转型假说关注市场经济体制改革的深刻影响，认为市场化的不断推进会带来更加健康的政商关系，至于其中的机制则有多种解释。

第一种是市场关系瓦解和替代了传统的庇护主义政商关系。例如伽瑟瑞（Douglas Guthrie）认为市场经济体制改革后，中国逐步建立起理性化的法律制度来约束人们的社会经济行为，削弱了"走关系"（guanxi paractice）的重要性；新兴市场的竞争性使政商双方在决策时更关注质量与服务而不是走关系的"潜规则"；市场化的改革使官员不再拥有计划经济体制下对资源和产品的分配权，企业在开放的市场中拥有了决策自由，"走关系"变得不重要，拓展商业伙伴关系对提升竞争优势至关重要。① 耿曙和陈陆辉的观点与伽瑟瑞类似，认为市场化使王达伟（Wank）所说的庇护关系日渐式微，私营企业主更多地寻求与其他企业的联合而非依靠政府来寻找市场机会。②

第二种解释是市场化推动了地区经济发展，催生出与之相适应的产业结构和就业结构，进而导致政商关系的差异。经济发达地区的地方政府更可能表现为"帮助之手"，而经济落后地区的地

---

① Guthrie, Douglas, "The Declining Significance of Guanxi in China's Economic Transition," *China Quarterly*, Vol.154, 1998, pp.254-282.
② 耿曙、陈陆辉：《与市场共欣荣：华北小镇地方网络的创造性转化》，《问题与研究》2001年第3期。转引自黄东娅：《私营企业主与政治发展：关于市场转型中私营企业主的阶级想象及其反思》，《社会》2014年第4期。

方政府时常表现为"掠夺之手"。经济落后地区的工商业不发达，第一产业占比较大，导致就业机会少且工资低于均衡水平，政府部门具有很强的职业吸引力，政府冗员增加；政府人员超编又导致"养人"难，不得不伸出"掠夺之手"来开拓预算外财源。① 一些研究也支持了上述观点，张晓波对包含1 860个县级案例的面板数据进行分析，发现内陆地区相对于沿海地区，人均的行政管理费用更高、地方政府规模更大。② 世界银行的报告也发现，中西部地区的企业所缴税费、接待政府官员的费用占销售额的比重，以及每年与政府打交道的时间均高于东部地区。③

  第三种解释是，市场转型使中国经济融入世界市场，国际经济力量和规范性压力深刻影响了政商关系。国际贸易、资本的流动和国际竞争促使中国企业采取适应市场经济的管理方式和商业策略，挑战了国家在市场发展和治理中的主导地位。而且中国经济的国际化也提升了企业家的跨国联系、组织能力和资源，使他们能够尝试与政治行动者建立更加开放、平等、独立的关系。④ 例如，经济特区等开放程度更高的地区具有更加国际化的营商环境，激烈的市场竞争使企业更依赖"市场交易关系"，而非开放区域的企业则不得不依靠与政府之间的关系来弥补制度环境的限制和劣势。⑤

---

  ① 张瑜、陈昌文：《地方政府"掠夺之手"的形成机制与转化路径分析》，《河南社会科学》2015年第5期；周黎安：《转型中的地方政府：官员激励与治理》（第二版），格致出版社，2017年，第312—313页。

  ② Zhang, Xiaobo, "Fiscal Decentralization And Political Centralization In China: Implications For Growth And Inequality," *Journal of Comparative Economics*, Vol. 34, Issue 4, 2006, pp.713-726.

  ③ 转引自赵世勇、香伶：《制度环境与民营企业发展地区差异——中国大型民营企业地区分布不平衡的解析》，《福建论坛》（人文社会科学版）2010年第11期。

  ④ Zhang, Xiaoke and Tianbiao Zhu, *Business, Government and Economic Institutions in China*, Basingstoke: Palgrave Macmillan, 2018, pp.21-22.

  ⑤ Park, Seung Ho and Yadong Luo, "Guanxi and Organizational Dynamics: Organizational Networking in Chinese Firms," *Strategic Management Journal*, Vol. 22, Issue 5, 2001, pp.455-477.

（二）中观层次的资源依赖假说

资源依赖假说认为,民营企业对政府资源依赖性的差异导致了不同的政商关系类型。与市场转型假说不同,该假说成立的条件是政府始终掌握关键性资源,具有巨大的经济权力。正如周黎安所言,多年的"行政性分权"改革使地方政府的经济权力迅速扩张,控制了几乎所有的关键性生产要素和政策资源,经济监管和综合治理的角色又加强了它的干预能力,在正式权力之外还拥有大量隐性的权力(如自由裁量权),从而对当地市场与企业具有决定性的影响。① 私营经济和私营企业主面对政治体制、政府管理机构以及资源分配使用等方面的制约,为了生存和谋求自身的利益就不得不依附于政府。② 企业资源依赖性的强弱将直接影响政商关系的类型。

已有研究认为,企业所属的行业或生产特征的差异会导致对政府不同的依赖性。如果企业主要依靠传统资源(如土地和自然矿藏)作为要素投入或使用已经非常成熟的技术,那么企业的要素投入就需要依赖政府持续的支持;如果企业主要依靠人力资本作为要素投入或使用特定甚至前沿的技术,企业对政府的依赖程度就比较低。③ 其他研究者也发现,拥有知识和信息自主权的互联网、新能源行业更依赖技术与市场,得益于科技革命与商业模式的变化,企业可以突破政府管制。④ 由此可以推论,若企业所属的行业在资源获取和日常经营方面对地方政府和官员的依赖性强,其

---

① 周黎安:《转型中的地方政府:官员激励与治理》(第二版),格致出版社,2017年,第298—299页。
② 李宝梁:《从超经济强制到关系性合意——对私营企业主政治参与过程的一种分析》,《社会学研究》2001年第1期。
③ 章奇、刘明兴:《权力结构、政治激励和经济增长:基于浙江民营经济发展经验的政治经济学分析》,格致出版社,2016年,第237页。
④ 张田、孙涛:《转型中国的政企关系:多学科视角分析》,《经济与管理研究》2015年第4期。

政商关系更加倾向于互惠型,例如房地产企业。

(三) 微观层次的政商关联假说

另一些研究者聚焦民营企业家的社会来源、"政商旋转门"以及政治身份等因素对政商关系的影响。体制内的职业经历会导致更紧密的政商关系,企业家在原有的组织结构中不仅有特定的位置和角色,也有特殊的利益关系。虽然游离出原有的组织和阶层,但无法完全脱离原有系统的影响,依然与原有系统保持着"连带性"。① 李路路和朱斌则更明确地提出"体制资本"的概念,来说明个人在传统体制的权力结构中所据有的社会地位,并认为即使个人走出体制,沉淀下来的体制资本在市场转型早期对私营企业的发展具有重要的作用。② 其中的机制类似罗那塔斯(Rona-Tas)提出的权力变形理论:权力可以转化为社会网络关系继续发挥作用。③

国有(集体)企业改制和官员下海是两种从体制内到体制外的常见途径。秦海霞的研究发现,由乡镇企业或国有企业改制而来的民企,其私营企业主的政治资本、政策资源明显优于那些直接进入私营经济领域的私营企业主。④ 此外,20世纪90年代的官员"下海"促成了从"政"到"商"的流动,这种流动带来更多的交流与政商网络的建构。⑤ 除了企业家本人是"下海"官员,雇佣离职和退休官员到上市公司担任独立董事更是衍生出蔚为壮观的"政商

---

① 李宝梁:《从超经济强制到关系性合意——对私营企业主政治参与过程的一种分析》,《社会学研究》2001年第1期。

② 李路路、朱斌:《中国经济改革与民营企业家竞争格局的演变》,《社会发展研究》2014年第1期。

③ Rona-Tas, Akos, "The First Shall Be Last? Entrepreneurship and Communist Cadres in the Transition from Socialism," *American Journal of Sociology*, Vol. 100, No. 1, 1994, pp. 40-69.

④ 秦海霞:《关系网络的建构:私营企业主的行动逻辑以辽宁省D市为个案》,《社会》2006年第5期。

⑤ 张田、孙涛:《转型中国的政企关系:多学科视角分析》,《经济与管理研究》2015年第4期。

旋转门"。① 这些官员凭借对管制和审批流程的熟稔以及在官场累积的人脉,游走于政商之间,搭建政企沟通的平台、为公司获取关键资源和优惠政策、发挥寻租功能、帮助企业进入高壁垒行业等。②

与"企业改制"和"下海"方向相反,民营企业家还会谋求从体制外进入体制内,构建更紧密的政商关系。2002 年,中国共产党第十六次全国代表大会对《中国共产党章程》进行了重大修改,党员的发展对象被修改为"其他社会阶层的先进分子",从此破除了民营企业家入党的障碍。担任人大代表和政协委员也使他们拥有了参政议政的机会,甚至部分民营企业家通过村委会选举成为村干部,个别人还会担任地方领导职务。③ 企业家成功地"被政治吸纳"就不再是游离于体制之外的阶层,更便利地凭借自身的从政经历和政治头衔,以及有针对性地"借用"其他政治关系,来获取实际利益和应对政府干预。④

四、利益耦合:企业规模与政商关系

本文从民营企业的规模出发来考察政商关系类型的差异,因为规模作为企业的一个重要属性不仅深刻影响企业的行为和决

---

① 叶青、赵良玉、刘思辰:《独立董事"政商旋转门"之考察:一项基于自然实验的研究》,《经济研究》2016 年第 6 期;罗进辉、谢达熙、陈华阳:《官员独董:"掠夺之手"抑或"扶持之手"》,《管理科学》2017 年第 4 期。
② 许年行、江轩宇、伊志宏等:《政治关联影响投资者法律保护的执法效率吗?》,《经济学》(季刊)2013 年第 2 期;叶青、赵良玉、刘思辰:《独立董事"政商旋转门"之考察:一项基于自然实验的研究》,《经济研究》2016 年第 6 期。
③ 陈家喜:《改革时期中国民营企业家的政治影响》,复旦大学国际关系与公共事务学院,2007 年;吕鹏:《私营企业主任人大代表或政协委员的因素分析》,《社会学研究》2013 年第 4 期;肖存良:《政治吸纳·政治参与·政治稳定——对中国政治稳定的一种解释》,《江苏社会科学》2014 年第 4 期。
④ 叶青、赵良玉、刘思辰:《独立董事"政商旋转门"之考察:一项基于自然实验的研究》,《经济研究》2016 年第 6 期。

策,而且也影响政治行动者与市场主体建立关系的方式。① 本文的解释机制关注政治行动者和经济行动者的利益和动机,笔者认为,官员在政治利益与经济利益的双重驱动下,注意力与资源的分配会向当地规模较大的民营企业倾斜,而后者也具有获得垄断租金的意愿以及建立政商关联的资本。政商双方的利益一致性与"合作"导致大企业的政商关系呈现互惠型的特征,而小微民营企业则更多属于疏离型和攫取型的政商关系。

(一)抓大放小:地方官员的激励与选择性扶持

公共选择理论认为,经济领域中个人选择利益最大化的行为同样适用于政治领域中的公共选择,那么作为政商关系一端的地方官员如何对待民营企业,则取决于他们的目标与利益。这利益由政治利益和经济利益两部分构成:作为政治行动者,政治利益居于首位,即保证自己的政治权力和地位并获得晋升;作为普通人或经济人,地方官员会追求经济利益,将权力转化为个人的货币收入。② 由于利益的两重性,中国官员干预经济的行为既有完成政治任务的目的,也有增加自己直接经济收入的目的。③

在政治利益与经济利益的双重驱动下,地方官员会选择向大型企业伸出"帮助之手"和"攫取之手",形成互惠型的政商关系。在晋升锦标赛体制下,评价官员政绩的核心指标是地方经济发展

---

① Zhang, Xiaoke and Tianbiao Zhu, *Business, Government and Economic Institutions in China*, Basingstoke: Palgrave Macmillan, 2018, p.28.

② Shleifer, Andrei and Robert W. Vishny, "Politicians and Firms," *Quarterly Journal of Economics*, Vol.109, Issue 4, 1994, pp.995-102;纪志耿、黄婧:《从掠夺之手到扶持之手——政府职能转变的理论基础及其现实意蕴》,《现代经济探讨》2011年第4期;夏力、杨德才:《"扶持之手"还是"掠夺之手":政府干预与企业政治关联文献综述》,《学海》2012年第3期;章奇、刘明兴:《权力结构、政治激励和经济增长:基于浙江民营经济发展经验的政治经济学分析》,格致出版社,2016年,第13页;郭广珍:《威权体制的运行分析:政治博弈、经济绩效与制度变迁》,格致出版社,2017年,第6、39、41页。

③ 郭广珍:《威权体制的运行分析:政治博弈、经济绩效与制度变迁》,格致出版社,2017年,第39页。

的水平,追求政治利益的强烈动机促使地方官员致力于发展经济以求在晋升锦标赛中胜出。① 而地方经济的发展又依赖本地企业的做大做强、效率的提高以及利润最大化目标的实现,因此,地方官员会对企业伸出"帮助之手",呈现发展型政府的特征。除了提供基础设施等公共物品,维持社会秩序和法治,提升整体的营商环境等"阳光普照型"的政策措施,作为"政治企业家"的地方官员时常运用手中掌握的关键性资源和干预经济的权力来助推经济增长,例如,提供优惠政策、土地资源、财政补贴、优惠贷款、税费减免等。但是这些资源的分配是高度选择性的,地方政府会采取"抓大放小"的策略,把有限的优势资源向少数大企业倾斜或将少数企业扶持为大企业。因为企业做大做强意味着对地方经济发展、财政税收、扩大就业的贡献更大,明星企业还会产生宣传效应,彰显地方官员的政绩。通过对大企业的选择性扶持来提升它们的竞争力,也是地区保护主义的一种表现形式。纪莺莺的研究就发现,龙头企业享有更多的政策机会,得到地方政府更多的优待,能够通过制度性安排与地方政府直接商榷。② 甚至那些符合政府产业政策的企业、具有重大贡献的支柱企业能够影响政策的进程。③ 与此同时,由于利益的两重性,地方官员在向大型企业伸出"帮助之手"

---

① Li, Hongbin and Zhou Li An, "Political Turnover and Economic Performance: The Incentive Role of Personnel Control in China," *Journal of Public Economics*, Vol. 89, Issue 9-10, 2005, pp. 1743-1762;周黎安:《中国地方官员的晋升锦标赛模式研究》,《经济研究》2007 年第 7 期。当然也有研究表明晋升激励只对有望晋升的官员起作用,晋升无望的"终结型官员"会单纯谋求经济利益,沦为纯粹的掠夺者。例如:Cai, Hongbin and Treisman Daniel, "Does Competition for Capital Discipline Governments? Decentralization, Globalization, and Public Policy," *American Economic Review*, Vol. 95, No.3, 2005, pp.817-830;王永钦、张晏、章元等:《中国的大国发展道路——论分权式改革的得失》,《经济研究》2007 年第 1 期;谢佩洪:《政治关系、商业关系与企业绩效关联的研究进展及启示》,《上海对外经贸大学学报》2014 年第 4 期。

② 纪莺莺:《商会的内部分化:社会基础如何影响结社凝聚力》,《公共管理学报》2015 年第 1 期。

③ 黄冬娅:《企业家如何影响地方政策过程——基于国家中心的案例分析和类型建构》,《社会学研究》2013 年第 5 期。

实现政治利益时,还会在经济利益的驱动下伸出"攫取之手"。基于政治权力形成的稀缺资源并非免费供给,与优惠政策和稀缺资源相伴随的,是地方官员向大型企业显性或隐性地索取经济利益。因此,从地方官员的行为逻辑出发,可以推断大型民营企业的政商关系更可能是互惠型。

(二)意愿与能力:企业规模与政治攀附

在政商关系的另一端,大企业也有强烈的动机寻求政府的支持,并且更有实力在谋求政治资源的竞争中胜出。如前文所述,地方政府拥有直接决定企业生存发展的稀缺资源和政策工具,在审批和管制方面掌握大量自由裁量权,这就使得企业有动机寻求政治支持来获取管制租金、垄断租金或超额利润。[1]

同时,民营企业寻求政治支持的意愿和竞争力在不同规模的企业之间不可等量齐观,因为维持特殊主义的政商关系和获取管制租金需要付出时间、金钱、社会责任、积极的政治参与等不同形式的"成本",甚至有时要满足政府与官员某些不合理的要求。[2] 王达伟的研究就发现,中国的大型企业会将官员视作机会的来源,寻求紧密的政商关联来获得利益和保护,通过与政府的商业合作、与官员的私人关系得到制度化的官方支持;而小企业主(例如经营小商店的)则认为,官员滥用职权、索贿掠夺,因而采取回避策略来减少官僚对企业的干预。[3] 也有研究者认为,小企业

---

[1] 罗党论、刘晓龙:《政治关系、进入壁垒与企业绩效——来自中国民营上市公司的经验证据》,《管理世界》2009 年第 5 期;叶青、赵良玉、刘思辰:《独立董事"政商旋转门"之考察:一项基于自然实验的研究》,《经济研究》2016 年第 6 期。

[2] Zhang, Xiaoke and Tianbiao Zhu, *Business, Government and Economic Institutions in China*, Basingstoke: Palgrave Macmillan, 2018, pp.70-71.

[3] Wank, David L., "Bureaucratic Patronage and Private Business: Changing Networks of Power in Urban China," in Andrew G. Walder, eds., *The Waning of the Communist State: Economic Origins of Political Decline in China and Hungary*, CA: University of California Press, 1995.

主的疏离并非源自对"攫取之手"的忌惮,而是他们在地方经济中没有重要的地位,不需要与政府部门发生太多关联,税收也不算太重,因此不愿意付出成本来维系与政府官员的特殊主义关系(庇护关系),宁可不与官员打交道。① 简言之,大型民营企业的政商关系倾向于互惠型,而处于弱势地位的小微企业更可能是疏离型或攫取型。

综上所述,笔者从地方政府官员的利益的双重性以及民营企业寻求政治支持的意愿与能力出发,分析了不同规模民营企业的政商关系的类型。笔者在此提出研究假设:

假设 1:规模越大的民营企业,政商关系越倾向互惠型。

(三) 从互惠型到服务型政商关系

大型民营企业的政商关系是否可能由互惠型向服务型转变呢?笔者认为,地区经济发展水平的提高有可能推动大型民营企业的政商关系向服务型转变,但其中的机制并非前文市场转型假说所认为的——市场关系重要性的提升瓦解或替代了传统的政商关系。因为地方政府依然在地方经济中处于核心地位,是辖区内资源的掌控者和规则的制定者②,大型民营企业的发展离不开地方政府和官员的支持。

地区经济发展水平的提高能够促使大型民营企业的政商关系向服务型转变,有两种可能的机制:第一,是地方官员的"职业前景激励"。地方经济的增长使地方官员有更畅通的流动性和更广阔的晋升前景,甚至上级也会将有意提拔的基层官员安排到经济更

---

① 纪莺莺:《商会的内部分化:社会基础如何影响结社凝聚力》,《公共管理学报》2015 年第 1 期;纪莺莺、范晓光:《财大气粗?——私营企业规模与行政纠纷解决的策略选择》,《社会学研究》2017 年第 3 期。

② 周黎安:《转型中的地方政府:官员激励与治理》(第二版),格致出版社,2017年,第 199 页。

发达的地区进行培养,良好的仕途预期会抑制腐败的动机。① 尤其是党的十八大以来,中国开启了全面的高压反腐败运动,官员谋求私人经济利益所产生的高风险不仅与官场晋升的目标相背离,而且严重威胁到他们的政治生命或政治生存。在高压反腐的态势下,经济发达地区地方官员的"职业前景激励"抑制"掠夺之手"而对辖区内的大型企业伸出"扶持之手",推动大型民营企业的政商关系从互惠型向服务型转变。第二个可能的原因,是企业的自我保护能力提高。已有研究发现,高经济资本的民营企业具有更强的议价能力,甚至拥有直通高层的政治优势②,而在经济发达地区,大型民营企业的政治优势和社会知名度会更上一个台阶,这将成为抗拒"掠夺之手"的有效资源。基于上述可能的机制,笔者提出第二个研究假设:

假设 2:经济发展水平越高的地区,规模越大的民营企业的政商关系越倾向于服务型。

五、研究设计

(一)数据

本研究所使用的数据是中共中央统战部、中华全国工商业联合会、国家工商行政管理总局、中国民营经济研究会联合进行的第十二次全国私营企业调查,数据来源于中国社会科学院私营企业主群体研究中心。该调查涵盖全国 31 个省、自治区和直辖市,依

---

① 周黎安:《转型中的地方政府:官员激励与治理》(第二版),格致出版社,2017 年,第 313 页。
② 纪莺莺、范晓光:《财大气粗?——私营企业规模与行政纠纷解决的策略选择》,《社会学研究》2017 年第 3 期。

托各省(区、市)工商联和工商局展开调查,调查对象为民营企业的法人代表。兼具企业家个人和企业两个层次的信息,采取"核心题项+热点问题"的模块。

2016年进行的第十二次调查针对政商关系这一热点问题,时间更近的第十三次和第十四次调查,则侧重营商环境评价、企业复工复产等议题来设置问题模块。此外,从2016年开始,该调查使用原国家工商行政管理总局信息中心提供的全私营企业名录作为抽样框,更加严格的目录抽样和执行督促有效提升了样本的代表性。① 可以说,第十二次全国私营企业调查的样本量、覆盖面、代表性,尤其是问题模块的针对性和信息的丰富度,使其成为当前研究政商关系比较合适的一套数据。第十二次全国私营企业调查共回收有效问卷8 144份,去掉缺失值,本文用于统计分析的样本量是5 509。

(二) 变量

1. 因变量

本文将依据"亲""清"两个维度将政商关系分为四种类型。

首先,对"亲"的测量。问卷询问被访者:"当地政府领导曾经到本企业考察或者现场办公""曾经成功地劝说官员调整或者修改相关政策""当地政府给了本企业很多特殊优惠和资金扶持""与当地政府和有关部门领导很熟",这四道题目反映了地方官员对企业的关心、企业对政府的建言、政府对企业的帮助、双方关系的亲疏。笔者对答案进行了再编码:1=不符合、2=说不清、3=符合,使用因子分析中的主成分法生成一个显示政商亲密程度的公因子。若公因子大于0,则编码为1=亲;若公因子小于0,则编码为0=不

---

① 陈光金、吕鹏、林泽炎等:《中国私营企业调查25周年:现状与展望》,《南开管理评论》2018年第6期。

亲,从而生成一个"亲"的二分变量。

其次,对"清"的测量。问卷询问被访者对企业所在地的经营环境的评价,笔者选择了"政府官员廉洁守法""工商行政机关公正执法""司法机关公正执法",对答案再编码为:1＝非常不满意、2＝不满意、3＝一般、4＝满意、5＝非常满意。同样使用因子分析中的主成分法生成一个显示清廉程度的公因子。若公因子大于0,则编码为1＝清;若公因子小于0,则编码为0＝不清,从而生成一个"清"的二分变量。需要说明的是,政商之间的权钱交易行为是很难通过社会调查"捕捉"到的,笔者采用主观评价或腐败感知作为代理变量。

最后,将新生成的"亲""清"两个二分变量进行交互,产生四种政商关系的类型:1＝服务型、2＝疏离型、3＝互惠型、4＝攫取型。

2. 自变量

自变量为企业规模。参考2017年国家统计局《统计上大中小微企业划分标准》,结合行业、营业收入、从业人员数量、资产总额四个指标进行划分。由于大型民营企业的比例较低(5.3%),与中型民企合并。最终编码为:1＝微型企业、2＝小型企业、3＝大中型企业。

3. 控制变量

(1)企业是否涉足房地产业,1＝是、0＝否。(2)企业家的职业经历。曾是体制内干部或军官,1＝是、0＝否。(3)企业是否雇佣前政府官员,1＝是、0＝否。(4)企业家的政治面貌。1＝非党员、2＝老党员、3＝被吸纳的党员。其中,老党员指入党时间在创业之前,被吸纳的党员则相反。(5)人大代表。被访者当前或曾经担任过人大代表,1＝是、0＝否。(6)企业家的年龄。(7)企业家的教育程度,1＝高中及以下、2＝专科本科、3＝研究生。(8)企业存续时间(取自然对数),若企业是在被调查的2016年成立,则统一将存续时间编码为0.5年。(9)地区市场化程度。笔者采用王小鲁、樊纲、余文静编制的2008年至2014年各省份市场化指数,取2014年的数据。① 该指数由政府与市场的关系、非国有经济的发展、产品市场的发育程度、要素市场的发育程度、市场中介组织的发育和市场的法治环境这六个方面的指数按照等权重的原则合成。(10)地区经济发展水平。笔者计算了2016年各省级行政单位的人均GDP。

(三) 模型

因为因变量——政商关系有四个类别,本文采用多分类的逻辑斯蒂回归模型(multi-nominal logistic model);与此同时,自变量中有地区和企业(企业家)两个层次的变量,因此,本文采用的模型同时是一个多层次的随机截距模型。

(四) 变量的描述性统计(见表2)

表2 私营企业调查数据中主要变量的描述统计($N=5\,509$)

类别变量		频次	百分比(%)	类别变量		频次	百分比(%)
政商关系	服务型	1 096	19.89	政治面貌	非党员	4 118	74.75
	疏离型	738	13.40		老党员	888	16.12
	互惠型	1 866	33.87		被吸纳党员	503	9.13
	攫取型	1 809	32.84	雇佣前政府官员	是	497	9.02
教育程度	高中及以下	2 142	38.88	人大代表	是	677	12.29
	专科/本科	2 978	54.06	企业规模	微型	2 012	36.52
	研究生	389	7.06		小型	2 293	41.62
曾为干部	是	366	6.64		大中型	1 204	21.86

---

① 参见王小鲁、樊纲、余静文:《中国分省份市场化指数报告(2016)》,社会科学文献出版社,2017年。

(续表)

类别变量		频次	百分比(%)	类别变量	频次	百分比(%)
涉足房地产	是	316	5.74	—	—	—

连续变量	均值	标准差	最小值	最大值
地区市场化指数(2014)	7.47	1.76	0.62	9.78
地区人均GDP(2016)	6.38	2.62	2.76	11.81
企业存续时间(ln)	1.99	0.85	-0.69	3.76
企业家年龄	45.21	9.60	20.00	81.00

六、统计结果

(一) 企业规模假说及已有研究假说的检验

表3的统计结果表明,大中型民营企业的政商关系更倾向于互惠型。在模型1.1中,与微型企业相比,小型企业和大中型企业都更倾向于服务型而不是疏离型,且具有高度的统计显著性($p<0.001$);在模型1.2中,同样以微型企业为参照组,小型企业和大中型企业更可能是服务型政商关系而不是攫取型,具有统计显著性($p<0.05$)。上述统计结果说明,民营企业的规模越大,越不可能是疏离型和攫取型的政商关系,而是得到地方政府的选择性支持。那么,互惠型与服务型相比呢? 模型1.3的统计结果清晰地显示,大中型民营企业与微型企业相比更倾向于互惠型的政商关系,回归系数0.36,具有较高的统计显著性($p<0.01$),假设1得

到了资料的支持。

表3中一些控制变量的统计结果对已有的研究假设进行了检验。首先是市场转型假说。模型1.2和模型1.3的统计结果显示在市场化水平更高的地区,政商关系的类型更倾向于攫取型和互惠型,并非市场转型假说所认为的是传统政商关系瓦解的疏离型或者单纯伸出扶持之手的服务型,原因是什么呢?笔者认为,攫取型和互惠型的共同特征是"不清",本文使用"腐败感知"作为代理变量,很有可能在市场化水平更高的地区,民营企业家的腐败容忍度比较低。其次是资源依赖假说。统计结果表明,涉足房地产的民营企业也更倾向于攫取型和互惠型,该假说部分得到资料的支持。最后是政商关联假说。统计结果显示,企业家是否在体制内担任过干部对政商关系没有影响,但是雇佣了退休或离职的前政府官员却可以使政商关系倾向服务型而不是疏离型和攫取型,说明"权力变形"或者政治资本的转换是有时效性的,曾经体制内的职业经历不如当前的"政商旋转门"有效。此外,政治吸纳作为从体制外进入体制内的路径也显示出积极的效果,模型1.1和模型1.2的结果显示,担任人大代表或者创业后入党的企业家,其政商关系更可能是服务型而不是疏离型和攫取型,说明政治吸纳帮助企业家获得了当地政府的支持。

表3 民营企业规模与政商关系的类型

变量		模型1.1 疏离型 vs. 服务型	模型1.2 攫取型 vs. 服务型	模型1.3 互惠型 vs. 服务型
企业规模[a]	小型	-0.57***	-0.24*	0.12
		(0.12)	(0.10)	(0.10)
	大中型	-0.75***	-0.34**	0.37**
		(0.17)	(0.13)	(0.12)

(续表)

变量		模型1.1 疏离型 vs. 服务型	模型1.2 攫取型 vs. 服务型	模型1.3 互惠型 vs. 服务型
涉足房地产(1=是)		0.37	0.69***	0.44*
		(0.26)	(0.20)	(0.19)
曾为干部(1=是)		-0.05	0.15	0.14
		(0.24)	(0.17)	(0.17)
雇佣前政府官员(1=是)		-0.37+	-0.25+	0.18
		(0.21)	(0.15)	(0.13)
政治面貌[b]	老党员	-0.03	0.03	0.12
		(0.15)	(0.12)	(0.11)
	被吸纳党员	-0.44*	-0.56***	-0.18
		(0.20)	(0.14)	(0.13)
人大代表(1=是)		-0.71**	-0.50***	0.03
		(0.21)	(0.14)	(0.12)
地区市场化指数		0.03	0.08*	0.07*
		(0.04)	(0.03)	(0.03)
年龄		-0.003	-0.001	0.001
		(0.01)	(0.005)	(0.005)
教育程度[c]	专科/本科	0.02	0.14	0.14
		(0.11)	(0.09)	(0.09)
	研究生	0.16	-0.16	0.05
		(0.22)	(0.18)	(0.17)
企业存续时间(ln)		-0.06	0.10+	0.23***
		(0.07)	(0.05)	(0.06)
常数项		0.10	-0.06	-0.77*
		(0.36)	(0.31)	(0.31)

(续表)

变量	模型 1.1 疏离型 vs. 服务型	模型 1.2 攫取型 vs. 服务型	模型 1.3 互惠型 vs. 服务型
log likelihood		-7 029.93	
样本量		5 509	

注:括号中为标准误;+ $p<0.1$,* $p<0.05$,** $p<0.01$,*** $p<0.001$(两端检验);各参照组为:a.微型企业 b.没有党派 c.高中及以下。

(二)地区经济发展的调节效应

笔者继续考察了地区经济发展水平对企业规模的调节效应,表 4 的统计结果表明随着地区经济发展水平的提高,企业规模越大越倾向于服务型的政商关系。尤其是模型 2.3 的统计结果,小型企业与地区人均 GDP 交互项的回归系数是 -0.08,具有统计显著性($p<0.05$),大型企业与地区人均 GDP 的交互项回归系数是 -0.12,具有较高的统计显著性($p<0.01$),说明随着地区经济发展水平的提升,民营企业的规模越大,其政商关系更倾向于服务型而不是互惠型。换言之,地方经济发展水平的提升带来了向服务型政商关系转变的趋势。

表 4　民营企业规模对政商关系的影响随地区经济发展水平的变化

变量		模型 2.1 疏离型 vs. 服务型	模型 2.2 攫取型 vs. 服务型	模型 2.3 互惠型 vs. 服务型
企业规模[a]	小型	-0.06	0.20	0.61*
		(0.29)	(0.24)	(0.25)
	大中型	-0.32	0.15	1.08***
		(0.40)	(0.30)	(0.29)

(续表)

变量		模型 2.1 疏离型 vs. 服务型	模型 2.2 攫取型 vs. 服务型	模型 2.3 互惠型 vs. 服务型
地区人均 GDP		0.08*	0.10**	0.11**
		(0.04)	(0.03)	(0.04)
企业规模× 地区人均 GDP	小型×地区 人均 GDP	−0.09*	−0.08*	−0.08*
		(0.04)	(0.04)	(0.04)
	大中型×地区 人均 GDP	−0.08	−0.08+	−0.12**
		(0.06)	(0.04)	(0.04)
控制变量		YES	YES	YES
log likelihood		\multicolumn{3}{c}{−7 027.66}		
样本量		\multicolumn{3}{c}{5 509}		

注：括号中为标准误；+ $p<0.1$，* $p<0.05$，** $p<0.01$，*** $p<0.001$（两端检验）；参照组为：a. 微型企业。

七、研究结论与讨论

本文依据"亲""清"两个维度将政商关系划分为服务型、疏离型、互惠型、攫取型四种类型，并对不同类型的政商关系进行了测量，在此基础上探究影响政商关系的因素。与已有的市场转型假说、资源依赖假说、政商关联假说不同，本文将企业的规模作为核心自变量，基于政治行动者和经济行动者的利益和激励，提出一种微观的解释机制。研究发现，利益的驱动与高度选择性的政商"合作"使得规模较大的民营企业呈现互惠型的政商关系，对第十二次全国私营企业调查（2016）数据的统计分析，也支持了本文的研究假设。

为了寻求政商关系向服务型转变的可能性,本文分析了地区经济发展水平对企业规模的调节效应。统计结果表明,随着地区经济发展水平的提升,规模越大的民营企业,其政商关系越倾向于服务型,这透露出政商关系向好的趋势。笔者从地方官员的"职业前景激励"和大企业自我保护能力的提升进行了推测性的解释。上述研究发现的政策性启示是,不断深化市场经济体制改革促进地方经济发展,对于规模较大的民营企业而言,政商关系会向更加健康的服务型转变,这也让我们看到构建"亲""清"新型政商关系的光明前景。尤其是在高压反腐的态势下,地方官员会克制对私人经济利益的追求,"掠夺之手"得到抑制;同时,继续对辖区内的大型企业伸出"扶持之手"来发展地方经济。这"一抑一扬"也会推动大型民营企业的政商关系从互惠型向服务型转变。

本文对微观层次政商关系的关注,更深层次的研究意图,是考察国家与市场之间的关系。笔者并不认同市场转型理论的假设,认为市场关系的拓展将导致政商关系的式微。政商关系依然重要,是解读地方经济发展和政府行为逻辑的密钥。首先,政府依然掌握着众多关键资源和政策工具,企业通过政商关系获取政府的资源,是与"市场竞争策略"同等重要的"政治策略"①,因此,在企业所嵌入的社会关系网络中,政商关系就成为不可忽视的一种外部关系。其次,在市场经济中,国家(或政府)与市场不是替代关系,而是互补关系。政府的经济治理行为不仅弥补市场失灵、为市场运转提供软的和硬的基础设施,而且政府的产业政策、政商之间的协调与合作是创造东亚经济奇迹的重要因素。② 因此,笔者认为,政商关系依然重要,有诸多研究问题值得深入探索。

---

① 田志龙、高勇强、卫武:《中国企业政治策略与行为研究》,《管理世界》2003年第12期。
② 参见[澳]琳达·维斯、约翰·M.霍布森:《国家与经济发展:一个比较及历史性的分析》,黄兆辉、廖志强译,吉林出版集团有限公司,2009年。

作为一种尝试,本文主要聚焦企业规模对政商关系类型的影响,但并不意味着其他影响因素是无足轻重的。限于篇幅,仅稍作说明。比如,企业所属行业、技术先进性,就会深刻影响政商关系。当产业结构升级和技术创新被视作经济持续增长的原动力,许多地方政府会积极引进和扶持符合产业规划的企业。即使企业规模不大、短期内没有突出的财税贡献,地方政府也会提供一系列倾斜性的优惠政策。与之相反,一些所谓的低端产业,在某些地区则被政府以拆违、环保、安全等名义进行清理,俗称"腾笼换鸟"。除了企业层次的特征,宏观形势也会导致政商关系的微妙变化。当前处于全球化逆转阶段,宏观经济下行的趋势因为疫情的冲击而雪上加霜,各地区招商引资的压力和竞争加剧,倒逼政府以"亲""清"的政商关系和良好的营商环境来吸引挽留住企业,作为经济发展的新动能。除此之外,中国内部地区差异大,市场化的推进和经济发展表现出梯度特征,各地文化传统、政治结构、经济发展模式的多样性也会激荡出复杂的政商关系。笔者相信,政商关系作为国家与市场关系的缩影,还有广阔的研究空间。

最后,本研究也存在一些不足之处。首先,笔者尝试将"亲""清"政商关系进行测量,但涉及腐败行为的"清",很难在社会调查中如实掌握相关的信息,本文采取的是将被访企业家的"腐败感知"作为代理变量,而腐败的感知并不完全等同于腐败的行为。其次,本文立足于民营企业家的微观视角,运用的是包含企业特征和企业家信息的抽样调查数据,并引入了地区层次的外部数据,对于政商关系的另一端——地方官员的数据和资料本文没有涉及。笔者期待未来有更高质量的数据能够对政商关系进行全面、细致的实证研究。

Enterprise Size, Interest Coupling and China's Government-Business Relations

Ming Sun

Abstract: Based on the two dimensions of "close" and "clean", the author divides China's government-business relations into four types: service, alienation, reciprocity and predatory, and explores the causes of these differences in relationships, proposing a micro interpretation mechanism mainly considering the scale of private enterprises. The paper departs from market-transition hypothesis, resource-dependence hypothesis, and political-connection hypothesis. It suggests that local officials will reach out helping and grabbing hands to large-scale private enterprises under the dual driving of political and personal economic interests. Meanwhile, large-scale private enterprises have the capacity for political climbing and the willingness to gain monopoly rents. As a result, the relation between large-scale private enterprises and local governments is the type of reciprocity. However, such a relation begins changing to the type of service along with regional economic development. Using data from "The 12th China Private Enterprise Survey", the statistical findings support the above hypothesis. The author concludes that deepening market reform is a feasible path to build a "close" and "clean" relation between government and business in China.

Key Words: Government-Business Relations; Enterprise Scale; Economic Development

从互助到行动:罕见病患者组织何以参与政策倡导?

吴 洁*

[内容提要] 近年来,随着国家对罕见病群体的重视和关怀,罕见病患者组织也在不断萌芽、发展。这些以互助为基础的患者组织不仅在群体内部提供信息共享、社会支持,他们也越来越多地参与政策倡导,试图影响国家以及地方卫生政策的制定。然而,相关的社会科学研究却付之阙如。究竟什么因素促使患者组织从互助走向政策倡导?如何解释患者组织的不同发展路径?通过2020—2023年对28个患者组织的深入访谈,本文发现政策偏好一致性、组织内部团结、倡导联盟的形成对于患者组织参与政策倡导具有行塑作用。本文从理论上填补了在中国背景下患者组织参与政策倡导的机制空白;同时亦对互助组织在中国的发展提供了有价值的经验分析。

[关键词] 罕见病;患者组织;政策倡导;互助组织

一、引言

根据世界卫生组织的定义,罕见病发病率约为万分之六[1],这

---

* 吴洁,复旦大学国际关系与公共事务学院。
[1] Henrard Séverine and Francis Arickx, "Negotiating Prices of Drugs for Rare Diseases," *Bulletin of the World Health Organization*, Vol.94, No.10, 2016, p.779.

意味着罕见病同一病种患者人数极其微小。为了避免在茫茫人海中成为一座孤岛,近十年来,以互助为基础的患者组织蓬勃发展。患者组织(又名病友组织、患者倡导组织等)指的是病友及其亲属、医生等围绕某种特定疾病而自发形成的互助组织。① 早期,患者组织的产生更多是一种自发的互助行为;一些病友通过网络留言板(BBS)、微信等网络平台"发现"散落在全国各地的病友,发挥信息分享、社交和生活互助等功能。然而,近年来,随着国家对于罕见病的持续关注,罕见病患者组织在成员规模不断发展的同时,其组织目标也开始从内部互助转向对外政策倡导;展现了较高的行动力和动员能力。②

政策倡导指的是社会行动者通过直接、间接方式影响公共政策。③ 近年来,作为中国协商民主的一部分,社会力量参与政策倡导受到了国内外学者的关注。然而,现有研究关注的对象绝大部分是资源丰富、能力完备、政治嵌入性较高的组织,例如,环保类社会组织④;

---

① Keller C. Ann and Laura Packel, "Going for the Cure: Patient Interest Groups and Health Advocacy in the United States," *Journal of Health Holitics, Policy and Law*, Vol.39, No.2, 2014, pp.331-367.

② Wu Jie and Hanyu Chen, "Citizens' Strategic Responses to Affective Governance in China," *China Information*, 2023: 0920203X231168533.

③ 张长东、马诗琦:《中国社会团体自主性与政策倡议积极性》,《政治学研究》2018年第5期;Liu Dongshu, "Advocacy Channels and Political Resource Dependence in Authoritarianism: Nongovernmental Organizations and Environmental Policies in China," *Governance*, Vol. 33, No. 2, 2020, pp. 323-342; Teets Jessica, "The Power of Policy Networks in Authoritarian Regimes: Changing Environmental Policy in China," *Governance*, Vol.31, No.1, 2018, pp.125-141; Su Zheng, Shiqi Ma, and Changdong Zhang, "Participation without Contestation: NGOs' Autonomy and Advocacy in China," *The China Quarterly*, No.251 2022, pp.888-912。

④ 参考,例如,Zhan Xueyong and Shui-Yan Tang, "Political Opportunities, Resource Constraints and Policy Advocacy of Environmental NGOs in China," *Public Administration*, Vol.91, No.2, 2013, pp.381-399; Dai Jingyun, and Anthony J. Spires, "Advocacy in an Authoritarian State: How Grassroots Environmental NGOs Influence Local Governments in China," *The China Journal*, Vol. 79, No. 1, 2018, pp.62-83; Li, Hui, Carlos Wing-Hung Lo, and Shui-Yan Tang, "Nonprofit Policy Advocacy under Authoritarianism," *Public Administration Review*, Vol.77, No.1, 2017, pp.103-117.

具有官方背景的社会组织等①,或者是政府关系网络丰富的行业商会等。② 对于新兴的且处在萌芽中的患者组织鲜少研究;有关其参与政策倡导的政治社会学分析更是付之阙如。

事实上,患者组织一直是健康政治中重要的行动者,在卫生政策的制定过程中发挥重要作用。③ 例如,美国乳腺癌患者组织曾通过一系列的游说和媒体策略推动美国国会增加乳腺癌研究经费、加快药物审批和推广新药临床使用。④ 在我国,最近的研究也发现一些罕见病患者组织亦积极通过情感动员等方式加快孤儿药的审批、推动药品进入国家或地方医保名录。⑤ 事实上,患者组织具有较高的内部团结、丰富的横向组织网络和相似的政策需求;这些组织特性都可以快速转化为动员优势,推动、影响政策变革。然

---

① 李朔严:《政治关联会影响中国草根 NGO 的政策倡导吗?——基于组织理论视野的多案例比较》,《公共管理学报》2017 年第 2 期。

② 参见江华、张建民、周莹:《利益契合:转型期中国国家与社会关系的一个分析框架》,《社会学研究》2011 年第 3 期;黄冬娅:《企业家如何影响地方政策过程——基于国家中心的案例分析和类型建构》,《社会学研究》2013 年第 5 期; Kennedy, Scott, *The Business of Lobbying in China*, Harvard University Press, 2005。

③ See Anglin K. Mary, "Working from the Inside Out: Implications of Breast Cancer Activism for Biomedical Policies and Practices," *Social Science & Medicine*, Vol. 44, No. 9, 1997, pp. 1403-1415; Carpenter P. Daniel, "The Political Economy of FDA Drug Review: Processing, Politics, and Lessons for Policy," *Health Affairs*, Vol. 23, No. 1, 2004, pp. 52-63; Heaney T. Michael, "Brokering Health Policy: Coalitions, Parties, and Interest Group Influence," *Journal of Health Politics, Policy and Law*, Vol. 31, No. 5, 2006, pp. 887-944; Keller C. Ann and Laura Packel, "Going for the Cure: Patient Interest Groups and Health Advocacy in the United States," *Journal of Health Politics, Policy and Law*, Vol. 39, No. 2, 2014, pp. 331-367.

④ Carpenter P. Daniel, "The Political Economy of FDA Drug Review," *Health Affairs*, Vol. 23, No. 1, 2004, pp. 52-63; Best Rachel Kahn, "Disease Campaigns and the Decline of Treatment Advocacy," *Journal of Health Politics, Policy and Law*, Vol. 42, No. 3, 2017, pp. 425-457; Lindén Lisa, "Running Out of Time: The Case of Patient Advocacy for Ovarian Cancer Patients' Access to PARP Inhibitors," *Sociology of Health & Illness*, Vol. 43, No. 9, 2021, pp. 2141-2155.

⑤ 窦婴、晋军:《非营利组织的逐利逻辑——以某遗传代谢病患者组织为例》,《社会学评论》2022 年第 6 期; Wu Jie, "Patient Group Advocacy in China: Local Activism and Trans-Local Networks," *The China Journal* Vol. 91, 2024, pp. 23-43。

■ 从互助到行动:罕见病患者组织何以参与政策倡导?

而,我国患者组织发展仍处在萌芽状态,成熟程度参差不齐,组织间差距较大。仅有的文献也主要着眼于对零星患者组织的分析①,缺乏对这一类组织的整体性认识。我们不知道患者组织究竟有哪些特征?组织间差异如何?又是什么因素激励患者组织完成从互助到倡导的转向?本文旨在为这一系列问题提供答案。

本文通过对罕见病患者组织这一组织集群跨越三年的田野调研,分析患者组织参与政策倡导的内在动力机制。本文构建了罕见病患者组织数据库(数量=88),主要纳入围绕单一疾病所组成的罕见病患者组织。② 为了研究患者组织是否参与政策倡导,通过对其官网所公布的组织目标进行文本分析,判断其是否将政策倡导纳入其工作序列和组织目标。在此基础上,2020—2023年,笔者对28家患者组织负责人进行了深入访谈,也对其50余名骨干成员进行两次以上的追踪访谈,收集经验材料。笔者还收集了包括组织联盟、组织年限、组织领导人等组织相关数据,以及与疾病的相关信息,包括是否有治疗药物、药企的合作情况、病友人数等信息。本文主要以组织访谈数据为依据,通过比较分析,阐述患者组织从互助走向政策倡导的内部机制,也为洞察中国罕见病患者组织及其政策倡导提供新视角。

通过深入的访谈、数据分析,本文发现政策偏好一致性、组织内部团结、倡导联盟的形成对于患者组织参与政策倡导具有推动作用。同时,本文也指出患者组织参与政策倡导的制度阻力和障碍。现有的政策参与方式仍然以非正式为主,缺乏制度化的渠道来对接患者组织的政策需求,这增加了行政部门的应对负担。国

---

① 例如,窦婴、晋军:《非营利组织的逐利逻辑——以某遗传代谢病患者组织为例》,《社会学评论》2022年第6期;俞志元:《集体性抗争行动结果的影响因素——一项基于三个集体性抗争行动的比较研究》,《社会学研究》2012年第3期。

② 本文所述主要围绕单一病种而形成的患者组织,不包含罕见病相关基金会等伞形组织。

内学界对于患者组织政策参与的研究较为薄弱,更鲜少从国家与社会视角对其进行学术考察。本文从理论上填补了中国患者组织参与政策倡导的机制空白;同时也对互助组织的组织发展提供了有价值的经验分析,亦补充了从人文社科角度分析患者组织发展的跨学科视角。

二、社会力量为何参与政策倡导?

一个运转高效的市民社会可以有效增加政府的问责能力和提高其治理水平,也是基层民主的重要基石。① 在中国,随着社会力量不断地发展和专业化,社会组织逐渐开始超越原有单一的服务提供功能,通过政策倡导的方式积极参与基层社会治理和政策制定。近年来,国内外学术界都开始关注社会力量如何在中国影响议程设定和政策,现有研究主要围绕政治机会、组织资源和策略三个学术视角展开。

第一种研究视角基于社会运动理论,学者认为政治机会结构的开放是社会力量参与政策倡导的重要原因和前提。② 一方面,随着改革开放,社会利益表达的多元催生出一批新生的社会组织,试图与地方政府斡旋以影响地方政策。③ 另一方面,从政府视

---

① See Huntington P. Samuel, *The Third Wave: Democratization in the Late Twentieth Century*, University of Oklahoma Press, 1993; Diamond Larry, *Developing Democracy: Toward Consolidation*, Maryland: JHU Press, 1999; Putnam Robert, "The Prosperous Community: Social Capital and Public Life," *The American Prospect*, Vol. 4, 1993, pp. 35-42.

② Zhan Xueyong and Shui-Yan Tang, "Political Opportunities, Resource Constraints and Policy Advocacy of Environmental NGOs in China," *Public Administration*, Vol. 91, No. 2, 2013, pp. 381-399.

③ Saich Tony, "Negotiating the State: The Development of Social Organizations in China," *The China Quarterly*, No. 161, 2000, pp. 124-141.

角出发,地方治理绩效的客观需求和政府内部分散治理的结构①也为社会力量参与政策倡导创造了可能。一个典型的例子即在环保治理领域,环境社会组织的专业性得到了官方的认可和重视。通过建立地方政府与社会组织的共生关系②,促进这些组织的政策意见被吸纳到决策中来,提高地方治理绩效。总的来说,过去的研究主要从纵向分权、利益表达的多元以及实际治理的需求等因素分析了政治机会结构如何塑造社会力量参与政策倡导行为。

第二种研究视角受到资源动员理论启发,关注社会力量的不同资源对于其参与政策倡导的形塑作用。这些研究主要关注社会组织的政治关系③、财务能力④、组织自主性⑤等因素对于社会组织参与政策倡导的影响。学者普遍认为,组织资源能力可以激励其参与政策倡导,同时影响其政策倡导的渠道选择。⑥ 其中,组织的政治资源对于其参与政策倡导的影响,学术界结论较为不一致。

---

① Xie Lei and Hein-Anton Van Der Heijden, "Environmental Movements and Political Opportunities: The Case of China," *Social Movement Studies*, Vol. 9, No. 1, 2010, pp. 51-68.

② Spires J. Anthony, "Contingent Symbiosis and Civil Society in an Authoritarian State: Understanding the Survival of China's Grassroots NGOs," *American Journal of Sociology*, Vol. 117, No. 1, 2011, pp. 1-45.

③ 参考例如,李朔严:《政治关联会影响中国草根 NGO 的政策倡导吗?——基于组织理论视野的多案例比较》,《公共管理学报》2017 年第 14 期;Li Hui, Shui-Yan Tang, and Carlos Wing-Hung Lo, "Resource Dependency, Perceived Political Environment, and ENGO Advocacy under Authoritarian Rule," *Journal of Environmental Policy & Planning*, Vol. 24, No. 6, 2022, pp. 667-679。

④ Zhang Changdong, "Non-Governmental Organisations' Policy Advocacy in China: Resources, Government Intention and Network," *China: An International Journal*, Vol. 13, No. 1, 2015, pp. 181-199; Zhan Xueyong and Shui-Yan Tang, "Political Opportunities, Resource Constraints and Policy Advocacy of Environmental NGOs in China," *Public Administration*, Vol. 91, No. 2, 2011, pp. 381-399.

⑤ 张长东、马诗琦:《中国社会团体自主性与政策倡议积极性》,《政治学研究》2018 年第 5 期。

⑥ Liu Dongshu, "Advocacy Channels and Political Resource Dependence," *Governance*, Vol. 33, No. 22, 2020, pp. 323-342.

李朔严通过比较案例研究认为,政治关联度与其政策倡导行为呈现"倒U型"关系①,即过多、过少的政府关联都会阻碍组织从事政策倡导,"若即若离"的政府关系才有较为积极的作用。相较之下,苏政、马思琪、张长东通过2010年我国三个省份的数据发现,政府关系对组织的自主性会有消极作用,减少其参与政策倡导的可能。② 虽然现有研究对于政治关系之于组织参与政策倡导的影响较为不一,但是客观来说,既有研究主要受到资源动员理论影响,关注的是在经典的"法团模式"下强有力的社会行动者③,即那些具有较为丰富的政治关系网络和资源的社会力量。

第三种研究视角则较为微观,主要关注社会组织的策略,研究主要通过案例分析总结归纳社会组织为成功影响政府政策议程的因素。其研究主要涉及草根社会组织④、专业的社会组织⑤、群团组织⑥等。学者发现社会力量可以通过吸纳社会精英来提高组织的合法性,并通过正式制度渠道提出自己的意见⑦,利用媒体策略来推动政策倡导的开展等;其行为方式通常是非对抗性的。这部分研究通过单案例范式为读者丰富地展现了"蚍蜉撼树"的成功经验。

---

① 李朔严:《政治关联会影响中国草根NGO的政策倡导吗?——基于组织理论视野的多案例比较》,《公共管理学报》2017年第14期。

② Su Zheng, Shiqi Ma, and Changdong Zhang, "Participation without Contestation: NGO's Autonomy and Advocacy in China," *The China Quarterly*, Vol. 251, 2022, pp. 888-912.

③ Schmitter C. Philippe, "Still the Century of Corporatism?" *The Review of Politics*, Vol. 36, No. 1, 1974, pp. 85-131.

④ 参考例如,Zhang Changdong, "Non-Governmental Organisations' Policy Advocacy in China," *Nonprofit and Voluntary Sector Quarterly*, Vol. 47, No. 4, 2017, pp. 723-744.

⑤ 参考例如,Yuen Samson, "Negotiating Service Activism in China: The Impact of NGOs' Institutional Embeddedness in the Local State," *Journal of Contemporary China*, Vol. 27, No. 111, 2018, pp. 406-422.

⑥ 参考例如,Jiang Xinhui and Yunyun Zhou, "Coalition-Based Gender Lobbying: Revisiting Women's Substantive Representation in China's Authoritarian Governance," *Politics & Gender*, Vol. 18, No. 4, 2022, pp. 978-1010.

⑦ 张潮:《弱势社群的公共表达:草根NGO的政策倡导行动和策略》,《中国非营利评论》2018年第2期。

以上的文献为我们总结了在中国的国家与社会互动视角下社会力量如何参与政策倡导。然而,既有研究主要经验源自以环保组织为代表、制度化程度高的社会组织。这些组织随着长期的发展,已经获得较高的组织合法性和资源能力。相较之下,资源羸弱、缺乏政治关系的社会力量则鲜少获得系统关注,患者组织则是其中一个典型代表。患者组织的成立一般是由于成员的需求无法被现有的制度框架所满足,只能通过互助的形式对成员需求作出及时回应。[1] 这些以成员身份为基石(member-based)的互助组织制度化程度低、代表性弱,缺乏政府资源和关系,但其以丰富的组织网络和快速的动员能力著称,是重要的社会行动者[2]和市民社会的重要基石。[3] 由于其参与政策倡导的差异性和独特性,难以通过现有的政治机会与资源依赖的视角解释。因此,本研究尝试通过对罕见病患者组织这一组织集群进行比较分析,探索相对弱势的社会力量参与政策倡导的内在机制,丰富现有政策倡导理论在中国的实践。

与一般的社会组织相比,作为互助力量的患者组织具有如下独特性。首先,患者组织是以会员为基础的互助组织,具有较高的内部团结,为可能的参与提供了必要的粘合剂。其次,相较于成熟的社会组织,患者组织的组织结构比较松散,成员之间主要以社会关系、道德义务、情感等为依托,可以随意退出,缺乏实质的组织约束和激励。最后,组织的结构较为扁平,通常依赖互联网等信息技

---

[1] Chevée Adélie, "Mutual Aid in North London during the Covid-19 Pandemic," *Social Movement Studies*, Vol. 21, No. 4, 2022, pp. 413-419.

[2] Katz H. Alfred, "Self-Help and Mutual Aid: An Emerging Social Movement?" *Annual Review of Sociology*, Vol. 7, No. 1, 1981, pp. 129-155; Katz H. Alfred and Eugene I. Bender, "Self-Help Groups in Western Society: History and Prospects," *The Journal of Applied Behavioral Science*, Vol. 12, No. 3, 1976, pp. 265-282; See Clemens S. Elisabeth, *Civic Gifts: Voluntarism and the Making of the American Nation-State*, Chicago: University of Chicago Press, 2020.

[3] Skocpol Theda, "Associations without Members," *American Prospect*, No. 45, 1999, pp. 66-73.

术平台进行日常沟通。其成员之间身份较为平等,决策过程主要依靠成员共同参与。这种松散、去中心化的组织结构也使得组织获得了较高的灵活性,不仅可以分化成较小的组织结构,亦培育了丰富的组织间(内)网络。

本研究将分析以患者组织为代表的社会力量如何参与政策倡导的内部机制,特别关注政策偏好一致性、组织内部成员关系与组织间联盟等因素对患者组织的影响,分析这股新兴但具有韧劲的社会力量如何参与政策倡导。新的分析框架更加强调社会力量对于社会政策环境的主动调适。本文不仅希望通过考察患者组织参与政策倡导,丰富在中国情境下健康政治的学术研究;更试图拓展学界对于患者组织在内的互助组织的学术理解,分析当代中国不断变迁的国家与社会关系。

三、患者组织参与政策倡导的分析框架

从欧美的经验看,患者组织是常见的倡导集团,他们通过议员、媒体等方式游说政府,影响药品批流程及相关医疗卫生政策。与欧美情境下专业化能力强、组织化程度高的患者倡导组织不同,中国的患者组织依然处于"1.0"版本,力量薄弱。绝大部分的罕见病患者组织在成立之初主要是以互助为目的。通过结社抱团,为成员提供疾病治疗信息共享和情感互助,并不具备政策目标。然而,2014 年,冰桶挑战将渐冻症为代表的罕见病患者群体展现在公众面前;2018 年,电影《我不是药神》更将患者群体所面临的药品审批困难、价格奇高的困境展露,获得了时任总理李克强的批示。① 罕

---

① 《李克强开会讨论的这件民生大事有多重:4 位部长相继汇报》(2019 年 2 月 14 日),中国政府网,https://www.gov.cn/guowuyuan/2019-02/14/content_5365411.htm,最后浏览日期:2024 年 2 月 6 日。

见病议题不仅获得了公众舆论的广泛支持,也推动了政治精英的关注①,创造了有利的政治机会推动政策变革。在此影响下,国家药监局加快了罕见病药品的进口审批、优化临床试验流程,更推动了2018年第一批全国罕见病名录的出台,使罕见病无论在公众和政策制定者眼中都更加"清晰化"。② 在此有利的政治机会结构下,患者组织在数量上也不断发展,从2010年的寥寥十余个,到2020年已达100余家。③

然而,罕见病患者组织内部,在类似的政治机会结构下,组织的反应不尽相同。一方面,一些患者组织积极参与政策倡导。例如,窦颖和晋军④的研究发现,某遗传代谢病患者组织通过公开倡导的方式向政府倡议将药品纳入当地医保名录。相较之下,一些患者组织仍主要停留在互助和信息共享。例如,一免疫相关罕见病患者组织(A27)负责人表示,"我们也有想过参与政策倡导,但是病友们都不想抛头露面,要去医保局的话自己都不去,希望其他人代劳,于是也就不了了之了"。(A27-20220808)实际上,笔者发现,只有近一半的患者组织将政策倡导作为组织目标。患者组织参与政策倡导面临较大的制度困境。一方面,由于政策的相关受益者较少、经济成本较高、难以获得较高的能见度(visibility),学界一般认为此类诉求较难引发政府的回应。⑤ 另一方面,研究一般

---

① Andrews T. Kenneth and Bob Edwards, "Advocacy Organizations in the US Political Process," Annual Review of Sociology, Vol.16, No.30, 2004, pp.479-506.

② 参见[美]詹姆斯·C.斯科斯《国家的视角:那些试图改善人类状况的项目是如何失败的》,王晓毅译,社会科学文献出版社,2012年。

③ 《〈中国罕见病综合报告(2021)〉发布 我国注册罕见病患者组织已达52家》(2021年3月23日),公益时报,http://www.gongyishibao.com/html/yanjiubao gao/2021/03/16980.html,最后浏览日期:2024年2月6日。

④ 窦婴、晋军:《非营利组织的逐利逻辑——以某遗传代谢病组织为例》,《社会学评论》2022年第10期。

⑤ 参考例如 Gingrich Jane, "Visibility, Values, and Voters: The Informational Role of the Welfare State," The Journal of Politics, Vol.76, No.2, 2014, pp.565-580.

认为具有高政治权力的社会力量(例如商会)更容易影响政府政策。① 因此,作为社会中的相对弱势,患者组织的诉求也较难进入政策制定的视野。

那么,能见度弱、力量薄弱的罕见病患者组织为何参与政策倡导呢? 特别是在类似的政治机会结构下,究竟是什么原因影响了中国患者组织(不)参与政策倡导呢? 为了回答如上问题,本研究将从政策偏好的一致性、组织内部团结和组织联盟三个维度来考察患者组织参与政策倡导的差异。与之前强调组织财政资源、政府关系的视角不同,本分析框架更加适用于分析相对弱势的社会力量参与政策倡导的内在机制。

(一) 政策偏好一致

本文认为,如果组织的组织目标与政府的政策偏好一致,则更有可能促进其参与政策倡导。一方面,组织的偏好与政府一致,可以降低社会力量参与影响政策的阻碍,提高其成功可能,从而塑造成员对政策倡导成本效益的认知;另一方面,如若组织目标与政府偏好一致,其与政府更容易形成互惠合作关系、利益契合度越高②,从而满足治理绩效的要求,更容易获得政府的支持。③

以罕见病领域为例,由于资源有限,政府的重点主要放在加快药品进口和基本医疗保障两个具体的政策领域。事实上,患者组织的目标却更为多元。例如,现有的罕见病组织根据其疾病治疗

---

① See Esping-Andersen Gosta, *The Three Worlds of Welfare Capitalism*, Princeton: Princeton University Press, 1990; Korpi Walter, *The Working Class in Welfare Capitalism: Work, Unions, and Politics in Sweden*, Boston: Routledge, 1978.
② 例如,江华、张建民、周莹:《利益契合:转型期中国国家与社会关系的一个分析框架——以行业组织政策参与为案例》,《社会学研究》2011 年第 26 期。
③ 例如,王绍光:《学习机制与适应能力:中国农村合作医疗体制变迁的启示》,《中国社会科学》2008 年第 6 期; Zeng Fanxu, Jia Dai, and Jeffrey Javed, "Frame Alignment and Environmental Advocacy: The Influence of NGO Strategies on Policy Outcomes in China," *Environmental Politics*, Vol.28, No.4, 2019, pp.747-770.

方式可以分为"无药可医""有药可医""孤儿药"三个类别。第一类疾病无相关治疗方式,诉求主要是增加相关科学研究,增进罕见病人群权益等;而后两者则集中于加快医药审批和医保纳入等具体诉求。后两者与各级政府的政策优先度保持一致,但亦有难度上的差别。由于孤儿药的高价值,政府较难将其纳入基本医保名录。例如,在国家医疗保障局的公开回复中提到,"从基本医保基金承受能力来看,2019 年城乡居民医保人均筹资仅 800 元左右,基本医保难以承受一些特别昂贵的罕见病用药费用"。① 因此,社会组织与政府偏好的一致性差异,也影响了不同组织对于"成本效益"的认识,塑造了参与政策倡导的动机。

(二)组织内部团结

组织内部团结对形成一致行动至关重要,是政治参与形成和延续的重要前提。② 本文认为组织内部团结对于成员为基础的互助组织来说尤为重要。组织内部的团结度会阻碍或促进共同诉求、政策偏好的产生,从而影响其参与政策倡导的动力、提供政策参与的组织基础。

组织内部团结在现有研究中并没有受到充分重视,这是由于现有学界研究的行动主体主要是组织目标明确的专业组织(例如环保组织、商会等),其政策倡导等行为高度专业化,较少受到成员内部关系所影响。与高度组织化、专业化的社会组织不同,患者组

---

① 《国家医疗保障局对十三届全国人大三次会议第 1352 号建议的答复》(2020 年 12 月 23 日),国家医疗保障局官网,http://www.nhsa.gov.cn/art/2020/12/23/art_26_4165.html,最后浏览日期:2024 年 2 月 6 日。
② 例如,盛智明:《组织动员,行动策略与机会结构 业主集体行动结果的影响因素分析》,《社会》2016 年第 3 期;Chan Chris King-Chi and Pun Ngai, "The Making of a New Working Class? A Study of Collective Actions of Migrant Workers in South China," *The China Quarterly*, No. 198, 2009, pp. 287–303; Hu Jieren and Tong Wu, "Emotional Mobilization of Chinese Veterans: Collective Activism, Flexible Governance and Dispute Resolution," *Journal of Contemporary China*, Vol. 30, No. 129, 2021, pp. 451–464.

织是基于成员身份建立的互助组织,即成员是直接的利益相关者,其个人福祉与组织的发展息息相关。同时,内部组织比较扁平,成员之间身份较为平等,通常需要共同决策才能决定组织的走向。① 因此,成员之间的关系亲疏对于形成一致的行动决策具有塑造作用。本文提出,患者组织内部团结度越高,其参与政策倡导的可能性越大。同时,组织者的个人能力、内部需求一致性、组织规模等都造成患者组织内部团结度的差异。

(三) 组织间联盟

现有研究主要关注单个组织参与政策倡导的过程和政治机会。实际上,由于其影响力、资源有限,单个组织试图影响政策议题和进程较为困难。② 为了加快相关议题被纳入政策序列,组织间联盟一直被视为常见策略。③ 例如,在健康政治领域,医生卫生专家、医药企业、病友等都被视为常见的利益相关方,其组织间的联盟会推动其参与政策倡导。笔者认为倡导联盟的形成可以整合不同资源、寻求广泛支持,从而激励患者组织积极参与政策倡导。

同时,本文亦进一步区分倡导联盟内部的关系。在倡导联盟内部的成员组成亦会影响倡导联盟的形成和持续。例如,成员组织内部若为异质性,虽然会为组织网络带来新的资源,但由于其内部组织架构和组织逻辑的不同,也会增加其协调的成本和管理的

---

① Chevée Adélie, "Mutual Aid in North London during the Covid-19 Pandemic," *Social Movement Studies*, Vol. 21, No. 4, 2022, pp. 413-419.
② Mahoney Christine and Frank R. Baumgartner, "Partners in Advocacy: Lobbyists and Government Officials in Washington," *The Journal of Politics*, Vol. 77, No. 1, 2015, pp. 202-215.
③ 例如,Hula, Kevin W., *Lobbying Together: Interest Group Coalitions in Legislative Politics*, Washington, DC: Georgetown University Press, 1999; Hojnacki Marie, "Interest Groups' Decisions to Join Alliances or Work Alone," *American Journal of Political Science*, Vol. 41, No. 1, 1997, pp. 61-87; Nelson David and Susan Webb Yackee, "Lobbying Coalitions and Government Policy Change: An Analysis of Federal Agency Rulemaking," *The Journal of Politics*, Vol. 74, No. 2, 2012, pp. 339-353.

难度。① 本文区分两种不同的合作,即同质组织间的合作(例如患者组织之间),与异质组织的合作(例如患者组织与医药企业、医院的合作)。本文认为异质的联盟同时也会阻碍政策倡导的持续性和成效。

四、数据和田野

本文使用的资料数据主要来自笔者收集的 88 个罕见病患者组织信息和对于 28 家组织负责人和 51 名骨干成员的访谈。笔者通过两个渠道来建立数据库:第一,通过 2018 年国家颁布的《第一批罕见病名录》。第二,通过病痛挑战基金会、中国罕见病联盟等与罕见病相关的枢纽组织来寻找相关的患者组织,从 2020—2023 年共收集 88 个患者组织,收集包括其基本信息(成立年限、组织规模、组织方式等)在内的相关信息。如图 1 所示,超过 72%的组织是在 2012 年后建立的;同时,49 家患者组织已完成组织注册②,其中 34 家是在 2014 年以后(占比近 70%)完成的。可见政策窗口的打开对中国罕见病患者组织的发展和制度化具有重要推动作用。为了考察组织是否将政策倡导纳入其组织目标,笔者查询了组织官网、论坛信息,对公示的组织目标进行文本分析。特别是考察组织是否将"政策倡导"纳入其主要目标。再者,笔者也通过访谈等方式来分析组织实际参与政策倡导的情况。如表 1 所示,45 家(51%)组织的组织目标中包括病友服务和信息提供,而另 43 家(49%)的组织将政策倡导作为组织目标,可见组织之间的

---

① Junk Wiebke Marie, "When Diversity Works: The Effects of Coalition Composition on the Success of Lobbying Coalitions," *American Journal of Political Science*, Vol. 63, No. 3, 2019, pp. 660-674.

② 注册形式含商业注册。

差异。

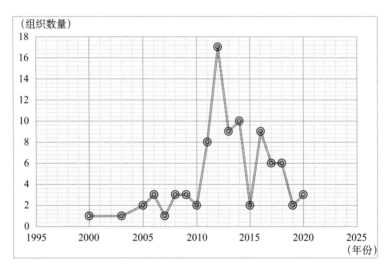

图 1　罕见病患者组织发展情况

表 1　患者组织基本信息

注册情况	已注册	49
	未注册	39
组织年限	2000—2010	16
	2011—2014	44
	2015—2020	28
参与政策倡导	参与	43
	不参与	45

　　本文的经验材料主要来源于对 28 个组织负责人的深入访谈。笔者通过邮件、个人网络、滚雪球等方式,访谈了 28 家罕见病组织的负责人,以及 51 名患者组织的成员、骨干成员等。作为课题的一部分,受访者还对地方医保部门的工作人员、医药企业、病友关系负责人以及医生专业群体等进行访谈。除此以外,在 2020—2022 年笔者还对其中 5 个罕见病患者组织进行了长期的观察。

为了联系地理分布较为广泛的各地病友,患者组织大多通过微信、QQ群、网络论坛等形式进行联络。笔者观察并分析了其运作以及相关媒体互动、政策倡导等行为。笔者对所有的患者组织和采访者均进行了匿名处理(见表2)。通过深入访谈,可以深入剖析患者组织作为自发社会力量的组织面貌,同时也可以分析其差异,特别是其背后影响其参与政策倡导的内在机制。

表2 访谈患者组织列表

编号	成立时间	注册情况	发起者	纳入罕见病名录	政策倡导
A1	2011	未注册	患者家属	是	否
A2	2017	2017	患者家属	是	是
A3	2016	2020	患者、医生	是	是
A4	2013	2017	患者	是	否
A5	2017	未注册	患者	否	是
A6	2016	未注册	患者	是	否
A7	2017	未注册	患者家属	是	否
A8	2012	未注册	患者家属	是	是
A9	2016	2018	患者家属	是	否
A10	2009	2013	患者家属	是	是
A11	2012	未注册	患者家属	是	是
A12	2011	未注册	患者家属	是	是
A13	2005	2011	患者	是	是
A14	2011	2014	患者	否	是
A15	2012	未注册	患者	是	是
A16	2018	2020	患者	是	是
A17	2013	2013	患者家属	是	是
A18	2000	2012	患者	是	是

(续表)

编号	成立时间	注册情况	发起者	纳入罕见病名录	政策倡导
A19	2012	2012	患者家属	是	是
A20	2018	未注册	患者	是	是
A21	2012	2020	患者	是	是
A22	2016	2016	患者家属	是	是
A23	2014	2014	患者家属	是	否
A24	2013	未注册	患者	是	否
A25	2016	2016	患者	否	否
A26	2012	2018	患者家属	否	是
A27	2013	2013	患者	是	是
A28	2018	未注册	社工	否	否

五、影响患者组织参与政策倡导的因素分析

如表3所示,在28个访谈的组织内,有19个组织参与政策倡导,其他9个组织仍然停留在互助的层面。现有文献对于政策倡导的解释主要集中在组织的政府关系、财政资源等角度。从互助组织发展而来的他们不仅缺乏制度化的政府关系,亦缺乏长久的财政保障。那么,相对弱势的社会力量如何参与政策倡导呢?本文以罕见病患者组织为例,发现在相似的政治机会结构下,组织的政策偏好与政府的一致程度、组织内部的团结以及组织间的联盟对其参与政策倡导有促进作用,以下将结合访谈资料进一步解释。

表3 患者组织参与政策倡导情况

患者组织	组织数量	参与政策倡导组织数量	比例(%)
政策偏好一致性			
无药可医	11	3	27
药品可及	14	13	93
孤儿药	3	3	100
组织内部团结			
疾病分型(有)	3	1	33
疾病分型(无)	25	18	68
组织间联盟			
有联盟	10	10	100
无联盟	18	9	50
总数	28	19	68

(一)政策偏好一致:有药可医

如表3所示,参与政策倡导的患者组织的政策目标主要集中在(孤儿药)"药品审批"(例如 A8,A15,A20)和"医保可支付"两个领域(例如 A2,A3,A16 等)。相较之下,对于一些"无药可医"(暂无明确治疗方式)的罕见病患者组织(A1,A4,A5,A6 等),则较少将政策倡导作为自己的组织目标(占比27%)。究其原因,笔者认为组织参与政策倡导的动力源于其组织政策偏好是否与政府一致。现有政策空间主要集中在加快药品进口审批和药品医保可支付两个领域。对于"无药可医"的患者组织来说,一方面,他们无法形成清晰明确、针对具体部门、可实施的政策诉求;另一方面,他们无法利用现有的叙述框架来提出自己的诉求,参与成本较高,故其较少参与政策倡导。

例如,某眼科相关的罕见病(A4),虽然其在 2018 年被列入第一批罕见病目录,但是其患者组织的负责人表示:

> 加入罕见病名录后对我们没什么影响,医保政策这方面我们做的很少,因为我们没有药。这个疾病是不可逆的,我经常在病友群里面做这些科普,因为总有一些新发的病友会轻信一些虚假宣传,说能治好,但实际上,我们疾病没有任何治疗方法也没有任何延缓的方法。这个情况国内外都是一样的。好消息是最近有些基因公司在做临床试验,幸运的话 2 到 3 年内我们的药物可能会上市,作为病友,大家都很激动,很感恩。如果上市之后可能再会去考虑改善医保政策的事情。(A4-20230804)

由于"无药可医",这些患者组织较难利用现有的政策窗口在药品政策中作出改变。然而,这一类的患者组织,他们的政策需求并非没有,而是存在较高的参与成本和制度阻碍。例如,一位内分泌类罕见病患者组织(A6)负责人表示,"这个疾病发病率在十六万分之一,而且确诊率很少,现在国内外都没有有效的治疗方式,很多患者都是孩子或者青年,且预期生命较低。当然不是说没有(政策)需求了,只是不知道从哪里努力,我们当然希望能由政府来推动对于罕见病药品的研发,但这个我也知道太难了"。(A6-20230810)

对于"无药可医"的患者组织,其组织目标主要"停留"在病友信息共享、互助等方面。当患者组织认为政策倡导的机会较少、成本较高、难度较大时,则较少会参与政策倡导。正如某医药企业的咨询师在访谈中提到:

> 我们中国的病友服务和欧美不一样,我们更多考虑

的是支付的问题,他们(欧美)考虑的是新生儿筛查就是预防性的,包括终身的社会支持等细节的问题。我们要总结的还是本土的经验。(P1-20200219)

如前所述,政治精英的关注使得罕见病的可见度不断升高,但相关的政策窗口主要集中在药品进口和医保可支付两个领域。2018年的第一批罕见病名录发布后,同年10月,国家药监局就发布了《关于临床急需境外新药审评审批相关事宜的公告》①,旨在加速罕见病药物的进口审批。同时,国家医保局也开始试图通过对部分高价值药谈准入谈判使其进入基本药品名录;对于一些没有纳入医保的药品,地方医保部门也在自主范围内探索解决本地罕见病患者用药问题。然而,对于一部分无明确药物的疾病及其患者组织来说,他们的政策需求主要集中在加大罕见病研发的投入,抑或更为完善的社会支持体系,例如就业权利、社会融入、反歧视等。这些与权利相关的诉求由于具有公共性质,存在的制度阻碍较大②,较难进入政策议程序列;同时,由于其诉求牵涉政府、医药公司等多部门,政策倡导的成本较高,也较难实现。基于此,此类患者组织较少以政策倡导为己任。当然,A13组织是一个例外,其政策倡导重点在于为病友提供法律援助和相关的反歧视行动,而非传统的药品领域。该组织是第一批活跃的罕见病患者组织,与政府部门(当地残联、卫健委等)、媒体保持了良好的关系和紧密合作,且在网络上有超过百万的关注者,具有较高社会影响力。这

---

① 《国家药品监督管理局 国家卫生健康委员会关于临床急需境外新药审评审批相关事宜的公告(2018年第79号)》(2018年10月30日),国家药品监督管理局官网,https://www.nmpa.gov.cn/zhuanti/ypqxgg/ggzhcfg/20181030171201646.html?type=pc&m=,最后浏览日期:2024年2月6日。

② Chen Xi, "Civic and Noncivic Activism under Autocracy: Shifting Political Space for Popular Collective Action," *Mobilization: An International Quarterly*, Vol. 25, No. SI, 2020, pp.623-640.

些都促使他们善于通过制度内渠道以及媒体去影响政策制定过程。

相比之下,"有药可医"的患者组织参与政策倡导的经验要更为普遍和有效。这一类组织有明确的"目标"部门(例如医保部门、药监局),可以提出更为具体的政策诉求的表达。例如,某神经系统罕见病的病友组织负责人曾通过信访、邮件等方式,向医保局、药监局发送约百余封邮件,希望能将其列为罕见病,同时加快相关药品的进口。对于这一部分患者组织来说,其政策需求主要集中在具体的药品审批和药品价格等方面,诉求明确。例如,很多患者组织负责人(A2,A12,A15,A16,A20)都表示"这个我们都很熟悉了,知道去哪里反映问题"。类似的,某代谢相关的罕见病组织(A15),就曾经通过媒体策略来加快药监局对于进口药品的审批。其负责人表示,"自从我们反映了诉求之后,(药监)负责的领导都特别关怀我们的需求,会和我们保持定期的联络,询问我们的需求,让我们安心。现在药品已经顺利进口,下一步主要就是医保的问题了,毕竟药品还是非常昂贵"。(A15-20200219)

对于这一部分群体,组织目标与政府政策一致性扮演的形塑作用很大。在某罕见病组织写给医保负责人的公开信中,曾多次引用领导人讲话和"健康中国"的战略,呼吁地方政府将相关药品纳入大病医保名录,并建立地方性的罕见病支付体系,解决用药难、用药贵的问题。通过与政府目标保持一致,可以帮助患者组织采取与政府一样的框架叙述,减少参与政策倡导的阻力,提高成功的可能。在28个访谈的组织中,16个"有药可医"的组织参与过政策倡导,或将政策倡导明确列为自己的组织目标。

总的来说,在患者组织与政府的互动中,主要采用非对抗性的方式进行,在国家设定的政策框架和渠道内影响国家和地方的医保政策和药品审批。然而,这也间接塑造了患者组织间的差异。在国家认可或关注议程设置之外的政策诉求较难进入决策者视野。例如,一部分无药可医的组织较难依靠现有的政策空间提出自己的诉求;同时,一部分非医保可支付等相关的诉求,例如病友互助、工作权利等相关的诉求影响政策的成本较高,较难实现。

(二)组织内部团结

对于患者组织来说,内部团结是促进其形成共同政策诉求,乃至参与政策倡导的重要一环。实际上,加入患者组织的过程对于病友来说也是一种"身份的再造"。在组织内部,成员之间的称呼都十分亲昵,经常使用包括"大哥、某某妈妈/爸爸、妹妹"等称呼来表达亲密的关系。成员通过与病友的交流、信息的互动完成了从"单独的个体"到"组织成员"的身份过渡。然而,不同组织的内部团结仍有区别。通过访谈,笔者发现组织内部的团结主要受到内部需求差异、组织精英因素的影响;而组织内部的团结影响了其利益诉求的表达和参与政策倡导的动机。

1. 内部需求差异

在患者组织内部,病友之间的需求并非截然相同。不同的内部需求差异阻碍了共识的形成,也难以形成一致的行动。例如,疾病的分型导致疾病进展和严重程度在个体间均存在差异,从而影响共识的形成、弱化其参与政策倡导的可能。以神经内科相关的E疾病为例,该罕见病有七种主要的分型,每一种的临床表现和对外部表征差距巨大,从而导致病友之间需求差异显著,共识较难形成,政策倡导亦难以开展。如表3所示,相较之下,疾病的不同分型会起到成员的分化作用,阻碍一致意见的形成,减少政策倡导行为。

例如,A5组织成立于2017年,2018年该疾病被列入国家罕见病名录,虽然组织负责人想推动政策倡导的开展,但是组织内部利益需求比较分散。

> 组织内部人很多,但大概有50%的人是永远沉默的,从不发声;另外有30%的人不理解我们所要做的呼吁的事情。我们病友内部病情其实差别很大的,有的能工作,有的完全丧失工作能力。之前我们希望在某公益平台上做疾病的宣传推广活动,希望能加大对人群的关注和研究投入,寻求治疗的突破。但是,也有成员表示说,因为这个推广,自己的病被同事和工作领导知道了,对自己的工作有影响,还不如不宣传。的确,大家的需求都不同,所以现在我在对待倡导这块很谨慎。(A5-230807)

一方面,由于病耻感的存在,让病友从幕后走向幕前参与政策倡导仍然存在很大的社会阻力;另一方面,不同病友之间的差异性需求也使得一些组织更多地将注意力放在"病友服务",平衡不同成员的需求,而非政策倡导。例如,A6组织所代表的疾病也有两种相关的疾病亚分型,负责人表示,"A类分型的药物和心血管药物十分类似,已经进入医保,大家的负担也比较少(笔者注:一个月几百元);B类分型病情更重,但人数比较少,难度更大。我们更多的精力也是放在对于A类病友的服务中,B类病友更多的也主要是提供个案帮助。彼此之间的需求、心态不同。对于A类,坚持吃药就可以控制疾病,对于B类,病友家庭存在紧迫感、无力感和焦虑感。病友群体内部这两类成员的共情是比较少的,所以也难以形成合力"。(A6-20230807)

相较之下,一些疾病由于发病机制相似、需求类似,虽然组织人数少,但其行动的动力较强。A3组织是由于基因导致的疾病,在患者组织内部,最小的病友4岁,最大的已成年;主要是病友的家属在为其奔波。由于其发病过程类似,不同年龄阶段都有具体表征,患者组织较易形成共同的诉求。其中骨干成员表示,"都是先抱团然后群策群力。比如我们本地患者家长有20多个吧,我就把城市的家长分组参与政策倡导,自愿报名,十几个都参加,大家都愿意为自己孩子呼吁"。(A2-20220802)类似地,患者组织A15是围绕某代谢问题所组成的互助组织,全国病友极少,约为100人,若不及时治疗会导致肢体残疾和疾病进展,这种共同的紧迫感也给组织成员强大的动力参与影响医保政策的过程,且更倾向于直接向国家而非地方政府部门提出诉求。因此,该病友组织从2018年开始将工作重心转移到孤儿药的审批过程中。负责人坦率说道,"我也找过地方人大代表,他们也很热情。但是我们全国才一百来人,分摊到每个地方那人就很少了,每个地方只有一例。所以我们当时也是和家长一起联系国家医保局、药监局,希望他们赶紧审批药物,还收到了他们的微信和电话回访。很快,两个月后,这一药品就开始进入受理审批流程。我不是为我自己,是都有一种使命感吧"。(A15-2020-219)

对于患者组织来说,成员是构成其组织发展的基础,客观上使得患者组织更倾向于"对患者负责"。而患者组织内部需求的差异也使得互助组织将组织目标停留在大家的共识领域,难以形成一致的政策需求,也因此较少参与政策倡导。

2. 组织精英

对于任何组织来说,组织负责人对组织的发展和目标起到很大的影响作用。虽然扁平化的组织结构是互助组织的主要特点[1],但是组织负责人一般来说还是具有较高威望的,对组织发展、组织目标有塑造作用。由于患者组织大多先发端于网络,很多负责人都曾经是这些网络平台的发起者。在组织数据库中,笔者发现大约98%的患者组织负责人本身是该疾病的患者或亲属;仅

---

[1] Chevée Adélie, "Mutual Aid in North London during the Covid-19 Pandemic," *Social Movement Studies*, Vol. 21, No. 4, 2022, pp. 413-419.

2%的患者组织负责人是职业公益人。客观来说,组织精英为组织动员和资源提供了重要的组织基础:一方面,组织负责人的能力、资源的高低一定程度上了决定了其参与政策倡导的能力、渠道选择和结果;另一方面,负责人与成员的亲疏关系也是组织内部动员的基础。一般来说,与成员关系更为紧密、号召力更强、资源丰富的组织精英在动员中可以起到更为积极的作用。

首先,负责人政治资源的强弱可以决定其参与政策倡导的渠道选择和动力。例如,学者发现,负责人与地方/全国人大代表、政协委员的联系会为组织提供相关政策倡导的渠道,减少其参与阻力。[1] 事实上,人大代表或政协委员亦十分关心罕见病集群,经常性地通过提案、内参等方式来为患者群体发声。这些资源主要依赖组织负责人与代表的关系和信任,正如某负责人表示,"打的交道多了,他们(政协委员)都知道我,了解我会比较柔性地去提出一些建议。所以也愿意帮我们发声"。(A27-20230809)该组织自创立已有十年,属于少数获得了民办非企业身份的注册组织之一。相比之下,更多的组织缺乏这样的政治资源。某组织负责人坦率地说,"我们比较草根,我不认识什么人,人大代表、政协委员都不太认识。合作是比较少的"。(A6-20230810)组织精英个人的社会关系网络会为组织参与政策倡导提供一些政治空间和渠道。

其次,负责人与组织间的关系也是其内部凝聚力的重要来源。笔者发现,个人能力、威信都对组织参与政策倡导具有重要促进作用。例如,经常参与政策倡导的某负责人,在访谈中很坦率地表示,"我自己的群众基础好,基本上自己说什么大家都会听。我是这个组织的创始人,怎么说呢,你也可以说是一言堂。大家意见分化严重的时候,是需要有人拍板的。需要有人来把控这个决策,凭

---

[1] 李朔严:《政治关联会影响中国草根 NGO 的政策倡导吗?——基于组织理论视野的多案例比较》,《公共管理学报》2017 年第 14 期。

经验去做一些判断"。(A27-20230809)事实上,该组织创立者其本身也是一名"资深患者",曾通过媒体、政协、信访等多种方式与相关部门展开对话,促进疾病药品的可及性。可以说,他是一名非常具有个人魅力的组织负责人。在组织成立之初,负责人就帮助各地病友寻求专家意见,在病友服务中累积了很高的口碑和威望。这些都促使其具有较高的号召力,推动组织成员参与政策倡导。

类似地,另一家参与政策倡导的组织 A2 亦是国内最早开办疾病服务网站的发起人,2015 年,他通过 QQ 群找到了 100 个病友家庭,并组织病友线下在某医院开展交流会。平时,负责人也会在网站上定期发布疾病相关的救助信息,帮助"新病友家庭"寻求相关救助和医疗帮助。在组织内部,成员都亲切地称其为"大哥",累积了很高信任。在其组织下,各地病友都通过跑医保、媒体等方式来促进地方政策的改善。

相比较而言,在访谈中,一些患者组织的负责人则表示,他们在组织内的话语权有限,有时成员对其并不信任。这些在职业公益人担任患者组织负责人,抑或年纪较轻、组织成立时间较短的患者组织中较为常见。A6 组织成立于 2020 年,暂时未完成注册,负责人是一位高学历创业女性,本身也是一名患者,曾有创业经验;但是在访谈中,她表示患者组织的管理比企业管理要更加复杂:

> 群里有时候也有一些猜测,诸如你不获利,那你为什么要做这个。是不是你可以使用到一些稀缺的新药,还是说与药企有利益输送。很多负责人可能都因为这些流言伤了心,气跑了。我现在参加会议、差旅都不用组织的钱,不报销,就是一种心理压力吧。(A6-20230811)

这样的"不理解""质疑"的声音并非孤例。A5 组织的负责人,20 岁出头,他也表示组织内对他的信任欠缺,内部团结度较低。

例如，病友登记是患者组织的重要一步，这不仅可以帮助政策制定者了解疾病在国内的流行程度，也可以为后续相关部门的政策更新作出重要参考。但该组织在推行中阻力仍不小：

> 病友考虑的事情很多吧。我这个做病友登记的目的是什么，会不会和保险公司共享信息影响我投保呢，会不会影响我考公务员呢，会有一些疑惑，主要还是对我不是很信任、怀疑的态度。（A5-20230807）

另一种比较罕见的情况，即患者组织由职业公益人创办，与其他的患者组织不同，组织的发展从一开始就主要遵循了专业的路径。例如，A28的负责人就是较为罕见的特例，其本身并非病友，负责人谈道，"动动嘴皮子可以，行动就难了。一位病友阿姨一直对本地的医保政策颇有微词，因为医保没有将我们纳入慢性病，整个报销就差一点。但如果说要去医保局反映诉求什么，就马上退缩。因为她周围的人都不知道她的病，儿子还要结婚，怕有歧视。怎么说呢，为大家服务啊都没问题，但大家都挺保护自己隐私，害怕其他人知道。和其他组织相比，'人和'还差了一点"。（A28-20220808）由于组织负责人并非病友，在政策倡导中，组织成员认为其无法理解疾病所带来的病耻感，较难动员成员形成一致的行动。

本文发现，在政策倡导中，患者组织的内部团结和组织精英为组织提供了动员的基础。组织负责人需要有丰富的社会、政治资源，并且通过创造共识来驱动促成一致的行动。在这个过程中，有能力、有经验的组织负责人在长期的病友交流过程中积累了组织内的威望，同时积累了较高的内部团结和信任；相较之下，组织成员与组织负责人之间关系的弱关系也阻碍了组织参与政策倡导。

(三)组织间联盟的形成

基于西方经验,学界普遍认为组织间联盟的形成可以促进政策倡导。① 倡导联盟的组成结构决定了倡导联盟的资源、共识形成、合作成本。例如,学者通过欧盟立法的研究发现,异质的合作(例如非政府组织与商业组织的联盟)更容易促进其提案的吸纳。② 在中国罕见病领域,如表3所示,笔者发现倡导联盟的建立对于政策倡导具有促进作用。正如某罕见病基金会负责人所述,"患者组织自己可以做得太少了;当然,病友有很强的动力去推进这个事情(政策倡导),但是不同的人的加入也很重要,因为你需要去影响其他的相关方,媒体啊、医院、企业等等,有时候关键的决策人物、外部的支持很重要的"。(F1-20200221)。

在政策倡导中,相似的政策需求、社会网络和身份的确可以促进倡导联盟的形成。同时,不同组织间的合作可以促进资源互补,推动信息流动,从而激励参与影响地方政府决策议程。但是,基于现有案例数据发现,患者组织倡导联盟的构成较为同质,即以患者组织之间的合作居多。

当面临共同的外部危机和需求时,患者组织间同质的倡导联盟更容易涌现。例如,某代谢性疾病间的非正式联盟的出现主要源于一次断药危机。自2022年年底开始,某药品的价格上涨了十倍(从原有1元/片的药品上升到10元/片),有的地区甚至直接断货。由于病种相似,治疗方法亦有交叉,近十个相关病种的患者组织(例如A2,A12,A19,A27等)通过收集各自病友的需求和地方

---

① Junk Wiebke Marie, "When Diversity Works: The Effects of Coalition Composition on the Success of Lobbying Coalitions," *American Journal of Political Science*, Vol. 63, No. 3, 2019, pp. 660-674.

② 例如,De Bruycker Iskander, "Framing and Advocacy: A Research Agenda for Interest Group Studies," *Journal of European Public Policy*, Vol. 24, No. 5, 2017, pp. 775-787。

价格信息,形成了较为全面的报告;并通过与各地媒体合作,持续发声,最后促成当地政府介入与药品生产厂商达成协议,保证药品供给。客观地说,在突发的共同危机面前,组织可以通过形成倡导联盟来提高政策诉求的优先级引起政府的回应。但是当危机解除之时,由于组织间联盟可能带来的风险和制度障碍,这一非正式联盟也不再存在。

此外,也存在少数的异质性的倡导联盟,主要分为患者组织与医院和医药企业的联盟两种。一方面,对于患者组织来说,与医院专家合作可以获得丰富的包括信息、专业知识、人脉等重要的"无形资源"。但是,客观地说,在我国,包括医生在内的专业团体力量尚没有形式专业化的自主力量①,行政为主导的管理方式使得医生更多受到"单位人"行政身份的影响,较少以间接、直接的方式参与政策制定。同时,组织之间的行政壁垒也使得合作变得十分困难。资源稀缺、行政壁垒、组织的分散性,导致倡导联盟的形成难度大。

例如,在罕见病领域,有一句行话叫作"比罕见病更罕见的是能识别罕见病的医生"。在全球范围内,罕见病的识别难和确诊低是一个极为普遍的现象。这也使得专家的加入对于疾病的公众倡导变得非常重要。例如,A2 组织就曾获得了多家医院专家的背书,推动了在当地的医保报销比例。然而,虽然几乎所有的患者组织与医院都开展了一定形式的合作,例如专家会面、病友大会、公益问诊等服务。但大多是以"外部专家"的形式参与患者组织的日常活动,较少与医院直接组成倡导联盟。例如,A28 组织负责人直言不讳在与专家交往过程中的经历:

---

① 姚泽麟:《近代以来中国医生职业与国家关系的演变——一种职业社会学的解释》,《社会学研究》2015 年第 3 期。

> 我们与一些医生关系还不错,但和医院的关系还是要比较谨慎。这里面门道也很多。例如,医院不太愿意和患者组织直接接触,因为患者组织有引流的作用,如果群里面有病友去推荐医生、评价医生,其实他的话语权很大的。医院也会担心患者组织在这个过程中可能对医院带来的负面影响。(A28-20220808)

即使与医生开展合作,患者组织也是十分谨慎的。A6 的负责人也谈道,"医生和医生之间,包括同一个医院内部、不同医院之间,关系是很微妙的,有的时候也需要先都知晓这些关键信息"。(A6-20230810)相较之下,A27 组织是个例外。该组织曾经与专家一起推动了疾病的倡导,"我们之间合作更多的是依靠信任。他其实是很谨慎的,但这么多年我们也是做出了口碑,绝对不会去拿他的名号谋私利或者做其他不合规的事情,所以他也很信任我,认为我做的事情是很重要的,也是需要有人去做的"。(A27-20220808)

另一方面,患者组织与药企的倡导联盟更是面临组织目标冲突、合规限制等制度障碍。对于医药企业来说,现行的法规尚无对医药企业与患者组织之间合作的规范,仍处于"摸索阶段"。窦婴、晋军的研究发现,患者组织逐渐出现了"盈利"的趋势[①],例如,通过帮助药企背书来影响医保政策。类似地,笔者在访谈中也发现本土的药企,或者是一些基因公司,并没有设立专门的病友服务部门,只能由销售部与病友组织开展合作,这存在很多合规隐患。

很多患者组织负责人也都意识到了与药企合作所带来的"组织合法性危机"。例如,A27 的负责人认为,"我也看到了一些患者组织与药企的合作。我不是说赚钱这个事情不好,只是说患者组

---

① 窦婴、晋军:《非营利组织的逐利逻辑——以某遗传代谢病患者组织为例》,《社会学评论》2022 年第 10 期。

织有底线又要赚钱是很困难的"。(A27-20220808)类似地,A3负责人谈道,"有时候这个药品不止他一家,但药企可能会要求你签竞业协议以后,那你就只能宣传他家的,这个肯定不行。如果你要我只宣传一个药,那肯定不是我们想做的,我们更多的还是信息共享。所以也拒绝了很多,很微妙吧"。(A3-20220920)

在外部环境不明确、规范尚未建立的领域,无论是患者组织、医药企业和医院对于联盟都处于谨慎观望的状态。制度约束的缺失从某一程度上也阻碍了倡导联盟的形成和可能的合作网络建立。例如,A16的负责人在访谈时表示,"现在处于一个很分散的状况。政府不知道病人的需求,医生找不到患者,企业不知道如何维持盈利。如果规则更加清楚的话,我们可能可以做的更多"。(A16-20230824)

综上所述,本文发现患者组可以通过形成倡导联盟,在资源动员中取得优势地位,获取更多的资源、创建共识,从而推动相关的政策变革。其中,不同类型组织之间的合作可以弥补单一组织的资源困境,决定倡导的规模、力量以及结果。[①] 但是,这种异质的组织合作也经常伴随着价值规范冲突、组织目标不适应、制度障碍等问题。一方面,无论是患者组织、医院还是医药企业,都运行在一个规范缺失的环境中,因此,其不可避免的不确定性会阻碍倡导联盟的形成;另一方面,在政策规范缺失的情况下,异质的倡导联盟可能带来更多的冲突,阻碍联盟的存续。

六、结论

作为互助组织的代表,患者组织在健康领域一直扮演着重要

[①] McAdam Doug, and W. Richard Scott, "Organizations and Movements," *Social Movements and Organization Theory*, Vol. 4, 2005, pp. 4-40.

的角色。在中国,以罕见病组织为代表的患者组织获得了长足的发展,其产生和发展与中国医疗改革也密不可分。医疗需求的增长和对健康的关注都使得病友快速聚集、发展成组织化的力量,并参与政策倡导等行动。但是与西方的患者倡导团体不同,中国的患者组织在参与政策倡导时,更多采用温和的制度内渠道来影响政策制定,并不挑战现有的制度框架和部门权威。患者组织充当相关政府部门与患者之间的桥梁和中介,促进信息收集和科学决策。

本文的研究正是关注了这一批罕见病患者组织,分析其参与政策倡导的内在机制。本文发现对于相对弱势的社会力量来说,政策偏好一致性、组织内部团结与组织间联盟等因素可以促进组织的参与政策倡导行为。首先,本研究贡献了互助组织相关的研究。从国家与社会关系的角度看,互助组织无疑也是国家与社会之间重要的粘合剂。互助组织的存在和发展对于基层民主和社会治理具有重要的理论和实践意义。乍看之下,这些组织是非政治化、完全自发的互助救助的志愿行为。然而,实际上,互助组织的生命力远高于此。例如,新冠肺炎疫情期间存在的团长群,在常态化管理的当下并没有消失,继续存在并化身为参与基层社区治理的积极志愿力量。通过研究互助组织的政治参与,可以帮助理解互助组织作为社会力量的动员能力和组织结构,为相关的社会提供新的视角。

其次,本文对政策倡导文献进行了进一步的对话。现有的政策倡导文献更多关注组织的政府嵌入性、财政资源等对于其倡导机制的影响,研究对象主要集中在专业化的环境社会组织抑或政府背景的社会组织。本研究将视角转向了相对弱势的患者组织,解释了患者组织如何利用现有的政治机会结构促进有利的政策制定和实施;同时将内部团结转变为外部行动力,通过联合促进不同资源的整合,提高行动有效性。

最后,本文将患者组织置于政治参与的角度下进行分析,对理解中国健康政策、卫生制度的创新也提供了新的脚注。在西方语境下,患者组织的倡导稀松平常,在国内的患者组织仍然在起步阶段。通过对其组织差异性的分析,可以加深对我国健康行动者的分析。本文通过丰富的调研资料和组织数据,也帮助学者了解罕见病患者组织的基本面貌,后续的研究可以进一步分析与医药企业、医药的合作及其倡导联盟的存续。

患者组织的诞生促进了病友之间的社会互助,促进了信息的交流和共享。他们的成长也标志了我国基层互助网络的不断发展。这些内部紧密的人际和组织网络,促进了各地政策共享,并为动员提供了组织制度基础,这些各地差异化的政策激励了不同地方的成员共同影响地方政策,提供了行动的动力。如何看待这一新生的组织群?如何促进其良性、可持续、规范运作?希望能够得到学术界和实务界的重视。一方面,现有的倡导渠道欠透明,因此,零星、偶发的政策倡导增加了部门应对的行政负担,也容易积累病友们的不满。为了应对不断增长的患者组织需求,医保部门可以创立相关的对接平台和部门,引导患者组织通过制度内渠道反映诉求。另一方面,也需要进一步提高患者组织的能力和运行规范程度,尽快出台相关的政策,促进其有序参与政策制定,为政策制定提供科学依据。后续研究可以继续从多学科视角探索中国患者组织的行动力和政策影响力,促进其良性、合规发展。

From Mutual Aid to Participation: Rare Disease Patient Groups' Policy Advocacy in China

Jie Wu

Abstract: The occurrence and growth of rare disease patient groups is a recent phenomenon in China. Patient groups are organized by patients and close family members to combat a particular disease, enable information sharing, and now participate in policy change, yet with limited scholarly attention. Why do patient groups refashion themselves from mutual-aid groups to advocacy ones? How to explain the divergence among the rare disease patient groups? Drawing on intensive interviews with 28 representatives of patient groups, this article finds that the groups' policy alignment, internal solidarity, and formation of advocacy coalition have facilitated the patient groups' engagement in policy advocacy. This article fills the theoretical vein of the policy advocacy organized by less powerful actors—patient groups and provides a first-hand investigation of patient groups in China.

Keywords: Rare-Disease; Patient Group; Policy Advocacy; Mutual-Aid Groups

风腐一体化治理：逻辑、特征与策略[*]

杨丽天晴[**]　公　婷[***]　王大安[****]

[**内容提要**]　党的十八大以来，我国的反腐败斗争进一步加大力度，进入打"虎"拍"蝇"密切结合的新阶段。中央八项规定精神围绕会风、文风、形式主义、官僚主义和奢靡享乐等问题展开。针对作风问题和腐败行为紧密相关、相互渗透、同步发展的情况，反腐倡廉采取了风腐一体化治理的策略，提出了执纪和执法贯通的新要求。本文基于2016—2020年对违反中央八项规定精神典型问题所作的7 248条通报进行多元回归分析。结果表明，作风问题虽不同于腐败，但却是腐败的温床，会滋生并迅速发展成腐败。中国特色的风腐一体化治理策略注重整体有效性，对作风和腐败问题进行全覆盖，旨在营造风清气正的施政理念和氛围，回应群众要求党政干部改变作风的呼声，坚决惩治群众身边的腐败问题。未来，落实中央八项规定精神仍将是纪检监察工作的重中之重。

[**关键词**]　反腐败；风腐一体化治理；中央八项规定精神；作风建设；纪法贯通

---

[*]　本文系广州市基础研究计划2024年度青年博士启航项目"企业合规推进现代化国际化营商环境研究"（项目批准号：SL2024A04J01885）和深圳市哲学社会科学规划2024年度课题青年项目《基于廉洁驱动视角的深圳企业合规治理效能提升研究》（课题编号：SZ2024C015）的研究成果。

[**]　杨丽天晴，中山大学中国公共管理研究中心、政治与公共事务管理学院。

[***]　公婷，南方科技大学廉洁研究院暨粤港澳大湾区廉洁研究中心、复旦大学全球公共政策研究院。

[****]　王大安，南方科技大学廉洁研究院暨粤港澳大湾区廉洁研究中心。

一、引言

　　中国共产党第十八次全国代表大会以来,我国的腐败治理进入加大力度打"虎"、提升密度拍"蝇"的新阶段。从党的十八大到二十大的十年间,全国纪检监察机关共立案464.8万余件,其中,立案审查调查中管干部553人,处分厅局级干部2.5万多人、县处级干部18.2万多人。① 从表面上看,中国的反腐败似乎以整肃和惩治为主,其烈度堪比"猛药去疴""刮骨疗毒"。而实际上,腐败治理更是一场改变党和国家干部队伍作风的"静默革命"。

　　党的十八大以来,新一届中央领导集体以作风建设为切入口和突破口,在正风肃纪、反腐倡廉上采取了一系列新措施,力求为改进作风常态化制度建设打下坚实基础。② 2012年10月,中央纪律检查委员会出台了一系列解决"四风"问题的规定。紧接着,中央八项规定精神于同年12月4日出台。③ 中央八项规定精神涉及面虽广,但重点突出,即加强党风建设,精兵简政,为政治清明、政府清廉立下规矩。反"四风"(形式主义、官僚主义、享乐主义和奢靡之风)和落实中央八项规定精神是党的作风建设的重要里程碑。反"四风"、中央八项规定等措施的出台在时间上紧密相连,在内容上构成有机整体,目标高度一致。这些规定在2015年颁布的《中国共产党纪律处分条例》(修订版)中得到充分的体现。该条例

---

　　① 《党的二十大新闻中心举行第二场记者招待会 介绍坚定不移全面从严治党有关情况》(2022年10月18日),中国政府网,http://www.gov.cn/xinwen/2022-10/18/content_5719049.htm,最后浏览日期:2022年12月5日。
　　② 《从践行"八项规定"到厉行反"四风"看党的建设》(2013年11月15日),环球网,https://china.huanqiu.com/article/9CaKrnJDai2,最后浏览日期:2022年12月5日。
　　③ 中央八项规定的主要内容包括:要改进调查研究;要精简会议活动,切实改进会风;要精简文件简报,切实改进文风;要规范出访活动;要改进警卫工作;要改进新闻报道;要严格文稿发表;要厉行勤俭节约。

修订版将违纪行为分为六类:违反政治纪律、组织纪律、廉洁纪律、群众纪律、工作纪律、生活纪律,并为每一类立规,划出红线,从而使反对"四风"和落实中央八项规定精神的要求更加明确具体,进一步走向规范化和制度化。据有关方面统计,截至2022年10月,在中央八项规定精神颁布以来的十年中,全国共查处违反中央八项规定精神问题的案件76.9万起,批评教育帮助和处理109.7万人。①

对党风政风的高度重视和中央八项规定等措施的出台,以及积极查处党员干部违规违纪问题,体现了我国政府消除滋生腐败之土壤与条件的决心和勇气。将党和国家干部队伍的作风建设作为预防腐败的重要内容,目的在于防止一些貌似作风问题的行为演变成腐败。作风问题与腐败问题可以交织发展,党和政府干部"由风及腐、由风变腐"的风险一直存在。②

近年来,风腐一体逐渐成为反腐热词之一。早前虽有学者注意到风腐一体这一概念,但偏重对作风建设实务的总结提炼③,更多出现在实务工作中关于作风建设的讨论,没有对其理论价值和内在逻辑进行充分探讨。腐败的概念广为人知,而风腐一体的概念则在理论界使用较少。基于此,本文认为应当对以下问题进行探讨:第一,什么是风腐一体及中国特色的风腐一体化治理?第二,采取风腐一体化治理模式的主要原因及意义何在?第三,这种治理模式面临怎样的挑战,未来如何进一步优化?本文试图回答

---

① 《数看八项规定十周年》(2022年12月4日),中央纪检监察委员会官方网站,http://v.ccdi.gov.cn/2022/12/04/VIDEFsbMIBcEUEbDTFmV12cS221204.shtml,最后浏览日期:2024年10月12日;《中央八项规定实施十周年:永远吹冲锋号》(2022年12月5日),共产党员网,https://www.12371.cn/2022/12/05/ARTI1670223579495644.shtml,最后浏览日期:2024年10月12日。

② 《[廉政时评]不给"风腐一体"可乘之机》(2022年1月11日),安徽省纪委监察委官方网站,http://www.ahjjjc.gov.cn/p/100092.html,最后浏览日期:2024年10月12日。

③ 罗也平:《一类不可忽视的腐败现象——风腐一体现象透析》,《理论界》2006年第11期。

这些问题,同时分析党的十八大以来在贯彻中央八项规定精神方面的十年实践提供了哪些经验和启示。

关注风腐一体化治理,在理论和实践层面都有重要意义。在理论方面,关注作风与腐败的关系,将作风问题作为腐败的温床加以治理,是中国反腐败斗争的模式和特色之一。本文以风腐一体化治理的概念来概括党的十八大以来以反"四风"和落实中央八项规定精神为代表的纪法关系调整,将针对作风问题和腐败问题的行动统称为风腐一体化治理,但又注意两者之间的区别,具有一定创新性,有别于以往仅仅关注"反腐败"的研究。[①] 在实践层面,风腐一体化治理模式的出现和发展,体现了中国共产党对反腐败斗争的统一领导,也反映了重新梳理纪法关系的重要性,对未来进一步完善反腐败工作具有重要意义。

本文采用定量分析的研究方法,分析 2016—2020 年中纪委监委对违反中央八项规定精神典型问题所作的 7 248 条通报,通过构建多元逻辑回归模型,分析风腐一体化治理的策略和处分结果之间的因果机制,由此来回应上述三个研究问题,探讨风腐一体化治理的模式、原因和对策。

二、文献综述与分析框架

腐败在广义上的定义是:滥用公权力以谋取私利。[②] 然而,对于腐败的理解并不是整齐划一的,现实生活中的腐败现象也确实有

[①] Ivanov A., "Quasi-Corruption in Public Procurement: The Case of the Russian Federation," in Aurora A. C. Teixeira, Carlos Pimenta and António Maia, eds., *Corruption, Economic Growth and Globalization*, London: Routledge, 2015.

[②] Tanzi V., "Corruption around the World: Causes, Consequences, Scope, and Cures," *Staff Papers*, Vol.4, No.45, 1998, pp.559-594.

不同的类别和发展阶段。海登海默(Arnold J. Heidenheimer)提出"黑、白、灰"三种腐败程度的分类。在他看来,"黑色腐败"是那些绝大多数人视为腐败并要求予以处罚的;"灰色腐败"只有部分人认为是腐败并需要处罚,"白色腐败"虽然是不当行为但大多数人认为可以接受(见图1)。① 国际反腐败组织——"透明国际"也做了类似区分,提出了"轻度腐败"(petty corruption)和"重度腐败"(grand corruption)的概念。前者指的是基层公职人员在医院、学校、警察局和其他机构与普通市民日常互动中滥用权力,后者则涉及政府高级官员的腐败,并呈现出有预谋、系统性滥权、严重危害社会等特点。②

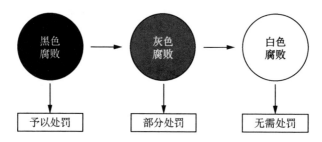

图1 基于海登海默"黑、白、灰"腐败理论的治理模式

国内学界也有不少学者关注作风问题与腐败的关系,大致有三种观点。

第一种观点也认同腐败程度是可区分的,他们提出"微腐败"③"小腐败"④和"软腐败"⑤等概念,以此来概括由滥用基层公

---

① Heidenheimer, A. J., "The Topography of Corruption: Explorations in a Comparative Perspective," *International Social Science Journal*, Vol. 149, No. 48, 1996, pp.337-347;肖汉宇,公婷:《腐败容忍度与"社会反腐":基于香港的实证分析》,《公共行政评论》2016年第3期。

② 详见 https://www.transparency.org。

③ 卜万红:《"微腐败"滋生的政治文化根源及治理对策》,《河南社会科学》2017年第6期。

④ 邱枫:《不容忽视的农村"小腐败"》,《共产党员》2006年第4期;蔡恩泽:《小腐败——官场腐败的社会基础》,《社会》2001年第9期。

⑤ 孙宜芳:《软腐败问题事前研判工作体系构建》,《领导科学》2020年第6期;《用制度红线严惩"软腐败"》,《南方日报》2013年12月10日,第二版。

权力引发的不正之风和腐败现象。因此,作风问题属于腐败的范畴,只是程度较轻。界定作风问题的方法在于区分腐败程度的不同,在对腐败形式做了细分之后,按照它们的严重程度排序便可在光谱上找到作风问题的位置。例如,有学者建议,可以将腐败从轻微到严重做如下排列:第一层级是作风问题,包括没有给官员带来金钱或社会利益的单一行为者的违纪行为;第二层级是腐败前行为,包括使官员看起来腐败或诱惑其腐败的行为;第三层级是腐败,指的是实际和未经授权将政府的资产转移到个人手中;第四层级最为严重,是叛国罪、出卖国家机密罪和背叛罪等重罪,不仅在规模上超过了前面的罪行,而且通常具有政治渊源。①

第二种观点,有一些学者虽然也认为应该区分不同类型的腐败,但在他们看来很难以腐败的严重程度作为评判标准,因为腐败几乎不可能被精准测量,它通常是隐秘的,很难找到具体的受害者或其他可能举报的证人,知悉腐败的人通常也是腐败的受益方,它们更倾向于避而不谈。因此,在腐败的光谱上很难找到作风问题的确切位置。腐败不一定要有金钱收益,也不一定是指个人利益的获取。有学者将腐败分为三种形式:第一种是滥用职权纯粹谋取私利,如挪用公款从事私人经营活动、勒索、贿赂、走私、兴建豪宅、大摆宴席等;第二种是擅自抬高商品价格、擅自给员工升职、发奖金、仿冒商标、生产销售次品、假冒商品、为简化市场流程而赠送礼品、乱收费;第三种是滥用职权为个人和单位谋取私利,这在实践中囊括了多种情况,例如,下级部门向上级机关和领导个人送礼拉关系,抑或是政府部门动用公款购买豪车作为单位用车,又如某些公共部门非法买卖物资并擅自和员工瓜分利润,甚至还包括某

---

① Hager L. M., "Bureaucratic Corruption in India: Legal Control of Maladministration," *Comparative Political Studies*, Vol. 2, No. 6, 1973, pp. 197-219.

政府机构和部门赚取不正当利润后发放奖金等。① 在这样的分类之下,以政府部门不正之风为主要表现形式的作风问题也被纳入腐败光谱之中,只是具体位置不确定。

第三种观点,有些学者不同意将作风问题同腐败混淆起来。他们认为,作风问题(或亚腐败)是腐败的前奏,严格意义上不属于腐败范畴。腐败与作风问题的差别在于,该行为是否达到量刑标准。例如,有学者指出,"所谓亚腐败,指官员的腐败行为无论在量上还是在质上与量刑标准都还有一定差距,介于权力的廉洁状态和腐败状态之间,未达到追究法律责任的地步"。② "公务员'亚腐败'是指公务员利用其手中的权力,在权力运行的灰色地带为自己或他人谋取私利、浪费国家资财,但却没有明显违法又无需为其后果承担法律责任的行为。"③亚腐败的行为主体一般是基层政府及行政级别较低的公务员,而且表现方式隐蔽,涉及金额很少,基本上不会触犯法律,也较少引起社会大众的关注。介于腐败与不腐败的边缘的亚腐败也可称为"隐形腐败""消极腐败""灰色腐败"。④ 有研究认为,作风问题在腐败光谱中处于过渡地带,其形式包括逃税漏税、灰色收入和影子经济等。⑤ 因此,作风问题的基本特征可以概括为:它是具有较强隐蔽性、处于灰色地带、未达到犯罪标准的违纪行为。

但是,这并不等于作风问题就不会受到法律的处罚,而是取决于法律制度及具体的法律条文。法学文献中有一些关于作风问题

---

① Hao Y., and Johnston M., "Reform at the Crossroads: An Analysis of Chinese Corruption," *Asian Perspective*, Vol.19, No.1, 1995, pp.117-149.
② 范炳良:《风腐一体问题不容忽视》,《四川监察》1998 年第 12 期。
③ 朱敬明:《我国公务员"亚腐败"及其治理》,《湖北经济学院学报》(人文社会科学版)2011 年第 5 期。
④ 参见唐丽娜:《我国基层公务员"亚腐败"问题及其防治对策》,上海交通大学硕士学位论文,2010 年。
⑤ Mohtadi H., Polasky S. and Roe T. Trade, "Information and Corruption: A Signaling Game," in American Economic Association Meetings in Philadelphia, 2005.

的讨论,认为其亦应受到法律的规管。例如,有学者在分析乌克兰《刑法》第 210 条和第 369-2 条规定时使用了"准腐败罪"一词,认为作风问题虽然尚未呈现出腐败的迹象,也不违反反腐败的正式法律规定,但同样要纳入刑法的惩治范围。① 同样是在乌克兰,另一些学者列举了若干作风问题的罪名,包括属于违宪法行为的非法敛财(乌克兰《刑法》第 368-2 条)、将犯罪收益合法化(洗钱)(乌克兰《刑法》第 209 条),以及发布不可靠的信息等(乌克兰《刑法》第 366-1 条)。② 这些行为未必是以权谋私意义上的腐败,但也属于违法犯罪。

对现有文献的分析表明,目前学界对风腐关系看法不一。"风腐一体"虽然作为一个重要概念被提出来了,但对其诠释不够,缺乏全面和深入的理论探讨③,对风腐一体化治理的模式、机制和特征更缺乏必要的认识。

本文认为,作风问题与腐败在概念上是不同的。一般而言,作风问题指的是还未达到法律量刑程度的或不完全是以个人利益为目标的违纪行为,但也不排除有些严重的作风问题会受到法律制裁。反"四风"和落实中央八项规定精神所针对的会风、文风、形式主义、官僚主义和奢靡享乐等问题,在严格意义上属于作风问题,但同时又必须看到它们是产生腐败的温床或处于向腐败过渡的灰色地带。作风问题与腐败在概念上和类型上虽有区别但又密切相关。腐败是以权谋私、损公利己的行为,必须受到法律的严厉制裁,而作风问题虽然违纪却未必必然违法。但是,作风问题和腐败

---

① Khavrnoniuk, M. I., "Prevention of Corruption: Methodological Recommendations for Local Activists," 2017, Working Paper.
② Borovyk A., Kolb O. and Likhovitskyy Y., et al., "Problems of Classification of Criminal Offenses Related to Corruption," *Legal Ethical & Regul. Issues*, Vol. 1, No. 23, 2020, pp.1-9.
③ 李晓芬:《以"八项规定"为治理"风腐一体"的契机》,《云南行政学院学报》2013 年第 6 期。

问题同根同源,作风问题发展下去会直接或间接地带来腐败,它们也可能是表里的关系。因此,风腐一体化治理具有很强的内在逻辑。中国目前采取的风腐一体化治理是对作风问题和腐败问题实施全覆盖、无死角的深层次治理。如图2所示,将两者区别开来,有助于更准确地把握腐败行为的产生、发展与演变。而作风问题虽然未必是违法犯罪,但在绝大多数情况下属于违纪行为,因此,更多地用党纪政纪而非国法处理,凸显了纪法分开、纪严于法的原则。但是,作风问题是腐败的前奏,极易发展成腐败,虽然尚未发展成完全意义上的腐败,但这种蜕变随时可能发生,作风问题甚至可能只是腐败的表象(如图中的两个圆圈交叉部分所示)。采取风腐一体化治理可以切断两者之间的关联,消除腐败滋生的土壤和条件。

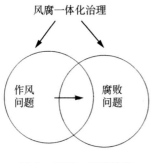

图2 风腐一体化治理分析框架图

三、研究方法与假设

(一)数据来源

为了更清楚地认识风腐一体化治理的特征、类型及发展状况,我们对中央纪委国家监委官方网站《违反中央八项规定精神问题》栏目通报的案例作了梳理。我们以党的十九大周期(2016年6月至2020年9月)为研究时段,因为这个时间段距离现实较近,数据也较为系统和完整,共收集整理了7 248条有关违反中央八项规定精神典型问题的通报。

（二）变量

1．因变量：惩处结果

为了更好地分析风腐一体化治理的特点，本文将对违反中央八项规定行为的惩处结果作为因变量。经过数据梳理，在中纪委监委公开的有关违反中央八项规定精神典型问题的通报中，共有7类处理结果，分别是：诫勉谈话、党内警告、退补缴违纪所得、降职、撤职、免职以及其他。根据《中国共产党纪律处分条例》(2023修订版）关于党内纪律的相关规定，我们将这些处理结果的类别重新合并，按照处罚结果的严重程度分为三大类，依次是诫勉谈话、警告处分和撤职处分。

2．自变量：工作作风和生活作风

根据《违反中央八项规定精神问题》的栏目通报，违反中央八项规定精神典型案例涉及的作风问题具体可分为两大类：工作作风和生活作风。前者包括形式主义和官僚主义等问题，后者以享乐主义和奢靡之风为特征。此分类方式主要是便于更清晰地理解和处理各类违规行为。其政策依据是，中央八项规定精神明确了改进工作作风和保持清廉生活这两方面的要求，从而约束和规范党和国家干部的行为。据统计，全国纪检监察机关十年来查处的享乐主义、奢靡之风问题为48.3万起，形式主义、官僚主义问题为28.6万起。[1]

3．控制变量

为了更好地测量违反中央八项规定行为的性质对案件惩处结果的影响，本文的控制变量包括涉案人数、涉案金额以及涉案人员的行政级别。具体来说，涉案人数指的是每个案件中涉及的违纪

---

[1] 《中央八项规定实施十周年：永远吹冲锋号》(2022年12月5日），共产党员网，https://www.12371.cn/2022/12/05/ARTI1670223579495644.shtml，最后浏览日期：2024年10月12日。

人员总数,因为案件规模会影响到惩处的结果。涉案金额则是每个案件中涉及的资金总额,以控制涉案金额的影响。干部的级别也会影响惩处结果,因此,我们对涉案人员在政府层级中的职位进行分类,涵盖了从基层到高层的不同层级,即乡镇级及以下、县级、市级和省部级及以上。

(三)研究假设

在我们收集的违反中央八项规定精神的7 248条通报中,涉及工作作风的内容主要分为三类:执行不力、不作为乱作为以及群众反映强烈的工作作风问题。《中国共产党纪律处分条例》对不作为乱作为、群众反映强烈的情形有相应的规定。该条例第七条指出,要重点查处党的十八大以来不收敛、不收手,问题线索反映集中、群众反映强烈、政治问题和经济问题交织的腐败案件和违反中央八项规定精神的问题。其第一百二十六条规定,对不作为、乱作为、慢作为、假作为等损害群众利益行为有直接责任者和领导责任者,情节较重的,给予警告或者严重警告处分;情节严重的,给予撤销党内职务或者留党察看处分。中共中央办公厅、国务院办公厅印发的《关于进一步激励广大干部新时代新担当新作为的意见》也明确要求纠正不作为、乱作为等行为。因此,从程度上来说,不作为乱作为、群众反映强烈二者相对于执行不力来说都更为严重。

因此,本文首先提出关于工作作风问题惩处结果的研究假设。在三类工作作风问题中:

H1:党和国家干部若被发现存在不作为乱作为的问题,相比于仅仅是执行不力,更容易受到警告处分和撤职处分。

H2:党和国家干部若被发现工作作风问题引起群众强烈反响,相比于仅仅是执行不力,更容易受到警告处分和撤职处分。

其次是关于生活作风问题。2023年,在中央纪委国家监委提出的八项重点工作中,第四项即为"持续深化落实中央八项规定精神、纠正四风",其中指出,涉及生活作风的包括严肃整治损害党的形象、群众反映强烈的享乐主义、奢靡之风。① 在违反中央八项规定精神的通报中,涉及生活作风的内容主要有六类:违规收送礼品礼金、违规吃喝、违规操办婚丧敛财、违规发放补贴、公款旅游和公车私用。根据近年来中央八项规定和中纪委对于涉及违反生活作风通报的内容,生活作风问题按性质可以进一步分类为以权谋私收受贿赂类(例如,违规操办婚丧借机敛财、违规收送礼品礼金)和浪费公共资源类(公款旅游、公车私用、违规吃喝、违规发放补贴),前者比后者的性质更严重、隐蔽性更强、社会影响更为恶劣。②

据此,以浪费公共资源类为参照,本文提出关于生活作风的研究假设:

H3:党和国家干部若被发现存在以权谋私收受贿赂类的生活作风问题,相较于浪费公共资源类,更容易受到警告处分和撤职处分。

四、实证分析结果及讨论

为了分析因变量"惩处结果"(包括诫勉谈话、警告处分、撤职处分)与自变量"违反中央八项规定精神的性质"(包括工作作风问题与生活作风问题)之间的关系,本文采用了多元逻辑回归模型。多元逻辑回归模型适用于处理多类别因变量的情况,特别是像惩处结果这样的多分类变量。它能够分析每种惩处结果相对于基线

---

① 2023年1月10日,二十届中央纪委二次公报发布,就做好2023年纪检监察工作提出八方面具体任务,并作出细化部署。
② 《驰而不息纠"四风"树新风——新时代纪检监察工作高质量发展系列报道之二》(2022年1月14日),人民网,http://politics.people.com.cn/n1/2022/0114/c1001-32330963.html,最后浏览日期:2024年10月13日。

类别(对照类别)与多个自变量(如生活作风、工作作风、涉案人数、涉案金额、行政级别等)之间的关系。这种模型不仅能够处理多个自变量,还能输出每个因变量类别的概率,从而直观地解释自变量的变化对不同惩处结果的影响。同时,该模型无需假设因变量的类别有顺序关系,灵活性高,适合复杂的数据结构和真实的研究背景。[1] 通过多元逻辑回归模型,本文能够全面考虑多种因素对惩处结果的影响,控制潜在的混淆变量,并提供对惩处机制的深层次理解,有助于识别和解决不同类型的违纪行为,对推进风腐一体化治理和完善纪律监察机制具有重要的理论和实践意义。

(一) 描述性分析

表1展示了数值型变量的描述性统计结果,而表2则列出了类别变量的计数和比例。统计结果显示,在我们收集的7 248条通报中,涉案金额的均值为34.8万元,中位数为2.3万元,表明大多数案件涉及的金额相对较小,但最大值达到了6 071万元,反映了部分案件涉案金额非常高。涉案人数的均值为2.1人,中位数为1人,表明大多数案件涉及的人员不多,但最大值为85人,说明有些案件涉及的人员极多,可能影响案件的复杂程度和处理难度。

在类别变量方面,通报所显示的处理结果主要集中在警告处分,占54.8%,其次是撤职处分,占37.5%,而诫勉谈话则占7.7%,表明多数案件处理结果较为严厉,包括警告或撤职。在工作作风方面,绝大多数案件涉及不作为和乱作为,占96.4%,而执行不力和群众反映大的比例则分别为2.9%和0.3%,其他问题仅占0.4%。这表明工作作风问题主要集中在不作为和乱作为上。在生活作风方面,浪费公共资源类占比最高,为45.8%,其次是以

---

[1] Dunn, P. K. and Smyth, G. K., *Generalized Linear Models with Examples in R*, New York: Springer, 2018, p.16.

权谋私收受贿赂类,占 36.1%,其他生活作风问题占比 18.1%。在行政级别方面,案件主要集中在县级和乡镇级干部,分别占 34.5% 和 56.4%,这表明大多数违规问题发生在基层。市级和省级及以上的案件比例较低,分别为 8.8% 和 0.2%,表明被通报的较高层级的违规行为相对较少。

通过描述性统计数据(表 1 和表 2),可以看出通报案件中所涉及的变量有较大的差异性,反映了不同类型和层级的违规问题的广泛性和复杂性。

表 1 数值型变量的描述性统计

变量	缺失值(%)	均值	标准差	最小值	中位数	最大值
涉案金额(万)	0	34.8	349.2	0.0	2.3	6 071.0
涉案人数	0	2.1	3.8	1.0	1.0	85.0

表 2 类别变量的描述性统计

变量	类别	数量	%
处理结果	诫勉谈话	563	7.7
	警告处分	3 986	54.8
	撤职处分	2 719	37.5
工作作风	执行不力	213	2.9
	不作为乱作为	7 008	96.4
	群众反映大	21	0.3
	其他	26	0.4
生活作风	以权谋私收受贿赂类	2 622	36.1
	浪费公共资源类	3 331	45.8
	其他	1 315	18.1
行政级别	省级及以上	13	0.2
	市级	639	8.8

(续表)

变量	类别	数量	%
行政级别	县级	2 509	34.5
	乡镇及以下	4 101	56.4

(二)回归结果分析

根据多元逻辑回归模型分析结果,可以深入理解党和国家干部的工作和生活作风问题对其面临警告处分和撤职处分的具体影响(见表3)。

表3 多元逻辑回归结果

变量	因变量:警告处分	因变量:撤职处分
常数项#	1.92***	1.14***
	[1.88, 1.96]	[1.1, 1.18]
工作作风:执行不力	参照类别	参照类别
不作为乱作为	1.23***	1.28***
	[1.18, 1.28]	[1.23, 1.34]
群众反映大	0.70***	0.50***
	[0.70, 0.70]	[0.50, 0.50]
其他	0.62***	0.26***
	[0.62, 0.62]	[0.26, 0.26]
生活作风:浪费公共资源	参照类别	参照类别
以权谋私收受贿赂类	1.16***	1.30**
	[1.10, 1.23]	[1.23, 1.37]
其他	0.65***	0.63***
	[0.61, 0.70]	[0.59, 0.67]
行政级别:省级	参照类别	参照类别

（续表）

变量	因变量:警告处分	因变量:撤职处分
市级	1.02	1.07*
	[0.95, 1.08]	[1.01, 1.14]
县级	0.81***	1.11***
	[0.78, 0.85]	[1.07, 1.16]
乡镇及以下	1.03	1.36***
	[0.99, 1.08]	[1.31, 1.42]
涉及金额#	0.00	0.00
	[0, 0]	[0, 0]
涉及人数#	−0.03**	0.00
	[−0.05, −0.01]	[−0.02, 0.01]
涉及金额:涉及人数	0.00	0.00
	[0, 0]	[0, 0]
观测值	7 268	
Pseudo R^2	0.012	
AIC	1 2970.9	
BIC	1 3146.4	

+ $p<0.1$, * $p<0.05$, ** $p<0.01$, *** $p<0.001$。
\# 数值型变量的系数是对数几率系数形式(logit form)。

首先,在工作作风方面,我们发现存在不作为乱作为问题的党和国家干部相较于执行不力的干部,更有可能面临警告处分和撤职处分(警告处分: $OR=1.23$, 95% CI[1.18, 1.28], $p<0.001$;撤职处分: $OR=1.28$, 95% CI[1.23, 1.34], $p<0.001$)。这验证了假设1的内容,即不作为乱作为行为被视为严重违纪,增加了干部面临严厉处分的风险。而执行不力则是执行过程中的问题,可能还是有想作为的初衷。

其次,在工作作风问题引起群众强烈反响的情况下,不论具体行为分类如何,并没有显著增加了干部面临警告处分和撤职处分的可能性(警告处分:$OR = 0.70$,95% CI$[0.70, 0.70]$,$p<0.001$;撤职处分:$OR = 0.50$,95% CI$[0.50, 0.50]$,$p<0.001$)。这一结果推翻了假设2,强调了舆论压力和公众期望在党内管理中并未起到关键作用。

对生活作风问题的惩处结果的分析显示,以权谋私收受贿赂类的问题比起浪费公共资源,对于警告处分和撤职处分的影响更为显著(警告处分:$OR = 1.16$,95% CI$[1.10, 1.23]$,$p<0.001$;撤职处分:$OR = 1.30$,95% CI$[1.23, 1.37]$,$p<0.001$)。这一发现与假设3一致,表明以权谋私收受贿赂类的行为可能会对干部的处分结果产生重大影响,原因可能是这种行为是为个人带来敛财的机会,其性质更为恶劣。

分析显示,在控制了行政级别后,市级干部面临撤职处分的风险稍有增加($OR = 1.07$, 95% CI$[1.01, 1.14]$,$p<0.05$),而县级干部则在警告处分($OR = 0.81$, 95% CI$[0.78, 0.85]$,$p<0.001$)和撤职处分($OR = 1.11$, 95% CI$[1.07, 1.16]$,$p<0.001$)的风险上均有显著变化。此外,乡镇及以下级别干部在撤职处分的风险上显著增加($OR = 1.36$, 95% CI$[1.31, 1.42]$,$p<0.001$)。这些变化说明,行政级别也在一定程度上影响到对作风问题的惩处决定。

综上所述,这些实证结果基本上支持了我们提出的各项假设,为进一步完善党内管理和惩戒机制提供了数据支持。这些发现有助于制定更加精准和有效的党内监督与治理策略,以确保党的纪律和形象得到有效维护。

五、风腐一体化治理的策略

从本文对中纪委通报内容的分析中可以看出,违反中央八项规定精神的问题主要集中在工作作风和生活作风两大方面,具体表现为公款吃喝、收受礼品、铺张浪费、懒政怠政、责任意识松懈、群众观念淡薄等。同时,我们对作风问题的性质与惩处结果之间关系的回归分析进一步说明了风腐一体化治理的重要特征,这主要体现在三个方面:一是采用纪法一体的方式来治理作风和腐败问题;二是对违纪和违法行为全覆盖惩处;三是抓早抓小,惩防并举。

中国特色的风腐一体化治理是对作风问题和腐败问题的全覆盖,也就是以党纪处分和法律制约相结合的方式来打击腐败。我们的数据分析结果表明,工作作风和生活作风问题与警告处分和撤职处分存在显著关联,特别是当作风问题引起群众强烈反响时,更容易引起各级纪委监委的关注和重视。风腐一体化治理作为一种切实的反腐形态,是因为作风问题与腐败息息相关,常常是其初期表现。反腐败需要抓早抓小,防微杜渐。

在实践层面,风腐一体化治理已逐渐细化。中纪委于2015年9月提出了要准确运用监督执纪"四种形态",即"党内关系要正常化,批评和自我批评要经常开展,让咬耳扯袖、红脸出汗成为常态;党纪轻处分和组织处理要成为大多数;对严重违纪的重处分、作出重大职务调整应当是少数;而严重违纪涉嫌违法立案审查的只能是极极少数"。① 2016年10月,党的十八届六中全会审议通过的《中国共产党党内监督条例》第七条进一步厘清了党纪处分力度的边界,目的是改变党内评价要么是"好同志"、要么是"阶下囚"的状况。② 这样做的目的在于将关口前移,为预防腐败开出药方,将腐

---

① 方力:《抓早抓小,严管就是厚爱,如何理解监督执纪"四种形态"》(2015年11月19日),中国共产党新闻网,http://fanfu.people.com.cn/n/2015/1119/c64371-27832856.html,最后浏览日期:2024年10月13日。
② 《破"风腐一体",重在用好"四种形态"》(2022年1月21日),新浪网,https://finance.sina.com.cn/jjxw/2022-01-21/doc-ikyamrmz6493561.shtml,最后浏览日期:2024年10月13日。

败消灭在萌芽状态,从而全面深化职务犯罪的预防工作。

我们数据库收集的违反中央八项规定精神典型问题通报中的处理结果显示了风腐一体化治理的"四位一体"。

第一,教育为先。指的是从思想入手,加强廉洁教育。在通报展示的常见处理方式中,党内警告和诫勉谈话即属于这一类型。例如,2018年12月,云南省通报了若干起违反中央八项规定精神问题的事件,其中包括红河州屏边县政协副主席、玉屏镇党委书记吴某某收受挂钩联系企业礼品的问题。通报内容显示,2018年9月19日,吴某某赴挂钩联系企业调研后收到该企业送给其的11箱石榴,吴得知后并未将石榴退还,反而在返回玉屏镇后将石榴交由另一名驾驶员在镇政府进行发放。事发之后,吴某某受到诫勉问责。① 这类事件表明,腐败的起因往往是一些看似很小的诱惑,如果缺乏廉洁教育,思想上不设防,就有可能放松警惕造成被围猎的后果。党纪国法如果只停留在纸面上,而没有深入内心,就无法筑起防腐拒变的钢铁长城。②

第二,重在预防。从预防着手,建章立制,堵塞漏洞,是防范风腐一体的有效措施。中共中央于2015年印发了新修订的《中国共产党廉洁自律准则》和《中国共产党纪律处分条例》。两部党内法规将党的十八大以来落实中央八项规定精神、反对"四风"等要求转化为纪律条文,为将深化中央八项规定精神之工作制度化提供了重要框架。③ 不断通告和分析违反中央八项规定精神的

---

① 《云南通报7起违反中央八项规定精神问题》(2018年12月28日),中央纪委国家监委官方网站,https://www.ccdi.gov.cn/special/jdbg3/yn_bgt/fjbxgdwt_jdbg3/201901/t20190104_186300.html,最后浏览日期:2024年10月13日。
② 《治理"微腐败"需把准病期对症下药》(2022年4月28日),西藏自治区人民政府官网,https://www.xizang.gov.cn/xwzx_406/xwrp/202204/t20220408_292376.html,最后浏览日期:2024年10月13日。
③ 《落实中央八项规定精神 扎紧制度笼子——落实中央八项规定精神三周年系列报道之三》(2015年12月4日),中国共产党新闻网,http://m.ccdi.gov.cn/content/8e/f4/7106.html,最后浏览日期:2024年10月13日。

案例,起到举一反三、有效预防同一类型风腐一体行为的作用。通报不仅是对通报对象的警告和震慑,也提醒各级纪检监察部门要对类似案件严加防范。例如,2019年,海南省琼海市纪委监委通报了市房管局工作人员陈某收受微信红包、微信转账问题。陈某是一位"90后"合同制聘用人员,利用在市房管局工作的职务便利,以微信红包形式收受贿赂,走上违纪的道路。因此类事件较为典型,琼海市纪委监委以此为契机,将"利用电子商务提供微信红包、电子礼券等"行为列入反"四风"的工作内容,进行专项整治,将电子红包等形式的贿赂囊括到查处范围内,堵上制度漏洞。①

第三,强化监督。在落实中央八项规定精神的过程中,尤其是针对不正之风故态复萌的问题,各级纪委监委强调常态化监督和专项监督相结合,作风建设永远在路上。党的十九大后,中央政治局审议通过《中共中央政治局贯彻落实中央八项规定的实施细则》,使中央八项规定精神在制度下落实,在监督中实施。落实中央八项规定精神已成为执纪审查的重点,所涉问题会得到及时通报和严格查处。一般而言,如通报主体为中央,尽管占比不高,却说明案例较为典型,由中央直接通报公开曝光,以形成强有力的震慑,达到极高的警示效应。值得注意的是,中央派驻的纪检监察机构也发挥了重要的监督作用。驻人民银行纪检组、驻公安部纪检组、驻最高检纪检组、驻农业部纪检组、驻国家税务总局纪检监察组、驻国资委纪检组、驻水利部纪检组、驻海关总署纪检组等派驻机构共通报116次,占3.5%。治理风腐一体尤为关注发生在人民群众身边的不正之风与腐败现象,体现了纠风为民,执纪为民。以强化对扶贫领域的作风和腐败问题的监督为例,中央纪委国家监

---

① 《通报背后|这个90后倒在150多个微信红包上》(2019年7月11日),中央纪委国家监委官方网站,https://www.ccdi.gov.cn/special/jdbg3/hainan_bgt/sfjds_jdbg3/202001/t20200121_208274.html,最后浏览日期:2024年10月14日。

委在通报中指出,打赢脱贫攻坚战是当前和今后一个时期十分重要的政治任务,涉及群众切身利益,针对扶贫领域出现的不正之风和腐败问题,要形成从中央到地方、多轮次、滚动式重点督办的日常监督工作方式。①

第四,严肃处理。对风腐一体和腐败依照党纪国法予以严惩,目的在于通过小切口推动大改变。违反中央八项规定精神的问题主要由党纪处罚,但也不完全局限于此。除了监督执纪之外,对于超出党纪范围的违法行为,则将涉嫌犯罪问题和线索移送司法机关依法处理。例如,湖北省纪委2017年通报了省监狱管理局原党委委员、省楚垣集团有限责任公司原总经理吴某某收受礼品礼金等问题。通报指出,"2005年至2017年,吴某某先后77次收受管理服务对象所送礼金、购物卡,而且在党的十八大之后仍不收手。同时,吴某某还存在违反政治纪律、组织纪律、工作纪律和国家法律法规的问题"。根据以上情况,湖北省省纪委、省监察厅给予吴开除党籍、开除公职、追缴违纪所得之处分,并将其问题移送司法机关处理。② 我们的数据显示,在7 248条通报中,有120起被移送司法机关,占所有通报案例的3.6%。被移送司法机关的案例往往呈现出一些涉嫌犯罪的特征,例如,涉及金额很高,个别案例的涉案金额甚至高达1 178万元。此外,一些案例较为复杂,除违反中央八项规定精神之外还存在其他违法活动,有犯罪嫌疑,须交由司法部门处理。

综上所述,风腐一体化治理和贯彻落实中央八项规定精神以

---

① 《中央纪委公开曝光九起扶贫领域腐败问题典型案例》(2016年8月18日),中央纪委国家监委官方网站,https://www.ccdi.gov.cn/jdjbnew/jdjbyw/202203/t20220329_181045.html,最后浏览日期:2024年10月14日。

② 《湖北省纪委通报5起执纪审查中发现的违反中央八项规定精神典型问题》(2017年8月21日),中央纪委国家监委官方网站,https://www.ccdi.gov.cn/special/jdbg3/hubei_bgt/fjbxgdwt_jdbg3/201708/t20170829_105637.html,最后浏览日期:2024年10月13日。

宣传教育、预防、监督为主,惩处为辅。其目的不仅仅在于处理个别当事人,而是以规章制度为准绳,从警示教育入手,通过改善和加强干部队伍的作风实现廉政之目的。这样的治理策略注重整体有效性,更加有助于营造风清气正的施政理念和氛围,回应群众要求党政干部改变作风的呼声。从治理效果看,违反中央八项规定精神的情况总体随着年份有下降趋势。中央纪委连续十年和国家统计局合作开展民意调查,最新调查结果显示,97.4%的群众认为全面从严治党是有成效的,比 2012 年提高了 22.4%。①

六、结论

本文分析了风腐一体化治理的逻辑和内容,也为进一步完善党内管理和惩戒机制提供了实证支持,有助于制定更加精准和有效的党内监督与治理策略,以确保党的纪律和形象得到有效维护。同时,如同中纪委通报所显示的,风腐一体化治理是一项艰巨的社会工程。与腐败相比,作风问题更具多样性、隐蔽性和弥散性。这些特点使得作风问题有时貌似不太严重,但却危害极大,影响甚广,会使人们掉以轻心,失去警觉。因此,风腐一体化治理极具挑战性,从某种意义上来说,其难度甚至超过腐败治理。

风腐一体化治理为反腐败工作提出了执纪和执法贯通的新要求,未来可在这方面进一步优化。党的十八大以来,腐败治理在原有的教育、预防、惩治的基础上强调了监督的作用,也即所谓的"四位一体",以贯彻落实反腐败"标本兼治、综合治理、惩防并举、注重

---

① 《八项规定十周年④监督下沉 守护民生》(2022 年 12 月 3 日),中央纪委国家监委官方网站,https://www.ccdi.gov.cn/toutiaon/202212/t20221203_234476.html,最后浏览日期:2024 年 10 月 13 日。

预防"的方针。① 针对作风问题,反腐败所采用的四位一体方式同样适用。不过,侧重点应有所不同。风腐一体化治理更应注重教育和监督,尽管纪律处罚也不可或缺。针对作风问题自身呈现的特点,针对以形式主义和官僚主义为代表的基层领导干部不作为和乱作为,以及以享乐之风与奢靡之风为标志的生活作风问题,要以廉政教育为先导,以预防腐败为锚点,以执纪监督为抓手,完善党纪制度,有效防止它们的滋生蔓延,从而营造政风廉明、官风清明、社风文明的良好局面。

展望未来,如党的二十大报告所指出的,中央八项规定精神是长期有效的铁杠杠、硬杠杠。中央纪委办公厅于2022年11月印发的《关于贯彻党的二十大部署要求 锲而不舍落实中央八项规定精神深化纠治"四风"工作的意见》进一步表明,"落实中央八项规定精神只能紧、不能松,决不能有松劲歇脚、疲劳厌战的情绪,更不能有降调变调的错误期待,必须永远吹冲锋号,把落实中央八项规定精神一抓到底"。② 由此可见,党风政风建设仍然在路上,风腐一体化治理仍是政府未来反腐败工作的特点和重中之重。

Integrated Governance of Work-Style and Corruption: Logic, Characteristics, and Methods

Sunny L. Yang　Ting Gong　Daan Wang

Abstracts: Since the 18th National Congress of the Communist Party of

---

① 《中国的反腐败和廉政建设》(白皮书)(2010年12月),中国政府网,http://www.gov.cn/zhengce/2010-12/29/content_2615778.htm#:~:text=%E5%9C%A8%E5%8F%8D%E8%85%90%90%E8%B4%A5%E5%92%8C%E5%BB%89%E6%94%BF%E5%BB%BA,%E7%9A%84%E5%8F%8D%E8%85%90%E8%B4%A5%E5%B7%A5%E4%BD%9C%E5%BB%89%89%E9%81%93%E8%B7%AF%E3%80%82,最后浏览日期:2024年10月14日。

② 《中央纪委办公厅印发意见 坚持以严的基调强化正风肃纪 锲而不舍落实中央八项规定精神》(2022年11月14日),中央纪委国家监委官方网站,https://www.ccdi.gov.cn/toutiaon/202211/t20221114_230430.html,最后浏览日期:2024年10月14日。

China, the nation's anti-corruption efforts have intensified, entering a new stage characterized by the close integration of addressing both high-level ("tigers") and low-level ("flies") officials. The Eight-Point Regulation targets issues such as work style, formalism, bureaucratism, and hedonism. The anti-corruption campaign has adopted an "integrated governance of work style and corruption" strategy, introducing new requirements for the convergence of discipline enforcement and law enforcement. This study conducts a multiple regression analysis of 7,248 reports on typical violations of the Eight-Point Regulation from 2016 to 2020. The results indicate that while work style problems are different from corruption, they serve as a fertile ground for it, with the potential to rapidly develop into corrupt practices. China's anti-corruption strategy emphasizes both work style and corruption issues. It aims to foster a clean and upright administrative environment, responding to public demands for improved work style of party and government officials. The implementation of the Eight-Point Regulation will remain a central focus of disciplinary inspection and supervision efforts in the future.

Keywords: Anti-Corruption; Integrated Governance of Work-Style and Corruption; Eight-Point Regulation; Work-Style Improvement; Integration of Disciplinary and Legal Sanctions

比较政治

可信承诺的政治适用:内在理路及其局限[*]

谢振达[**]

[**内容提要**] 国家如何作出可信的承诺,建立自身的信誉,是经济学、政治学领域的重要议题之一。新制度经济学将个体交易中的承诺问题纳入制度分析,以道格拉斯·诺斯(Douglass North)、巴里·温加斯特(Barry Weingast)为代表的学者将该讨论应用于政治领域,并着重围绕宪政民主政体展开。以诺斯等人的早期作品为起点,结合晚近的来自政治学领域的相关讨论,文章从宏观、中观和微观层次回顾和评述了政治学中的可信承诺理论的内在理路和基本内涵:(1)宏观层次的宪政秩序、非人格化国家及其对政治和制度信誉的促进作用;(2)中观层次的自我实施式激励、行动者的利益相容及承诺执行的动力机制;(3)微观层次的行政设计、精英联盟、政治博弈及其对可信承诺的促进。针对上述分析理路,文章从理性选择主义、制度灵活性、国家能力和精英动态博弈等视角讨论了可信承诺理论的补充进路,并认为这一理论仅以宪政民主国家为蓝本存在一定的局限性,应该纳入更多的研究样本,并关注微观行动者的博弈细节和行动激励。

[**关键词**] 可信承诺;制度;信誉;诺斯;宪政民主

---

[*] 本文系国家社科基金重点项目"共建共治共享的社会治理制度运行机制及实践模式创新研究"(项目编号:22AZD085)的阶段性研究成果。感谢谭安奎教授和匿名评审专家的宝贵意见。

[**] 谢振达,复旦大学国际关系与公共事务学院。

制度是保障良好的政治秩序和维续经济可持续发展的关键。经济学关注制度的效率,以促成市场主体达成交易作为核心考量。政治学关注制度的合法性,即制度为何能约束个体行为,又为何能获得民众的广泛认同。新制度主义则尝试从信誉的角度理解制度,并探究其对政治稳定和经济发展的影响。信誉更多被用于评价个人品质,但来自新制度经济学的研究,将其运用于对制度的评价,提出了新的视角和许多富有启发和影响的观点。在这方面,道格拉斯·诺斯、约翰·瓦里斯(John Wallis)和巴里·温加斯特等人形成了一系列富有影响的成果,得到广泛的讨论和关注。他们的基本隐喻是,国家类似于个人,会作出各种类型的承诺,承诺问题贯穿国家治理的始终,存在于国与国之间、统治者与精英之间、政府与公民之间等。一个国家如何作出可信的承诺(Credible Commitment),建立自身的信誉,是经济学、政治学领域研究的重要问题之一。

在具体的研究中,承诺的可信与否是判定政治体、个体信誉是否存续的直观标准。在经济领域,承诺问题存在于交易主体之间;在政治领域,则存在于国家与国家、国家与公民之间,乃至中央政府与地方政府之间。个体的承诺是可信的,这往往与其自身的道德品质相关,而政治体的承诺是否可信则取决于其本身的制度建构,可信意味着制度的制约是刚性的,政治精英难以对政策作出任意变更或撤回,国家政策能够不随时间、领导人的个人意志而改变。

本文以诺斯等人的早期作品为讨论起点,结合晚近的来自政治学领域的相关讨论,尝试勾勒出可信承诺理论的内在理路和要素内涵。首先,本文指出了可信承诺的理论根基——脱胎于新制度经济学关于交易风险的研究,将可信承诺问题从个人交往和经济领域引入政治领域。其次,本文回顾了政治学研究者对可信承诺问题的相关讨论,分别从宏观(非人格化国家)、中观(制度激励)和微观(行政设计、精英博弈)层次分析这一问题的脉络和论证结构。最后,本文从理性选择主义、制度灵活性和国家能力、精英动态博弈等角度出发,进一步揭示制度的有效与无效、优良与差劣,同制度的约束能否得到可信遵守、制度的执行能否保持长期稳定的内在关系,试图丰富和深化理解可信承诺理论并提供新的讨论空间和启示。

一、信誉问题如何进入制度研究

信誉问题是理论经济学必须直面的核心问题之一,市场交易中的欺诈行为无处不在。讨论可信承诺问题,就必然绕不开其背后所依赖的新制度经济学基础,以往的经济学由于某些假定条件的存在,忽视了对这一问题的讨论,并将其作为理所应当而置之不理。在新制度经济学的视域下,信息不对称、交易成本等问题被纳入研究并得到重视,交易的可置信问题得以凸显。

(一) 信誉问题的新阐发

在古典经济学的理论框架中,由于其假定的约束条件,维护信誉和信守承诺等相关问题往往被避而不谈。亚当·斯密(Adam Smith)在《国富论》中强调,商品的获得并不是来自个人的道德品质,而主要源于生产者的逐利动机。一直以来,古典经济学试图将伦理内涵等外生变量从交易行为分析中剔除。他们假设一个理想形态的交易场景,行动主体被定义为单纯追求效用最大化的个体;其拥有无限理性和完全信息,能够作出确定性行为;行动者之间的博弈框架是固定的,可以化约为被合理推导的、确定性的理论模型。他们试图剔除各种难以测量的变量,信誉问题自然而然也成为那个"扰动变量"被逐出门外。

新制度经济学致力于研究真实世界中的主体互动,试图打破那个静止的、抽象的古典世界。① 他们重新阐发了制度的核心作用,认为制度的产生是为了更好地节约交易成本,摒弃了制度是外生的、不重要的或中性的古典假设。② 新制度经济学对个人理性的重新定义,对交易成本的新阐发,以及对制度作用的新关注,凸显了对交易风险问题、信誉和承诺问题的分析。信息具有真实的或人为的不对称性,这导致了机会主义行为,处于信息优势地位的一方能够对最终收益施加影响作用。交易过程中的委托人或代理人可能是不诚实的,他们有可能会掩盖偏好、歪曲数据、故意混淆是非等。此外,互动双方的博弈行为呈现"序贯理性"(sequential rationality)特征,即参与博弈的各方都会对已有的决策作出优化,他们有可能改变自身行为,撤回事前承诺,出现"道德风险"(moral hazard)问题。

(二) 制度安排和承诺问题的防范

现实的决策往往在交易费用和不对称信息的环境中进行,因而,在制度建立的事前阶段,就应该达成防范信誉问题的保证措施。新制度经济学者强调构建符合激励相容的合约,互动的各方应该具有相同的激励结构,并遵守合约所限定的条件,以确保互动的结果能够促进承诺的执行。信誉得以保障的模式是,事前行动的一方能够让事后行动的一方确信这样一种承诺,自己将会按照事先声明的策略行动。③ 承诺得以可信执行主要源于动机和强制两方面内涵④,其中,动机意义上的承诺指的是激励相容机制,委

---

① [美]埃里克·弗鲁博顿、[德]鲁道夫·芮切特:《新制度经济学:一个交易费用分析范式》,姜建强、罗长远译,上海人民出版社,2006年,第12页。
② [美]奥利弗·E.威廉森:《治理机制》,王健、方世建等译,中国社会科学出版社,2001年,第1—2页。
③ 同上书,第133页。
④ Shepsle K. A., "Discretion, Institutions, and the Problem of Government Commitment," in Pierre B, James S. C., and Idzislawa W. C., eds., *Social Theory for a Changing Society*, New York: Routledge, 1992.

托-代理理论模型指出,承诺之所以不被实现是因为激励不足,作为委托的一方不能按照事前承诺的某一事项行动,导致代理方缺乏激励去执行约定事项。因此,合约的设计应该满足委托方和代理方的双方激励,使得承诺的执行具有自我施行(self enforcing)特征,即便没有强制的外在力量的介入,各个参与者都能被鼓励执行某项承诺。① 相比撤回承诺,兑现承诺对于行动者而言更加有利。

新制度经济学在对古典经济学的批评基础上,提出了经济交易中的承诺问题,其源于个体的有限理性以及主体互动中的信息不对称。经济学者们试图通过良好的合约设计,构建符合激励相容的合约,确保互动的各方具有相同的激励结构,并遵守合约所限定的条件以达致可信的结果。以威廉姆斯(Qliver Williamson)为代表的经济学家,将目光投向治理结构与机制,从而试图超越市场因素重新审视信誉问题的解决机制。就此而言,有关信誉问题的讨论延伸了对政府治理的关涉,将这一问题从个人交往、经济交易领域引入政治领域。

(三) 承诺问题的政治经济分析

新制度经济学凸显了信誉、承诺问题在市场交易中的重要性。诺斯等学者将其引入政治生活的分析中,为分析政治问题带来了新洞见,也为后续研究带来了启发。诺斯和罗伯特·托马斯(Robert Thomas)在《西方世界的兴起》一书中,对欧洲几个国家的经济发展历程作了详细的考察,并认为,一系列有效率的制度促使个体在市场上的经济努力能够被转换为私人经济收益,组织效率的提升是西方世界兴起的主要原因。② 诺斯及其追随者揭示了产

---

① North D. C., "Institutions and Credible Commitment," *Journal of Institutional and Theoretical Economics (JITE)*, Vol.149, No.1, March 1993, pp.11-23.

② [美]道格拉斯·诺斯、罗伯斯·托马斯:《西方世界的兴起》,厉以平、蔡磊译,华夏出版社,2009年,第3—5页。

权制度对经济增长、政治稳定的重要性,他们将经济学理论用于政治学的分析之中,拓宽了经济理论的分析视域。① 在人类社会的政治经济演化中,产权、竞争、激励、制度是重要因素。② 现代经济的增长与政治经济制度的变革有关,成功的经济政策与个人在组织中的激励相关,能够有效保护产权,维护市场竞争,也能够解决围绕税收、债务、投资等方面的承诺问题。

在晚近的作品中,诺斯等人依据公民建立组织权利的自由度为标准,进一步划分了现代世界的两种秩序类型,开放进入秩序(open access order)具备支撑组织建立和个人权利维护的基本政治条件和环境,能够支持复杂合约及其背后的可信承诺,更能够促进经济增长和政治稳定。③ 可信承诺是否得到维持和执行被认为是区分两类政治秩序的标准之一。相反,在限制进入秩序(limited access order)中,国家始终在脆弱的、初级的、成熟的自然国家间徘徊,政治条件根本无法支持合约和承诺,只能作出有限的可信承诺,维续不长久的经济发展和不稳定的政治秩序。④

信誉和承诺等相关问题的讨论可以追溯到诺斯和温加斯特的开创性论文《宪政与承诺》一文中,他们用可信承诺理论解释了光荣革命后英国的公债问题⑤,1688年的政治变革带来了如下变化,议会在冲突中的获胜,使得政治制度重组成为可能,君主权力被限

---

① 参见[美]道格拉斯·C.诺思:《制度、制度变迁与经济绩效》,杭行译,格致出版社、上海三联书店、上海人民出版社,2014年。
② 参见[美]道格拉斯·C.诺思:《经济史上的结构和变革》,厉以平译,商务印书馆,1992年。
③ [美]道格拉斯·C.诺思、约翰·约瑟夫·瓦利斯、巴里·R.温格斯特:《暴力与社会秩序——诠释有文字记载的人类历史的一个概念性框架》,杭行、王亮译,格致出版社,2013年,第25页。
④ [美]道格拉斯·诺思、约翰·沃利斯、史蒂文·韦布、巴里·温加斯特:《暴力的阴影:政治、经济与发展问题》,刘波译,中信出版社,2018。
⑤ North D. C., Weingast B. R., "Constitutions and Commitment: The Evolution of Institutions Governing Public Choice in Seventeenth-Century England," *Journal of Economic History*, Vol.49, No.4, 1989, pp.803-832.

制,产权变得更加可靠,公共债务问题得到改善。在另一篇论文中,诺斯和曼瑟·奥尔森(Mancur Olsen)阐释了因为缺乏第三方机构的强制执行,造成承诺问题以及经济无效率问题。[1] 温加斯特则透过可信承诺强调了市场的政治基础以及民主的经济内涵。[2]

《宪政与承诺》一文引发了诸多学者进一步讨论可信承诺议题,学者或者与诺斯等人持相同观点,认为限制王权是承诺可信的重要来源。[3] 亦或者,菲利普·基弗(Philip Keefer)等学者提出了新的补充,他们将公债偿还作为一个测试点讨论承诺问题,并对其与有限政府间的关系展开进一步的考察。他们强调,诺斯等人所凸显的多重否决点并不必然增进债务偿还的可靠性[4],相反,应该对其他制度安排投入更多关注,如政党政府、政治代理等。[5] 后续的追随者如贝茨(Robert Bates)通过政策制定者、政策执行者和受众群体的政治博弈分析,去讨论非洲国家的政府和市场问题。[6] 列维(Margaret Levi)区分了信誉(credibility)和信任(trust)之间的差别,前者指的是国家的制度安排,后者源自社会大众的心理预期和政治态度,并认为社会信任始终受到信誉的影

---

[1] North D. C., "A Transaction Cost Theory of Politics," *Journal of Theoretical Politics*, Vol. 2, No. 4, 1990, pp. 355-367; Olson M., "Dictatorship, Democracy, and Development," *American Political Science Review*, Vol. 87, No. 3, 1993, pp. 567-576.

[2] Weingast B. R., "The Political Foundations of Democracy and the Rule of the Law," *American Political Science Review*, Vol. 91, No. 2, 1997, pp. 245-263; Weingast B. R., "The Economic Role of Political Institutions: Market-Preserving Federalism and Economic Development," *JL Econ. & Org*, Vol. 11, 1995, p. 1.

[3] Root H. L., "Tying the King's Hands: Credible Commitments and Royal Fiscal Policy during the Old Regime," *Rationality and Society*, Vol. 1, No. 2, 1989, pp. 240-258.

[4] See Stasavage D. *Public Debt and the Birth of the Democratic State: France and Great Britain 1688-1789*, Cambridge: Cambridge University Press, 2003.

[5] Keefer P., Stasavage D., "The Limits of Delegation: Veto Players, Central Bank Independence, and the Credibility of Monetary Policy," *American Political Science Review*, Vol. 97, No. 3, 2003, pp. 407-423.

[6] 参见[美]罗伯特·H.贝茨:《热带非洲的市场与国家:农业政策的政治基础》,曹海军、唐吉洪译,吉林出版集团有限责任公司,2011年。

响。① 达隆·阿西莫格鲁(Daron Acemoglu)与约翰·罗宾逊(James Robinson)等学者用可信承诺理论强调了从非民主到民主的过渡问题,与诺斯等人的研究不同,他们更强调精英互动的内在逻辑,包括再分配政策等,并建立了诸多精英间讨价还价与博弈的经济模型。他们对话政治科斯理论,着重分析民主化转型,关注政治权力的根本逻辑。② 这一派学者被学界称为"政治经济学的制度传统"。

二、可信承诺、宪政秩序与非人格化国家

在诺斯等人的论述中,宪政民主国家有助于维护和执行广泛的可信承诺。在晚近的关于宏大社会秩序建构的理论框架中,诺斯强调了宪政民主国家,处于开放秩序之下,具备非人格化(impersonal)的制度环境,从而有利于促成承诺的广泛建立,合约的广泛缔结。非人格化的制度特征发挥着基础性的作用,是信誉得以广泛建立的先天"土壤"。非人格化国家的建立意味着个体之间不再依赖特定的人际关系网络,尤其是不以身份、地位为特征行事和交易,而是在广阔的社会领域平等互动,建立组织,达成交易。

非人格化国家的信誉意涵表现为以下特征:第一,非人格化国家凸显了制度的永久性,不以个人有限生命为参照,超出了物理上

---

① Levi M., Stoker L., "Political Trust And Trustworthiness," *Annual Review of Political Science*, Vol. 3, No. 1, 2000, pp. 475-507.

② See Acemoglu, Daron, and James A. Robinson, *Economic Origins of Dictatorship and Democracy*, Cambridge: Cambridge University Press, 2006; Acemoglu D., Robinson J. A., "Why did the West Extend the Franchise? Democracy, Inequality, and Growth in Historical Perspective," *The Quarterly Journal of Economics*, Vol. 115, Issue 4, 2000, pp. 1167-1199; Acemoglu D., Robinson J. A., "A Theory of Political Transitions," *American Economic Review*, Vol. 91, No. 4, 2001, pp. 938-963.

的有朽特征。第二,非人格化国家剔除了制度运转的人际关系化取向,不以成员之间的关系为节点,而是客观的规则与章程。政治与经济的交换关系不以人际网络为转移。承诺不依赖组织成员生命而存续,不依赖成员个人身份地位而运转。温加斯特认为,一个有死的、短暂的(mortal, temporal)国家不能提供对组织的持久性支持。① 斯金纳(Quentin Skinner)认为,非人格化国家的现代内涵是组织的不死与持存特征,使得赖以建立的制度也具有了不死与持存的特征。② 非人格化意味着组织的存续不以组织内部的领导人或者成员的物理生命为转移。现代国家是永久性组织,不会因为国家行政长官的去世、离任而需要重新调整组织与制度的安排。在宪政民主国家,各类组织以法人的身份独立于其组织成员的身份,从而具备作出永久性承诺的可能性。

承诺的可信执行需要良好的法律秩序,也需要各种组织来监督与执行,这些组织的自由建立不会危及社会秩序。诺斯等人强调组织与制度之间相互促进的重要性,组织的自由建立体现了秩序的开放特征,在充分竞争的政治经济环境下,胜出的组织一方面满足了公民的需求,另一方面也提供了对现有制度与秩序的认同。基于此,宪政民主国家维持着一系列良好的法治体系和权利体系,比如财产权、公民权、个人自由、公司法、合同法等司法体系。温加斯特认为,促使可信承诺的各种要素有时候无法直接移植到诸多发展中国家,因为缺乏为支持承诺所建立的政治和社会土壤,即以非人格化交换为基础的政治与社会关系。

与非人格化国家对应,在人格化(personal)国家,个人之间因

---

① Douglass C. North, John Joseph Wallis, Steven B. Webb, and Barry R. Weingast, "Limited Access Orders in the Developing World: A New Approach to the Problems of Development," Working Paper, World Bank, 2007.
② Quentin Skinner, "The State," in Goodin, Robert E., and Philip Pettit, eds., *Contemporary Political Philosophy: An Anthology*, Canberra: Australian National University, 1997.

相互了解和认识而形成的人际关系网络是重要的,具有身份地位的行动者构成了社会网络的中心,盘根错节的人际网络构成了社会组织的运作基础以及行动者互动的平台。在非人格化国家,交换的基础不再是个人化的身份地位,而是权利平等与自由竞争。国家能够输出不偏不倚的承诺,以"匿名性"的方式执行各种各样的规则。① 国家在制定公共政策或者供给公共物品时,不会偏向那些身份地位高贵且具有社会特权的政治人物。国家(state)一词不再具有地位的内涵,也并不标示着统治者自身的皇家地位(status)。② 对行动者的定义不再是特殊的社会角色,而采用中立性质的公民概念。个体在政治权利上获得了非个人性内涵,特殊的个体在政治上具备了普遍性的抽象基础。③ 政治上的从属关系以公民身份作为联结中介,而不是基于亲友关系或互惠利他的政治勾连。同时,对行动者的平等看待,意味着公共物品的供给是基于相对客观与公正的标准。非人格化国家意味着一整套公正的国家行政体系和福利体系,非人格化的资本市场,公司、生产者被定义为法人组织,专业的分工促进经济效率,市场主体之间是相互依赖的平等关系。这种可信的制度环境又促成公民自由建立组织,维护自身利益的意愿,行动者相信可以通过正式渠道的协商和沟通达成一致。

在宏观制度上,诺斯等人主要考察以西欧历史经验为基础的宪政民主国家,为可信承诺理论提供显性或隐性的支持。事实上,本节所讨论的诸多要素并非只有通过宪政秩序达致。现代国家毋

---

① Wallis J. J., North D. C., "Coordination and Coercion: The Nature of Rules, Governments, States, and Social Dynamics," Working Paper, 2011.
② Quentin Skinner., "The State," in Goodin, Robert E., and Philip Pettit, eds., *Contemporary Political Philosophy: An Anthology*, Canberra: Australian National University, 1997.
③ [英]德里克·希特:《何谓公民身份》,郭忠华译,吉林出版集团有限责任公司, 2007年,第11页。

宁是非人格化国家,组织具有一定的持久性和确定性,这是现代国家建立的基本准则,而并非为宪政民主国家所有。诺斯放眼整个经济史来讨论这一问题,并且基于古代和现代的维度上进行比较,并不必然需要认定只有宪政民主国家才能促进承诺的永久性。事实上,诺斯等学者更想展开讨论的是,宪政秩序有助于奠定不以个人运转的组织和制度。他们尤为强调,在限制进入秩序中,组织和制度的运作高度依赖人际关系网络和盘根错节的租金网络,组织并非自由建立,权利并非对等。相对而言,开放进入秩序下,这些问题更少存在,或者并不存在,因而能够促成承诺的可信执行。诺斯及其追随者,其背后或多或少都暗含着一定的意识形态预设,而这并非讨论可信承诺的客观中立视角。换言之,即便在宪政民主国家,租金、派系和人际网络依然在承诺执行中发挥着重要作用。

进一步而言,信誉和承诺是建构的产物,也是国家支持建立复杂组织并应对不同政治社会问题的能力,良好的制度建构能够帮助政治体作出可信的承诺。政治制度化是国家能力的表现,也是稳固政治秩序的根本原因。福山(Francis Fukuyama)认为,现代政治秩序的首要特征并不是民主与非民主,而是制度化与非制度化①,这一理论路径强调国家的自主性能力,质疑标签化看待西式民主与非西式民主政体的论证方式。制度化是现代国家的核心特征之一,但并不必然指的是宪政制度、民主制度,或者其他权力限制制度。按照亨廷顿的观点,政治制度化与政治秩序的构建有关,包括公民对政府权威的认同及合法统治的需求、容纳多样的政治利益观点,以及不同的政治参与渠道等。② 就此而言,从秩序的角

---

① [美]弗朗西斯·福山:《国家构建:21世纪的国家治理与世界秩序》,郭华译,学林出版社,2017年,第17页。
② 参见[美]塞缪尔·P.亨廷顿:《变化社会中的政治秩序》,王冠华、刘为等译,上海人民出版社,2008年。

度出发,构建广泛的可信承诺是为了消弭来自国内政治挑战所作出的制度性调试。从维护政治秩序的角度出发,宪政民主也是基于西欧国家的历史经验,为了稳固自身的统治秩序而建立起来的制度。

因此,如果秩序问题是政治制度化的核心,那么就不存在所谓的民主与非民主的政体划分,可信承诺的相关讨论也不必然与意识形态标签相关,而应转向更为中立的视角。诺斯等学者之所以强调宪政秩序与可信承诺之间的关系,是因为其更多基于英国历史经验得出的结论①,他们或多或少忽视了对非西式宪政民主政体的相关讨论。在国家能力和秩序建构的讨论框架下,非宪政民主国家所作出的承诺是否能够可信地执行,承诺的政治经济后果,如产权保护、合约缔结能否形成,这是可信承诺理论可以进一步细致讨论的话题。

三、制度性激励、自我实施均衡与理性行动者

诺斯等学者认为,宪政秩序和民主制度是一种稳定的激励结构。权力限制虽然有损于行动者短期的利益,但从长远来看依然满足其利益最大化。就此而言,内生于宪政框架的制度性激励有助于促进可信承诺的自我存续。宪政秩序具有自我实施式(self-enforcing)的特征,制度安排符合行动主体的利益均衡,各个参与者的利益被很好地满足,从而不愿意退出、打破现有均衡。制度性激励指的是组织有内在激励存续下去,行动者有内在动力维护组织的存续。奥尔森以集体行动逻辑的困境出发,试图讨论君主为

---

① Chang H. J. "Institutions and Economic Development: Theory, Policy and History," *Journal of Institutional Economics*, Vol.7, No.4, 2011, pp.473-498.

什么会放弃对短期利益的狂热追求。该理论阐释了国家的产生是一个从"流寇"到"坐寇"的过程,这一过程并不与任何良善愿望或者自愿缔结契约相关,而是一个流动匪帮追逐长久利益,最终形成一个妥当的共容利益(encompassing interest)。[1] 这一共容利益就是政治博弈均衡的结果,一方面统治者想要坐实对租金的长远追求,另一方面被统治者又希冀暴力机构可以维护自身的私人产权。

承诺的可信是均衡状态下的博弈结果,民众有足够的理由相信统治者放下肆意榨取的动机,并提供稳定的公共服务。博弈的结果若符合激励相容机制,承诺就会被自我实施。格雷夫(Avner Greif)等学者讨论了符合均衡状态的制度(institution as equilibrium)[2],制度的运作是内生的,制度内部的互动结果源于各方彼此的预期,也源于对博弈结果的尊重。自我实施式的均衡要求统治者不轻易撤销承诺,反而尊重承诺,因为从长远来看,放弃短期利益更符合各方的预期利益。制度性激励同时来源于可信承诺与可信威胁,前者说明了承诺的激励问题,即政治官员愿意遵守规则;后者则指向了违反承诺的惩罚机制。承诺的可信使得一项制度具有基本的激励结构,促进制度的执行,威胁的可信又确保了基本的惩罚机制,促进行动者对制度的维护。制度通过塑造成员的行动,产生可信的博弈结果。宪政民主国家的权力限制是自我实施式均衡,官员及各方行动者遵从制度并接受对自身权力的限制,当政治官员试图违反限制时,公民会行动起来捍卫制度,在选举中撤回自身的支持。宪法并不仅仅停留于纸面意义上,能为公民的行动提供实际的辩护,政治官员可以清晰预料到违反规则的后果,从而失去违约的动机。

---

[1] [美]曼瑟·奥尔森:《权力与繁荣》,苏长和、嵇飞译,上海世纪出版集团,2014年,第8—10页。

[2] Greif A., Kingston C., *Institutions: Rules or Equilibria? Political Economy of Institutions, Democracy and Voting*, Berlin: Springer, 2011, pp.13-43.

诺斯等学者认为,承诺的自我实施有赖于公民社会的广泛成立,如定期选举是可信的威胁,是对违反政治规则的官员的惩罚机制,公民有权撤回对政府的支持。宪政民主国家发展出了一系列代表选民利益、表达选民诉求的社会组织,并调动大多数的选民参与政治。相反,在拉丁美洲等诸多第三世界国家,由于公民行动和抗争活动的缺失,最高领导人往往会作出违反宪法原则的决策,并不愿意建立有限的政府,也不试图在经济政策上束缚政府的手脚。在新制度主义学者看来,这些国家对权力的限制尚未扩展到基本的政治经济结构,并未达到自我实施状态,政治秩序不一定是长久稳固的。公民行动来源于刚性的宪政制度支持,公民对违约行为作出反应,又进一步捍卫了刚性的宪政制度。[1] 在此意义上,对公民的承诺不仅需要存在,还需要具备自我实施特征,可信威胁是必要的,仅仅存在成熟规范的宪政制度文本,而没有自由的党派竞争,反对党很难夺取权力重新设置政治议程,这样的国家并不能被归入开放进入秩序的范畴。[2] 对于政党而言,可信威胁来自失去权力的风险,对政党违约的舆论抗议,体现了公民社会对权力的监督;政党能够在竞争性选举中获胜,体现了交替性争夺政治权力的可能性。

承诺的自我实施需要一套广泛的社会共识和公民的共同信念。格雷夫将信念引入博弈均衡的讨论,行动者的动机内生于制度之中,制度的设计需要同时考虑个人的行动和支持行动的一系列共识。[3] 制度与信念二者共同构成了权力限制的自我实施。信

---

[1] [美]亚当·普沃斯基:《民主与市场——东欧与拉丁美洲的政治经济改革》,包雅钧、刘忠瑞、胡元梓译,北京大学出版社,2005年,第20—22页。

[2] [美]道格拉斯·C.诺思、约翰·约瑟夫·瓦利斯、巴里·R.温格斯特:《暴力与社会秩序——诠释有文字记载的人类历史的一个概念性框架》,杭行、王亮译,格致出版社,2013年,第187—188页。

[3] Greif A., *Institutions and the Path to the Modern Economy: Lessons from Medieval Trade*, Cambridge: Cambridge University Press, 2006, pp.15-16.

念体现为公民间的共识性基础(consensus condition),公民愿意在权力的限制规范下行动,捍卫并且监督这些制度,使其免受政治官员的践踏。① 在宪政秩序下,政府分权是一种广泛的共识和传统,诺斯及其追随者深信英国逐步演变起来的历史制度。光荣革命之后所建立的权力分享体制,使得英国人开始有了很高的信任度,人们相信自己签署的合约会被良好地执行,也相信自己的私人产权安全与可靠。② 稳定的民主社会,让公民相信私人产权和契约能够被代代相传下去。麦克法兰(Alan Macfarlane)认为,18世纪的英格兰形成了君主与人民的信托关系,权力被视作暂时托付给当权者的产物。③ 信托的理念深入人心,英格兰发展成为一个信任与安全的世界,包容与平等广泛存在,这为资本主义,甚至现代科学奠定了深厚的制度基础。因此,在宪政民主国家,正式制度激励行动者尊重规则、维持现有的秩序;非正式的制度共识又进一步巩固了规则的运转。制度规则在军事的、政治的、经济的、社会的系统都存在相容的激励,学者将其总结为双重平衡(double balance)的社会秩序。一方面,政治系统形成了对权力任意性的可信禁止;另一方面,竞争性的公民社会与经济系统监督权力交替与政党竞争。④ 宪政民主国家通过政治、经济与社会相互掣肘的均衡供给了内生于系统之中的自治逻辑,人们愿意遵守规则,并且确信其他人也会如此行事。

---

① North D. C., Summerhill W., Weingast B., "Order, Disorder and Economic Change: Latin America vs. North America," in Bruce Bueno de Mesquita, and Hilton Root, eds., *Governing for Prosperity*, New Haven: Yale University Press, 2000.
② [美]曼瑟·奥尔森:《权力与繁荣》,苏长和、嵇飞译,上海世纪出版集团,2014年,第31页。
③ [英]麦克法兰主讲:《现代世界的诞生》,刘北成评议,上海人民出版社,2013年,第168—169页。
④ [美]道格拉斯·C.诺思、约翰·约瑟夫·瓦利斯、巴里·R.温格斯特:《暴力与社会秩序——诠释有文字记载的人类历史的一个概念性框架》,杭行、王亮译,格致出版社,2013年,第25页。

■ 利益的关联、博弈与公共政策

可信承诺理论主要从工具理性出发,秉持方法论的个人主义,尤为关注政治过程中的精英博弈以及博弈均衡等。他们虽然在一定程度上关注制度规范、意识形态对可信承诺理论的影响,但其立足点依旧是自我利益最大化、利益相容机制等理论框架。然而,新制度主义已经发展出了各种派别,包括理性选择制度主义、历史制度主义、社会学制度主义等,这些学派虽然都以制度研究为核心议题,但是具体路径各不相同。① 对理性选择制度主义的批评主要体现在:第一,制度中的行动者到底能不能清楚自身的利益? 个体利益最大化作为理论基点值得进一步商榷,行动者受信息、能力、时间等各方面客观因素的影响,可能无法确知自身的最大利益,同时对自身利益的分辨还受到自我的阐释、历史制度背景等其他扰动因素的影响。第二,个体的行动动机并不必然意味着行动的结果。理性选择针对个体行动动机的分析,看似逻辑自洽,但具备应然如此的行动激励结构,并不意味着实际中个体就会如此行动。就此而言,需要对个体行动的应然和实然层面的隔阂作出进一步讨论,诸如考虑行动者的权力、能力、组织资源、个体特征偏好等。第三,个体的行动是否主要受到正式制度的约束? 批评者指出,不仅外在制度约束着个体的选择范围与空间,既定的文化和历史结构也会限制个体的选择,并且塑造个体选择的各种选项、个体的行动能力和偏好。

承诺的执行有时不仅仅依靠行动者之间的理性博弈以及利益相容共同体的形成。历史结构主义者强调历史社会文化结构以及固有的制度框架对于承诺的影响。就此而言,可信承诺理论以个体之间的行动和博弈为分析起点,故而较少关注历史、社会、文化等结构性影响因素。事实上,诺斯的晚近作品也开始关注信念和

---

① Hall P. A., Taylor R. C. R., "Political Science and the Three New Institutionalisms," *Political Studies*, Vol. 44, No. 5, 1996, pp. 936-957.

文化对于制度执行的促进作用。诺斯的学生格雷夫则更加关注基于社会共同体的、共享的认知规则对于制度的促进作用。这些认知性的规范不一定是正确的,也不一定是强制的,但却对承诺的自我施行起到重要作用。① 因此,承诺的可信与否也可能来自社会规范和历史遗产,例如,在集体主义文化的背景下,公民会更愿意相信政府的承诺以及政府的公正性②,公共政策一般而言具有更为坚实的信誉基础。在集体主义文化下,社会规则更愿意将个体利益与集体利益相绑定,并强调个体对集体的必要责任,从而为个体违背承诺带来了更多的社会压力和无形的成本。就此而言,仅仅从理性个人出发看待可信承诺这一社会结果,有可能忽略了其他更为复杂的社会、文化等背景性因素。

四、行政设计、行动者博弈与承诺的微观基础

政府的承诺具体表现为公共政策,承诺的稳定性表现为行动者参与政治过程的稳定预期。在行政设计中,宪政民主国家通过一系列制衡措施,有效防范行动者撤回承诺的行为。在经济政策中,承诺稳定性的缺失导致私营部门只能在高度不确定的预期下签订合约,制定长期投资计划。③ 大量的政治经济学学者们关注政府"掠夺之手"的束缚和不干预经济的承诺是如何可信的。政府的经济承诺,如产权政策、财税政策、贸易政策、债务政策,是如何

---

① Greif A., Mokyr J., "Cognitive Rules, Institutions, and Economic Growth: Douglass North and Beyond," *Journal of Institutional Economics*, Vol. 13, No. 1, 2017, pp. 25-52.

② See Evans E. J., *Social Policy 1830 – 1914: Individualism, Collectivism and the Origins of the Welfare State*, New York: Routledge, 2016.

③ Keefer Philip and David Stasavage, "The Limits of Delegation: Veto Players, Central Bank Independence, and the Credibility of Monetary Policy," *The American Political Science Review*, Vol. 97, No. 3, 2003, pp. 407-423.

通过一系列行政制度安排,进而长久保持稳定?

(一) 多重否决点与行政限制

行政设计中的多重否决点能够促进承诺的稳定性。众多否决点的存在,体现了政府部门之间权力的制约与平衡,对议程设定权力的分配,以及政府撤回承诺所需要付出的高昂成本,一系列明确的多重否决点构成了对政府权力的限制。① 论者主要围绕公债问题展开分析,在 17—18 世纪的英国,议会制国家的诞生来自利益集团的崛起,资本拥有者在议会中占有一席之地,并拥有票决权,形成了资本家对政治家制衡的否决点。商业利益集团的崛起,减少了国王制造新税源或者拒还债务的动机。多重否决点能够限制政治官员撤回承诺的能力,在政策过程中,否决者是个人或者组织能够影响政策的能力,他们的决议对于改变现状起到必要的作用,从而能够有效阻止有所偏离的政策。②

多重否决点还来自第三方独立的、非民选的中介组织。财税政策上的行政授权得到了广泛关注,该领域存在着诸多承诺问题,如通货膨胀、利率水平以及公共福利等。承诺的稳定性固然可以依赖有威望的政府,但是这既需要大量的时间,也难以具体衡量,行政授权是替代威望政府的有效方案。③ 在公共债务问题上,国家银行是一个可行的路径以防止债务违约。④ 独立的中央银行对

---

① North D. C., Weingast B. R. "Constitutions and Commitment: The Evolution of Institutions Governing Public Choice in Seventeenth-Century England," *Journal of Economic History*, Vol. 49, No. 4, 1989, pp. 803-832.

② Tsebelis G., *Veto Players: How Political Institutions Work*, Princeton: Princeton University Press, 2002, p. 53.

③ Keefer P., Stasavage D., *Bureaucratic Delegation and Political Institutions: When are Independent Central Banks Irrelevant?* World Bank Publications, 2000, pp. 1-3.

④ Kaiser T. E., "Money, Despotism, and Public Opinion in Early Eighteenth-Century France: John Law and the Debate on Royal Credit," *The Journal of Modern History*, Vol. 63, No. 1, 1991, pp. 1-28.

于国家财政管理的现代化进程发挥了重要作用。银行有权力进行债务的抵押,监督政府违约的举动,并能够联合债权人一起反对向政府提供债款。① 同时,授权机构必须具有一定的政治影响力或政治掣肘的能力,如果政府有违约的企图或者逆转事后的行为,独立机构将有能力施加惩罚。如果授权仅仅停留于形式上,并且留有让政治精英影响事后决定的自由裁量权,那么行政授权的制度就仅仅只是"附属产品"②,并不能够真正巩固可信承诺。17—18世纪的英法两国虽然同时设立了中央银行,试图增多政府贷款的途径,但是法国所获得贷款的数额却明显少于英国,因为行政授权制度与法国的根本政治制度相抵触,导致授权并没有很好地参与政治进程,法国国王的决断权依然发挥着重要作用。③ 在现代经济发展中,行政授权有助于巩固可信承诺的观点也得到了证实。学者对电信监管法规以及公用事业管理的跨国分析指出,这些领域需要长时段的投资,存在着对投资者的承诺问题。学者认为,授予第三方监管机构是约束政府自由裁量权的重要形式。这样的监管机制必须与一国现行的政治经济制度相匹配,才能够带来维续长期投资的可信承诺。④

多重否决点的行政设计也遭到了来自其他领域学者的批评,虽然这一安排能够促进可信承诺,但却戕害了行政效率和制度运转的灵活性。可信承诺理论关注对官员自由裁量权的约束。然而,在公共政策的制定上,刚性的承诺机制有时候难以应对复杂的形势变化,而有损政策制定的灵活性。迪克西特(Avinash

---

① Weingast, Barry R., "Political Foundations of Democracy and the Rule of Law," *American Political Science Review*, Vol. 91, No. 2, 1997, pp. 245-263.

② [英]大卫·斯塔萨维奇:《公债与民主国家的诞生》,毕竞悦译,北京大学出版社,2007年,第19页。

③ 同上书,第128—130页。

④ Levy B., Spiller P. T., "The Institutional Foundations of Regulatory Commitment: A Comparative Analysis of Telecommunications Regulation," *The Journal of Law, Economics, and Organization*, Vol. 10, No. 2, 1994, pp. 201-246.

Dixit)将政策的出台过程归纳为一个动态的政治博弈过程,在其中,可信承诺问题被称作时间上的前后不一致问题(time-inconsistency problem),指的是在一项政策执行的过程中,政府不依照政策规定行事所带来的机会主义结果。① 迪克西特认为,过往的观点一味强调对承诺问题的解决,却忽视了对制度灵活性的考量。他比较了基于规则的承诺性机制和基于相机抉择的灵活性机制,后者之所以重要,是因为在公共政策的制定中存在着诸多不可抗力因素,这需要政府采取相机抉择机制,政府应该具备对突发偶然事件作出反应的能力。他着重分析了汇率政策、通胀政策在承诺性体制与灵活性体制之间的转化和适应②,并认为一味追求承诺性体制难以应对复杂的金融市场。迪克西特强调灵活性与适应性在政策制定过程中的重要性,政策需要在真实的情境中制定,因而应该以追求政治效率、解决真实复杂世界的问题为优先。

事实上,多重否决点不可避免会带来灵活性困境,在行政制度上设定一定数量的否决点确实能够确保承诺的可信执行,但是诸多否决点所形成的"否决政体"(vetocracy)逐渐使得政府变成了一个低效和"官僚"的组织,福山运用这一概念批评美国政府。③ 宪法系统中的分权与制衡、多元竞争的政党、利益集团的日渐渗入等,阻碍了政府干实事并且促进公共利益的空间,日趋严重的官僚主义、政策创新的缺乏使得美国政治系统走向衰退。进而,福山认为,政治的首要目标应该是追求有效,而不是追求形式与官僚。因此,可信承诺理论如何将灵活性纳入考量,是下一步理论发展的可能进路。

---

① [美]阿维纳什·K.迪克西特:《经济政策的制定:交易成本政治学的视角》,刘元春译,中国人民大学出版社,2004年,第45页。

② 同上书,第47—48页。

③ Fukuyama F., "American Political Decay or Renewal: the Meaning of the 2016 Election," *Foreign Affairs*, 2016, Vol.95, p.58.

(二) 政党联盟、精英博弈中的可信承诺问题

承诺问题也被用来指涉精英间的博弈,包括统治者与被统治者,也包括统治精英内部的动态博弈。以大卫·斯塔萨维奇为代表的学者认为,权力限制的讨论不能仅限于行政设计,而应该将精英博弈过程纳入。① 在广泛冲突的现代社会中,精英组建政党能够就公民的利益进行长期交涉、考量和妥协。在政党代表公民利益并参与立法机构的讨价还价的过程中,更能促成政府制定可信的经济承诺。承诺的可信体现为"中庸的"(moderate)政治结果,在多重利益的社会,解决分歧的方式是对各不相同的利益相关者的关照与妥协,输出中庸的政策结果。例如,在公共债务问题上,债权人的利益因为政党的联合而变得一致,能够减少债务不履行的风险。菲利普·基弗等学者将这一过程描述为跨事务支配联盟(cross-issue coalition)达成一致的可能性。② 在立法机构中,撤回政策承诺往往具有非常诱人的短期利益。然而,从长远来看,党派团体为了获得政策利益相关者在其他事务上的支持,即使在个别政策上无利可图,也会采取一定的让步。同时,党派内部有着较高的团结性,偏离路线的党员将会遭到惩罚或者丧失成员资格。政党对于政策过程的介入,以及内部的强大凝聚力,共同促成了政策承诺的一致性和稳定性。

以政治精英联盟为讨论中心,达隆·阿西莫格鲁等学者指出,在政策制定、政策执行中,存在着固有的承诺问题,权力的持有者难以保证不滥用权力、不偏不倚地制定和执行公共政策,而如果没

---

① Stasavage D., "Credible Commitment in Early Modern Europe: North and Weingast Revisited," *Journal of Law, Economics, and Organization*, Vol. 18, No. 1, 2002, pp. 155-186.

② Keefer Philip and David Stasavage, "The Limits of Delegation: Veto Players, Central Bank Independence, and the Credibility of Monetary Policy," *The American Political Science Review*, Vol. 97, No. 3, 2003, pp. 407-423.

有统治者,又不存在第三方组织去强制执行承诺。① 权力分享的承诺问题同样也存在于非洲为何贫穷、为何理性的人会制定无效率的公共政策等问题的讨论之中。② 拥有权力的人不能够承诺他们行使权力并不为了自身的利益而行动。③ 阿西莫格鲁区分了法理上的政治权力(de jure power)和实际行动的政治权力(de facto),前者是与特定职位相关联的权力,后者指的是对资源分配起到事实影响的权力。统治者、政治精英具备法理上的权力,大众具备革命、示威、夺权等实际的政治权力。④ 论者认为,只有将法律上的权力让渡给大众,即实现政治民主化,才能够解决本质上的承诺问题。因为大众不仅要求当下的政治收益,还要求未来如此,只有让他们制定符合自身偏好的政策,这一承诺才能够被可信地执行。⑤

更为微观的研究以精英的权力、租金为讨论中心,讨论统治精英间为何能够达成可信承诺,这一理论流派构成了对可信承诺理论的补充和挑战。论者主要以非西式宪政民主国家为讨论中心,指出制度化的执政党对于输出以促进外贸和投资承诺的重要性⑥;统治者如何通过最低限度的限制机构吸纳既有精英的支

---

① Acemoglu D., "Why not a Political Coase Theorem? Social Conflict, Commitment, and Politics," *Journal of Comparative Economics*, Vol. 31, No. 4, 2003, pp.620-652.

② 参见[美]罗伯特·H.贝茨:《热带非洲的市场与国家:农业政策的政治基础》,曹海军、唐吉洪译,吉林出版集团有限责任公司,2011年。

③ Weingast B. R., Wittman D., *The Oxford Handbook of Political Economy*, Oxford: Oxford University Press, 2008, pp.689-691.

④ Acemoglu D., Robinson J. A., *Economic Origins of Dictatorship and Democracy*, Cambridge: Cambridge University Press, 2006, pp.30-35.

⑤ Acemoglu D., Robinson J. A., "Why did the West extend the Franchise? Democracy, Inequality, and Growth in Historical Perspective," *The Quarterly Journal of Economics*, Vol.115, No.4, 2000, pp.1167-1199.

⑥ Gehlbach S., Keefer P., "Investment without Democracy: Ruling-Party Institutionalization and Credible Commitment in Autocracies," *Journal of Comparative Economics*, Vol.39, No.2, 2011, pp.123-139.

持①;法律组织、委员会制度等如何为政治统治提供信誉②;权力分享如何可信③;政治任免如何促进国家权力分享的可信水平④等。这些丰富的精英间博弈的有关研究,揭示了可信承诺理论潜在的发展方向。因此,不应该仅仅关注宪政民主国家如何促进了可信承诺,更为重要的是,为何在那些看似不能保障可信承诺的国家(制度安排)中,却在一定范围内实现了可信承诺。相关讨论将为丰富可信承诺理论提供进一步的讨论空间。可信承诺理论不应该仅仅关注宏观统治阶层,而应该着眼于微观的行动者博弈,从各种精英行动中发掘出可能的理论拓展空间。这些微观的行动者博弈细节更有助于展现承诺是如何得以执行、又如何得以保障的。

五、结论与讨论

信誉和可信承诺是理解制度变迁、政治经济发展的有益视角,其超出了个人道德伦理的评价范畴,投向了对关系、制度的评价。以诺斯为代表的政治经济学者,将市场交易中的道德风险问题运用到政治分析中,并强调,西方宪政民主国家有助于促进和维护广泛的可信承诺,组织之间能够订立复杂的合同,创造更具生产性的技术,进而维续长久的经济增长。⑤ 本文初步构建、厘析了可信承

---

① Myerson R. B., "The Autocrat's Credibility Problem and Foundations of the Constitutional State," *American Political Science Review*, Vol. 102, No. 1, 2008, pp. 125-139.

② See Svolik M. W., *The Politics of Authoritarian Rule*, Cambridge: Cambridge University Press, 2012.

③ Magaloni B., "Credible Power-Sharing and the Longevity of Authoritarian Rule," *Comparative Political Studies*, Vol. 41, No. 4-5, 2008, pp. 715-741.

④ Meng A., "Accessing the State: Executive Constraints and Credible Commitment in Dictatorship," *Journal of Theoretical Politics*, Vol. 34, No. 4, 2019, pp. 568-599.

⑤ North D. C., "Institutions and Credible Commitment," *Journal of Institutional and Theoretical Economics*, Vol. 149, No. 1, 1993, pp. 11-23.

诺理论的内在理路和要素内涵。从宏观层次而言,现代国家的宪政秩序、非人格化特征更有助于构建长久的可信承诺;从中观层次而言,内生于宪政民主框架的自我实施式激励结构,解决了行动者的利益相容问题;从微观层次而言,多重否决点与行政设计、政治联盟间的利益博弈等增加了行动者撤回承诺的成本,维护了政治经济承诺的稳定性。然而,可信承诺理论依然具有一定局限和进一步讨论的空间,其以理性选择作为核心分析逻辑,西方宪政民主国家作为主要分析样本,难以拓宽可信承诺的理论内涵,进而难以将分析视域涵盖更多的非西方式宪政民主国家。同时,可信承诺理论还应该考虑理性选择主义及其背后推理逻辑的有效性、国家能力对于可信承诺的建构作用、制度灵活性和情景适应性对于公共政策制定的影响等。可信承诺的讨论根基应该立足于个体之间的博弈和行动激励,以从更微观的角度发掘理论增长点。

  此外,可信承诺理论还面临一个挑战。作为一个解释机制,其在某种程度上是后验的。换言之,诺斯等学者只有知道了可信承诺这一社会结果之后,才能将其视为原因以解释各种社会事实。尽管学者揭示了诸多要素对于信誉和承诺的影响,但无法保障是否满足了这些结果,可信的社会结果就一定会出现。可信承诺的解释机制类似于博弈模型,其仅仅只是基于实验条件下的推论而并非事实。因此,论者虽然将可信承诺作为一项解释机制,是前验的因果要件,但事实上,可信承诺是一个社会结果而不是社会行动①,只有可信的社会事实发生了,研究者才会倒推原因。如何克服上述难题,并在接下来的研究中丰富可信承诺这一解释机制,是下一步研究的方向之一。

---

① 唐世平:《观念、行动和结果:社会科学的客体和任务》,《世界经济与政治》2018年第5期。

The Political Application of Credible Commitment: The Internal Logic and Limitations

Zhenda Xie

Abstract: How a state can make credible commitments and build its reputation is a central issue in both economics and political science. New institutional economics incorporates the problem of commitment in individual transactions into institutional analysis, with scholars like Douglass North and Barry Weingast extending this discussion to the political realm, focusing on constitutional democracies. Starting with the early works of North and others and integrating recent political science discussions, this article reviews and assesses the internal logic and core concepts of credible commitment theory in politics at three levels: (1) At the macro level, constitutional order and the impersonal nature of the state contribute to political and institutional credibility. (2) At the meso level, self-enforcing incentives, alignment of actors' interests, and motivation mechanisms for commitment implementation are examined. (3) At the micro level, administrative design, elite alliances, and political games are explored as they enhance credible commitments. Based on this framework, the article discusses complementary approaches to credible commitment theory from the perspectives of rational choice, institutional flexibility, state capacity, and elite dynamic games. It argues that the theory's focus on constitutional democratic states as a model has inherent limitations, suggesting that a broader range of case studies and closer attention to micro-level actor dynamics and incentives could enrich the theory.

Keywords: Credible Commitment; Institutions; Credibility; Douglass North; Constitutional Democracy

新家产制与非洲政治研究:一项学术史考察*

闫 健**

[内容提要] 基于比较政治领域,尤其是非洲比较政治的已有研究成果,本文对新家产制概念进行了学术史梳理和评析。本文的论述表明,新家产制概念联结历史与当下以及联系宏观与微观因素的能力,使其成为非洲政治研究中的一个主导概念,一些研究者甚至认为,在非洲政治研究领域中出现了一个"新家产制范式"或"新家产制学派"。然而,新家产制概念在带给研究者历史感和微观逻辑的同时,也面临着难以回避的两大批评:一是它难以解释非洲国家时空变化,容易导致某种"非洲本质主义"倾向;二是难以被操作化,即它在很大程度上是一个描述性概念,而非一个分析性概念。从推动非洲政治研究的视角看,如何从多元化的非洲政治实践中提取出超越时空背景的"一般性",仍旧是研究者们不得不面临的根本难题。

[关键词] 新家产制;非洲比较政治;治理危机;非洲本质主义

非洲去殖民化运动后,新独立的非洲国家的性质与特征就成

---

* 本文系国家社科基金一般项目"非洲马克思主义政权比较研究"(项目编号:22BZZ003)、国家社科基金重大项目"非洲马克思主义研究及代表人著作译介"(项目编号:22&ZD019)的研究成果。
** 闫健,北京外国语大学国际关系学院。

为比较政治研究者的关注焦点。尤其在20世纪90年代后,这一研究传统随着非洲大陆"失效国家"和"脆弱国家"的涌现而进入一个繁荣期,以至于有关非洲国家"脆弱性"的研究在一段时间内甚至成为非洲政治研究的代名词。

　　研究者们对于非洲国家脆弱性问题的关注,主要基于其正式主权国家外表与非正式的内部治理现实之间的巨大反差。早在1966年,佐尔伯格(Aristide Zolberg)就提醒外部观察者,"不能从非洲国家的正式政治制度来判断其实际统治状况"①,因为在这些国家实际起作用的往往并非正式的制度与规则。此后,更多的研究者们从非正式规则的视角审视非洲国家的政治。例如,查波尔(Patrick Chabal)和达罗兹(Jean-Pascal Daloz)声称,非洲国家中可被观察到的制度并不是太重要,而"植根于派系斗争和地方性竞争所在的复杂世界的东西才更为重要"。相应地,他们认为应当聚焦于非正式网络来研究非洲政治,重点关注"个体、群体和社群如何将他们在失序的政治经济状况下所控制的资源予以工具化的过程"。② 阿伦(Chris Allen)认为,庇护政治不仅是非洲去殖民化运动的核心问题,也是独立后非洲国家政治的核心问题,而庇护政治的危机会带来战利品政治(spoils politics)。③ 同样,巴亚特(Jean-Francois Bayart)强调非洲国家中权力的行使很少受到正式规则的约束。他将非洲国家比喻为"根茎国家"——在这些国家,权力的运作都藏在看不见的"地面之下"。④ 海登(Goran Hyden)甚至将

---

　　① Aristide Zolberg, *Creating Political Order: The Party-States of West Africa*, Chichago: Rand McNally, 1966, p.6.

　　② Patrick Chabal and Jean-Pascal Daloz, *Africa Works: Disorder as Political Instrument*, Oxford: James Currey, 1999, p. xix.

　　③ Chris Allen, "Understanding African Politics," *Review of African Political Economy*, Vol.22, No.65, September 1995, pp.308-309.

　　④ Jean-Francois Bayart, "Africa in the World: A History of Extraversion," *African Affairs*, Vol.99, 2000, p.229.

非洲视为"研究非正式制度重要性的天选之地"。①

非洲政治的非正式性与非洲国家脆弱性之间的联系还因"新家产制"概念(neopatrimonialism)的兴起而得以进一步理论化。1973年,艾森施塔特(Shmuel Eisenstadt)首次提出新家产制概念并将其应用于分析拉美、南亚和中东等"后传统社会"的政治。② 尽管艾森施塔特当初并没有谈及非洲,但新家产制概念后来却在非洲政治研究中大行其道。众多研究者通过新家产制概念分析非洲国家的一系列治理问题,包括经济不发展、民主化困境、援助无效性、结构调整计划失败等。范德瓦尔(Nicolas van de Walle)将新家产制及其各种变种称为"理解后殖民时期非洲政治的主导范式"③;姆卡达维尔(Thandika Mkandawire)认为,非洲政治研究中出现了一个"新家产制学派"④;而巴赫(Daniel Bach)更是指出,"新家产制成为非洲政治的代名词"。⑤ 总之,在非洲政治研究中,新家产制已经成为一个无处不在的概念。用姆卡达维尔的话说,新家产制概念在"学术上的胜利"使得它成为我们关于非洲政治的一般性知识的一部分。⑥

---

① Goran Hyden, *Africa Politics in Comparative Perspective*, Cambridge: Cambridge University Press, 2006, pp.5-7.

② See Shmuel Eisenstadt, *Traditional Patrimonialism and Modern Neopatrimonialism*, Beverly: Sage Publications, 1973.

③ Nicolas van de Walle, "The Path from Neopatrimonialism: Democracy and Clientelism in Africa Today," in Daniel C. Bach and Mamoudou Gazibo eds., *Neopatrimonialism in Africa and Beyond*, New York: Routledge, 2012.

④ Thandika Mkandawire, "Neopatrimonialism and the Political Economy of Economic Performance in Africa: Critical Reflections," *World Politics*, Vol. 67, No. 3, May 2015, p.3.

⑤ Daniel C. Bach, "Patrimonialism and Neopatrimonialism: Comparative Trajectories and Readings," *Commonwealth & Comparative Politics*, Vol. 49, No. 3, July 2011, p.276.

⑥ Thandika Mkandawire, "Neopatrimonialism and the Political Economy of Economic Performance in Africa: Critical Reflections," *World Politics*, Vol. 67, No. 3, May 2015, p.3.

■ 新家产制与非洲政治研究:一项学术史考察

新家产制概念在非洲政治研究中的主导地位,使得它似乎成为一个"不言自明"的"缺省"概念。这一倾向至少带来两方面的问题:第一,研究者们在未能明晰新家产制概念内涵的前提下就通过它来分析非洲政治,导致分析逻辑的模糊性;第二,一些研究者倾向于将新家产制假定为非洲政治的"初始状态",而无视这些假定是否会随时空的变化而相应变化,由此导致分析的静态性和偏差。如德格拉西(Aaron deGrassi)所批评的那样,在对新家产制的确切形式、特征、缘起、转型、争议等问题进行深入研究之前,"分析者们要避免形成'新家产制必定存在'的预先假设"。[1] 简言之,在通过新家产制概念分析非洲政治之前,我们至少应当明确这一概念的内涵、历史演变以及其作为一个分析工具的优点与不足。

基于比较政治领域,尤其是非洲比较政治的已有研究成果,本文尝试对新家产制概念进行学术史梳理和评析,以为国内相关的理论讨论做一些基础性工作。与国际学术界相比,国内政治学研究者对于新家产制概念的专门讨论相对较少[2],这也使得本文的探索尤其具有学术意义。本文的结构安排如下:第一部分讨论从家产制概念到新家产制概念的含义变化;第二部分将系统梳理新家产制概念在非洲政治研究中的运用;第三部分将深入讨论比较政治学者对于新家产制概念的批评;最后是全文的结语。

---

[1] Aaron deGrassi, "Neopatrimonialism and Agricultural Development in Africa: Contributions and Limitations of a Contested Concept," *African Studies Review*, Vol.51, No.3, December 2008, p.122.

[2] 国内学术界对于 neopatrimonialism 的译法包括新家产制、新家长主义和新世袭主义。该词的词根为 patrimony,原意为"家产"或"遗产",故本文统一将 neopatrimonialism 译为新家产制。国内专门讨论非洲新家产制的文献仅有两篇,即赵德昊、林奇富:《重思新家长主义:非洲国家中的发展型家长主义——基于四个非洲国家的比较案例分析》,载陈明明主编:《复旦政治学评论(第23辑):观念价值与政治发展》,复旦大学出版社 2021 年版;闫健、吴彬:《新家长主义体系在非洲的兴起与衰落:对后殖民时期非洲政治的初步考察》,载陈明明主编:《复旦政治学评论(第16辑):劳工政治》,复旦大学出版社 2016 年版。

一、从家产制到新家产制

家产制概念最早出现于19世纪初,当时瑞士保守主义法学家卡尔·路德维希·哈勒(Karl Ludwig von Haller)提出,国家应当被视为统治者的个人财产(patrimonium)。在哈勒看来,国家和政治秩序都起源于"最初的家产制共同体"(initial patrimonial community),这一事实使得家产制国家成为最自然的国家,而其他任何形式的国家都是"不自然的"。①

马克斯·韦伯(Max Weber)关于理想权威类型的划分,使得家产制成为一个重要的政治学概念。韦伯的政治社会学框架主要基于两个概念之上,即"主导"(domination)与"合法性"(legitimacy),而具有合法性的主导就是权威。换言之,韦伯通过"权威"概念把"主导"与"合法性"概念联系起来,并根据"合法性"来源的不同划分出三种理想的权威类型,即传统型权威、克里斯马型权威和法理型权威。②在韦伯的权威类型学划分中,家产制权威(patrimonial authority)属于传统型权威,其合法性基础基于规范、庆典、仪式以及基于血缘联系的文化实践等传统之上。一般认为,家产制权威是随着父权制(patriarchal system)的发展而自然出现的。父权制是基于血缘联系之上的共同体,而随着共同体规模的不断扩大,单纯的血缘联系就难以继续维系内部秩序。在这种情况下,家产制权威就为那些没有血缘联系的社群提供了"虚拟的亲缘联系"。③在韦伯看

---

① Mikhail Ilyin, "Patrimonialism, What is behind the Term: Ideal Type, Category, Concept or just a Buzzword?" *Redescriptions*, Vol.18, No.1, Spring 2015, p.28.

② Max Weber, *Economy and Society: An Outline of Interpretive Sociology*, Berkley: University of California Press, 1978, p.227.

③ Victor T. Le Vine, "African Patrimonial Regimes in Comparative Perspective," *The Journal of Modern African Studies*, Vol.18, No.4, December 1980, p.658.

来,家产制权威本质上是一种个人化权威。在家产制权威下,统治者与被统治者之间所有的政治和行政权力关系都是个人关系,并不存在公共领域与私人领域之间的区分——这与法理型权威形成了鲜明的对比。在家产制权威下,官员的位置完全源于其对统治者的个人服从,他相对于臣民的地位仅仅是这种关系的一种外在表现:"官员的忠诚不是非个人化的忠诚……而是基于其与统治者严格意义上的个人关系与效忠义务之上,而这种效忠义务原则上没有界限。"①

家产制权威的实现基于统治者与被统治者之间的互惠关系。韦伯指出,"家长主义的主导尽管并非基于正式权利,却是基于臣属关于互惠的要求,而这一互惠要求会作为习俗而自然地得到社会承认"。② 在现实中,这往往表现为统治者以授予获利机会或是物质或非物质利益的方式来确保被统治者的个人忠诚。因而,尽管家产制权威是一种个人化权威,但这并不意味着它没有合法性。在家产制权威下,合法性基于个人化的、相互交织的以及不平衡的互惠关系之上——这种互惠关系并不基于对公共领域和私人领域的区分或正式的责任机制和透明性机制之上,而是通过习俗和自愿服从来维持,因而具有合法性。韦伯强调,"每一种权威以及相应地每一种类型的服从背后,都存在这样一种信念,即那些行使权威的人被授予了特定的名望"。③ 在家产制权威下,这种信念的来源就是统治者与被统治者(基于习俗与传统)对于互惠的预期。

随着战后众多第三世界国家相继取得独立地位,一些研究者尝试通过家产制概念分析这些新生国家的政治,尽管这样做无疑

---

① Max Weber, *Economy and Society: An Outline of Interpretive Sociology*, Berkley: University of California Press, 1978, pp. 1030-1031.
② Ibid., p. 1010.
③ Ibid., p. 263.

面临着巨大困难。具体言之,原本描述传统型权威的家产制概念如何能够被用于分析这些新生的现代国家?为了解决这一难题,一些研究者尝试提出新的家产制类别,以为新的阐释提供空间。例如,在研究西非地区出现的早期一党制国家时,佐尔伯格提出了"新传统家产制政权"(neotraditional patrimonial regimes)的概念,以突出新的统治精英如何利用原有的家产制传统来巩固自己的统治。① 类似地,罗斯(Guenther Roth)也将家产制统治分为两类:一类是"具有历史延续性的传统政权",即那些仍旧基于传统之上的家产制政权,以埃塞俄比亚为典型;另一类是基于忠诚之上的个人统治(personal rulership),这种忠诚不需要对于统治者的特殊个人能力有任何信念,但与物质刺激和奖励密切联系在一起。② 罗斯意识到,家产制仍旧可以存在于现代国家之中,尽管支撑它的传统合法性已经处于解体之中。事实上,在前殖民地国家,传统合法性的解体早在殖民时期就开始了,这一进程随着资本主义生产关系的扩张以及新生国家的独立而进一步加剧。③

在罗斯看来,现代的家产制(也就是他所说的个人统治)与传统家产制的最大区别就在于前者并不依赖于传统带来的合法性,相反,它更多体现了某种形式的社会交换。由此,他更多强调现代的家产制与传统家产制之间的断裂。相较之下,艾森施塔特则突出了两者之间的连续性。为了区分传统的家产制与现代的家产制,艾森施塔特提出了新家产制(neopatrimonialism)概念。在艾森施塔特看来,新家产制概念可被用于分析那些出现了更为发达的

---

① Aristide Zolberg, *Creating Political Order: The Party-States of West Africa*, Chicago: Rand McNally and Company, 1966, pp.140-141.

② Guenther Roth, "Personal Rulership, Patrimonialism, and Empire-Building in the New States," *World Politics*, Vol.20, No.2, January, 1968, pp.194-206.

③ Anthony Hall, "Patron-Client Relations: Concepts and Terms," in Steffen W. Schmidt et al., eds., *Friends, Followers and Factions*, Berkeley: University of California Press, 1977.

政治组织化形式的政治体系,即那些有着官僚制、群众运动和政党的现代政治体系。① 一方面,艾森施塔特强调传统家产制体系和现代家产制体系在所面临的政治问题以及延续自身所需的条件组合方面存在差异;另一方面,他又强调不能将家产制与特定的发展程度或是特定类型的政治体系对应起来,而是要将其理解为统治者应对主要政治问题的一种特定方式。② 换言之,无论是家产制还是新家产制,它们在作为统治者的统治方式这一点上又具有一致性。

罗斯和艾森施塔特均强调,家产制之所以会出现在现代政治体系之中,与新生国家所面临的文化和政治异质性直接相关;在这些国家,家产制能够起到某种政治整合功能。罗斯指出,根据家产制逻辑运行的官僚制或许更适用于民族构建的任务;同样,艾森施塔特认为,新家产制能够造就一种更宽泛和更具联合性的政治架构,进而有助于新生国家吸纳不同的社会群体。③ 但是,他们均未能触及新生国家中家产制权威与法理型权威之间的关系问题——而这一问题首先是由米达德(Jean-Francois Medard)提出的。

在研究独立后时期的喀麦隆时,米达德发现,喀麦隆既是一个强大的威权主义国家,同时又是一个能力低下的国家,"在喀麦隆,政治和行政权威被转化为官僚体系和政党的私人财产,而官僚体系和政党又由阿西桥总统牢牢控制"。④ 在正式国家制度的假象之下,"职位与职位占有者之间缺乏区分,公共领域与私人利益之

---

① Shmuel Eisenstadt, *Traditional Patrimonialism and Modern Neopatrimonialism*, Beverly: Sage Publications, 1973, p. 11.

② Ibid., p. 59.

③ Ibid., p. 50.

④ Me'dard, J.-F. (1979) L'E'tat sous-de'veloppe' au Cameroun, in: CEAN, Anne'e africaine 1977, pp. 35 – 84 (Paris: Pe'done). Cited from Daniel C. Bach, "Patrimonialism and Neopatrimonialism: Comparative Trajectories and Readings," *Commonwealth & Comparative Politics*, Vol. 49, No. 3, July 2011, p. 276.

间的界限失去了实质意义"。① 换言之,在缺乏能够提供合法性的传统资源或是意识形态的情况下,统治者维持权力的能力就取决于他能否将对国家的垄断控制转变为家庭、朋友和追随者的获利机会。克拉彭(Christopher Clapham)进一步将法理型权威与家产制权威之间的脱节状况视为新家产制的核心特征。在他看来,"新家产制是一种组织形式——在新家产制下,广泛的家产制型关系渗透政治和行政体系,而政治和行政体系本是构建于正式的法理型原则之上的。占据官僚组织职位的官员们所拥有的权力,在名义上是得到正式界定的,但在现实中,他们将这些权力当作私人财产一样来行使"。② 布莱登(Michael Bratton)和范德维尔(Nicolas van de Walle)明确将新家产制视为一种混合型的主导,即家产制关系与法理型制度共存并且渗透法理型制度。③

至此,我们可将新家产制的主要特征总结如下。

首先,混合式主导。在新家产制下,家产制型主导与法理型主导不仅共存,而且相互交织在一起。在新家产制下,私人领域与公共领域之间的界限至少在理论上存在而且被接受,尽管在现实中这种界限并不总是得到遵守。正式的结构和规则确实存在,但它们要受到家产制式个人关系的渗透和扭曲。换言之,非正式性与正式性以各种方式密切交织在一起,导致了一种混合式的主导。

其次,规则的不确定性。作为一种混合型主导模式,新家产制缺乏能够提供稳定预期的规则体系。不仅如此,在新家产制之下,

---

① Me'dard, J.-F. (1979) L'E'tat sous-de'veloppe' au Cameroun, in: CEAN, Anne'e africaine 1977, pp. 35 - 84 (Paris: Pe'done). Cited from Daniel C. Bach, "Patrimonialism and Neopatrimonialism: Comparative Trajectories and Readings," *Commonwealth & Comparative Politics*, Vol.49, No.3, July 2011, p.276.

② Christopher Clapham, *Third World Politics: An Introduction*, London: Routledge, 1985, p.48.

③ Michael Bratton and Nicolas van de Walle, *Democratic Experiments in Africa: Regime Transitions in Comparative Perspective*, London: Cambridge University Press, 1997, p.62.

正式规则和非正式规则往往是相互冲突的。换言之,新家产制下的政治体并不是缺乏规则,相反,它面临着多重的、相互冲突的规则或制度。这就使得现实中的行为体常常面临这样一个疑问:究竟是何种规则起作用?规则的不确定性使得行为体面临着内在的不安全感,这反过来迫使他们进一步寻求家产制联系的庇护。

再次,权力的个人化。私人领域与公共领域之间的界限无法得到遵守这一事实意味着,新家产制下的权力是高度个人化的。在新家产制下,尽管权力受到正式规则的约束,但只要有可能,官员们便会将权力看作个人财产而非实现公共利益的工具。尤其是,新家产制下规则的不确定性为权力拥有者提供了更大的自由裁量空间。这也是为何布莱登和范德维尔将政治权力的集中程度(总统主义)、系统性的庇护主义以及"利用国家资源实现政治合法化"作为衡量新家产制的指标。①

最后,合法性赤字。如前所述,家产制下的权力关系不存在合法性的问题,这是因为上下级之间的互惠要求作为传统习俗而得到社会承认。相比之下,新家产制下权力关系的合法性问题因为私人领域与公共领域名义上的界限而凸显出来。在新家产制下,权力至少在名义上是公共性质的,尽管在现实中行为体又倾向于将权力作为"个人财产"而行使,这种法理型权威的"形"与家产制权威的"实"之间的脱节状况使得新家产制下权力关系的合法性遭到质疑。由于面临合法性赤字的问题,新家产制下的权力关系难免蜕变为利益交换关系,即被庇护者以忠诚和政治支持换取庇护者提供的物质利益或获利机会。因此,新家产制政权的运转很大程度上与庇护者攫取和分配资源的能力联系在一起。而当庇护者攫取和分配资源的能力出现下降时,他还可以直接诉诸强制力来

---

① Michael Bratton and Nicolas van de Walle, *Democratic Experiments in Africa: Regime Transitions in Comparative Perspective*, London: Cambridge University Press, 1997, pp. 63-67.

维系被庇护者的服从,但这是以合法性的流失为代价的。如布莱登和范德瓦尔指出的,"当无力通过分配物质奖励的方式来维持政治稳定时,新家长主义领导人会断然诉诸强制力,这反过来又进一步侵蚀了政权的合法性"。①

简言之,从家产制到新家产制的概念变化不仅伴随着单一型主导向混合型主导的转变,更重要的是,它还与传统权威的式微以及法理型权威的"形不符实"联系在一起。换言之,新家产制下的国家面临着权威的空窗期,即传统权威已经流失,难以为继,而法理型权威尚未完全发展起来。新家产制的混合型主导、规则不确定性、权力个人化以及合法性赤字的特征,使得它成为研究发展中国家政治的一个重要概念。

二、"新家产制"棱镜下的非洲政治

新家产制概念在非洲政治研究中的兴起与特殊的历史背景联系在一起。20世纪70年代的石油危机后,大多数非洲国家陷入持续性的经济危机之中,这迫使研究者们开始反思后独立时期非洲国家的经济发展模式。这种反思的一个结果,就是研究者们越来越倾向于将非洲国家视为经济危机的幕后黑手。1981年,世界银行发布了《博格报告》(Berg Report),批评非洲国家官僚机构的无效率与腐败,要求非洲国家减少对经济的干预,由此拉开非洲结构调整计划的序幕。同年,贝茨(Robert Bates)发表了《赤道非洲的市场与国家》一书,指出非洲国家对农业政策的干预损害了大多数

---

① Michael Bratton and Nicolas Van de Walle, "Neopatrimonial Regimes and Political Transitions in Africa," *World Politics*, Vol.46, No.4, July, 1994, p.460.

农民的利益,而这种干预都是出于"政治动机"。① 不仅如此,研究者们逐渐意识到,国家既可能是经济危机的肇源,也可能成为经济发展的推动者,关键取决于国家能力。1989 年,世界银行发布了《撒哈拉以南非洲:从危机到可持续增长》报告,开始抛弃其原先"守夜人国家"的观点,强调增强国家能力的必要性。同时,学术界也发出了"找回国家"与"提升国家能力"的呼吁。例如,在一篇开创性论文中,埃文斯(Peter Evans)明确提出,国家既可以成为"问题",也可成为"解决方案",其中的关键就在于国家是否能保持"嵌入性自主"(embedded autonomy),即国家在保持一个有内聚力的、自我导向的、韦伯式的官僚体系的前提下,还必须积极回应私人行为体的诉求。② 国际组织和学术界对于国家能力的强调,反衬了非洲国家能力低下的现实,这一现实更因与东亚发展型国家的对比而进一步凸显。在此情况下,新家产制概念便成为研究者们剖析非洲国家内在缺陷的工具。

在国际学术界,那些从新家产制棱镜审视非洲政治的研究者们主要关注两大问题:一是非洲新家产制的来源问题;二是新家产制在非洲导致的后果。

(一) 新家产制:为何是非洲?

简言之,研究者们主要从供给和需求两个层面来探讨非洲新家产制的来源问题。

在供给层面,研究者们主要强调非洲特定的文化传统为新家产制的出现提供了沃土。莱文(Victor Le Vine)最早提出新家产制

---

① Robert Bates, *Markets and States in Tropical Africa: The Political Basis of Agricultural Policies*, California: University of California Press, 1981, p.3.
② Peter Evans, "The State as Problem and Solution: Predation, Embedded Autonomy, and Structural Change," in Stephan Haggard and Robert Kaufman eds., *The Politics of Economic Adjustment: International Constraints, Distributive Conflicts, and the State*, Princeton: Princeton University Press, 1992.

在非洲的兴起基于前殖民时期非洲的家产制实践。在他看来,前殖民时期的非洲社会更接近于一种"弥散型的家产制"而非"父权制",这就使得非洲社会在后独立时期演变为"更为现代的、个人化类型的家产制"方面没有太大困难。① 沙茨伯格(Michael Schatzberg)将非洲的新家产制归结为非洲文化中特定的政治合法性观念。他观察到,现代很多非洲国家领导人将自己比喻为"父亲",将民众比喻为"儿女",而这些比喻、想象和修辞构成了一种"道德矩阵",这一"道德矩阵"之所以能够为非洲领导人提供政治合法性,就在于它与当地民众对传统文化的理解相契合。② 类似地,布莱登和范德维尔也提到了"家产制的习俗",认为后者在"社会学意义上的变化十分缓慢"。在他们看来,新家产制"既发生在国家之内……也产生于社会之中"。③ 海登通过"感情经济"(economy of affection)概念来解释非洲传统家产制与新家产制之间的连续性。在他看来,所谓"感情经济"就是指"个人对与他人的互惠关系进行投资,并将其视为实现特定目标的一种方式,而这些目标通过其他方式是无法实现的",而非洲大陆"原始的社会构成"很大程度上解释了为何感情经济以及非正式制度会继续在非洲占据主导地位。④ 与大多数研究者将非洲新家产制的起源追溯到前殖民时期不同,约瑟夫(Richard Joseph)则认为,新家产制在后殖民时期非洲的兴起更多与殖民遗产联系在一起。他认为,尼日利亚官僚体系的新家产制性质源于殖民后期公共部门的扩张。他提出"受俸主义"(prebendalism)概念,用来描述将政治和行政职位作为政治奖

---

① Victor T. Le Vine, "African Patrimonial Regimes in Comparative Perspective," *The Journal of Modern African Studies*, Vol.18, No.4, December 1980, p.658.

② Michael Schatzberg, *Political Legitimacy in Middle Africa*, Bloomington: Indiana University Press, 2001, p.31.

③ Michael Bratton and Nicolas Van de Walle, "Neopatrimonial Regimes and Political Transitions in Africa," *World Politics*, Vol.46, No.4, July, 1994, p.458.

④ Goran Hyden, *African Politics in Comparative Perspective*, New York: Cambridge University Press, 2006, p.73.

励进行分配的现象,认为这种现象早在殖民后期就已经存在了。①

在需求层面,研究者们强调新家产制满足了非洲统治者维持统治的需要。战后新独立的第三世界国家都面临着两大根本压力:一是构建一个现代民族国家的压力,包括形成集中的权力结构和治理体系;二是资本主义全球扩散和市场经济渗透带来的压力。在应对这两大压力方面,新生的非洲国家尤其面临着一些"先天不足",包括国家的人为性、殖民遗产的包袱、社会的碎片化与异质性、前资本主义的经济与阶级结构以及缺乏传统的政治合法化资源等。在这种情况下,新家产制就成为非洲各国统治者应对上述两大压力的自然选择——如前所述,非洲存在着有利于新家产制兴起的文化土壤。尤其是,新家产制被认为有助于实现两大政治功能:一是政治整合功能。独立之初,多数非洲国家面临着严峻的政治整合问题,这突出表现在精英的分裂以及中央与地方之间缺乏制度化的联系。例如,布恩(Catherine Boone)描述了后殖民时期的塞内加尔政府如何通过发展庞大的庇护网络来实现对伊斯兰领袖的政治同化与拉拢。② 在博瓦尼时期的科特迪瓦(1960—1993),政治吸纳基于对"平衡族群、代际,甚至个人之间的竞争"等因素的考虑,被认为有助于缓解族群、地区和宗教认同带来的分裂性影响,同时提升精英内部的凝聚力并将边缘地区与中心地区整合在一起。③ 二是政治合法化功能。由于非洲国家的"人为性"以及缺乏政治合法化资源的现实,多数非洲国家在独立之初都面临着合法性危机。尤其是殖民主义破坏了非洲本土原有的政治制

---

① Richard A. Joseph, "Class, State, and Prebendal Politics in Nigeria," *The Journal of Commonwealth & Comparative Politics*, Vol. 21, No. 3, 1983, pp. 21-38.

② Catherine Boone, *Political Topographies of the African State: Territorial Authority and Institutional Choice*, New York: Cambridge University Press, 2003, pp. 46-93.

③ Daniel C. Bach, "Patrimonialism and Neopatrimonialism: Comparative Receptions and Transcriptions," in Daniel C. Bach and Mamoudou Gazibo, eds., *Neopatrimonialism in Africa and Beyond*, New York: Routledge, 2012.

度,这使得新生国家在多数非洲社会都具有"外来性质",反过来进一步加剧了其合法性危机。① 如前所述,非洲存在着深厚的家产制文化传统,庇护主义不仅与已有的社会规范、信念相吻合,而且得到了广大民众的认可与接受。进而,体系性地诉诸庇护主义并将国家资源的分配作为获得合法性的手段,就成为多数非洲国家统治者合乎逻辑的选择。② 正如查波尔等指出的那样,"在非洲,代表权是和庇护者与追随者之间的复杂交易联系在一起……合法性主要源于利益的再分配之中"。③

正是由于存在相应的需求和供给,后独立时期的非洲便成为新家产制兴起的沃土。随着20世纪80年代以来非洲大陆出现了普遍性的治理危机,研究者们越来越频繁地透过新家产制这一棱镜来分析非洲的治理问题。相应地,对新家产制在非洲导致的治理后果便成为研究者们关注的另一主要问题。

(二)"反发展"与"反民主":新家产制与非洲的治理危机

随着20世纪70年代以来非洲治理危机的凸显,在国际学术界,非洲国家进入"被妖魔化"的时代。研究者们批评非洲国家一系列看似相互矛盾的特征:羸弱而扩张、压制而屈从、无处不在但又缺位。相应地,各种描述非洲国家内在缺陷的术语应运而生,比如食利国家、过度扩张的国家、寄生国家、掠夺性国家、新家产制国家、蹩脚的利维坦、受俸国家、权贵国家、盗贼国家、影子国家、内卷

---

① See Pierre Englebert, *State Legitimacy and Development in Africa*, Boulder: Rienner, 2002.

② Daniel C. Bach, "Patrimonialism and Neopatrimonialism: Comparative Receptions and Transcriptions," in Daniel C. Bach and Mamoudou Gazibo eds., *Neopatrimonialism in Africa and Beyond*, New York: Routledge, 2012.

③ Patrick Chabal and Jean-Pascal Daloz, *Africa Works: Disorder as Political Instrument*, Bloomington: Indiana University Press, 1999, p.2.

国家以及根茎国家等不一而足。① 其中,新家产制更是成为过去20年间"描述非洲治理的一个方便的、无所不包、无处不在的代名词"。② 巴赫将新家产制称为一系列与非洲政治高度相关的现象的"共同的分母",这些现象包括"专制主义、排他性行为、部族主义、地区主义、庇护主义、受俸主义、腐败、掠夺、派系主义等"。③

研究者们主要关注新家产制对非洲经济发展和民主化转型所带来的负面影响。具体言之,新家产制被认为对于非洲治理产生了两大负面效应,即"反发展效应"与"反民主效应"。如范德维尔总结道,大多数观察家都能够同意以下两点:"第一,新家产制具有内在的反民主性质……第二,新家产制被认为是解释非洲长期以来经济危机的一个关键因素。"④

研究者们主要从两个维度分析新家产制的"反发展效应"。

第一,新家产制扭曲了统治者的执政动机,使其不愿或不能推行那些能够推动经济增长的政策。不发展首先是一个政治问题,新家产制的出现首先是出于政治方面的考虑。换言之,在新家产制背景下,只有符合统治者政治利益的经济增长才有可能出现。例如,贝茨发现,非洲各国对农业的干预政策阻碍了其农业的发展,损害了农民的经济利益,因而从经济视角看是无效率的;此外,这些政策为城市居民和大农场主带来了利益,安抚了那些拥有政治影响力的群体,维持了政权的稳定,因而从政治上看又是"理性

---

① Thandika Mkandawire, "Thinking about Developmental States in Africa," *Cambridge Journal of Economics*, Vol. 25, 2001, p. 293.

② Thandika Mkandawire, "Neopatrimonialism and the Political Economy of Economic Performance in Africa: Critical Reflections," *World Politics*, Vol. 67, No. 3, May 2015, p. 3.

③ Daniel C. Bach, "Conclusion: Neopatrimonial and Developmental—The Emerging States' Syndrome," in Daniel C. Bach and Mamoudou Gazibo, eds., *Neopatrimonialism in Africa and Beyond*, New York: Routledge, 2012.

④ Nicolas van de Walle, "The Path from Neopatrimonialism: Democracy and Clientelism in Africa Today," in Daniel C. Bach and Mamoudou Gazibo, eds., *Neopatrimonialism in Africa and Beyond*, New York: Routledge, 2012.

的"。① 范德维尔分析了非洲国家结构调整计划实施中出现的"部分改革综合征"现象。他发现,非洲的统治者最初试图回避援助方强加的改革计划,因为担心改革会让他们失去对国家资源的控制。随着危机的逐步加深,他们学会了如何在改革中保护和扩大自己的政治利益。他进而认为,非洲实现可持续经济改革的最主要障碍来自非洲国家本身,如果没有对非洲国家政治的改革,就不会有成功的经济改革。②

新家产制对于统治者执政动机的扭曲,使得非洲国家难以承担起发展型国家的角色,非洲国家进而被认为是"反发展型国家"(anti-developmental state)的原型。由于在新家产制下,统治者倾向于将公共资源用于私人目的,这就导致国家无力提供对经济增长至关重要的资本积累。刘易斯(Peter Lewis)发现,大多数非洲国家的经济都面临资金短缺的问题,这主要是由于非洲国家中"庇护体系下强大的分配压力会鼓励消费和对公共资源的再分配,而不是鼓励储蓄和投资"。③ 相应地,新家产制下统治者面临的分配压力使得这些国家都有着迈向财政危机的结构性压力。在财政收入方面,统治者出于维持庇护网络的政治需要,赋予重要的支持群体"免税权",这无疑会破坏国家的税收规则,导致效仿效应,严重削弱国家的财政提取能力④;在财政开支方面,非洲国家

---

① Robert Bates, *Markets and States in Tropical Africa: The Political Basis of Agricultural Policies*, California: University of California Press, 1981, p.6.

② Nicolas van de Walle, *African Economies and the Politics of Permanent Crisis, 1979-1999*, New York: Cambridge University Press, 2001, p.14.

③ Peter Lewis, "Economic Reform and Political Transition in Africa: The Quest for a Politics of Development," *World Politics*, Vol.49, No.1, October, 1996, p.100. 关于非洲领导人如何将外部援助方提供的资源用于维护新家产制网络,另见 Jay Oelbaum, "Populist Reform Coalitions in Sub-Saharan Africa: Ghana's Triple Alliance," *Canadian Journal of African Studies*, Vol.36, 2001, p.286。

④ See Christian von Soest, "How Does Neopatrimonialism Affect the African State? The Case of Tax Collection in Zambia," *GIGA Working Paper*, No.32, 2006; Nicolas van de Walle, *African Economies and the Politics of Permanent Crisis, 1979-1999*, New York: Cambridge University Press, 2001.

或是被认为拥有过于膨胀的公共部门,或是倾向于作出无效的经济投资决策而造成财政浪费,这些都会导致国家财政的难以为继。①

第二,新家产制下公共领域与私人领域界限不清的状况,使得官僚体系难以保持其中立性与专业性,而后者被认为是后发国家实现快速经济增长的关键。② 新家产制下的官员任命更多基于政治考虑而非专业素质。例如,以后独立时期的尼日利亚为例,约瑟夫分析了将政治和行政职位作为政治奖励进行分配的现象,并提出了"受俸政治"的概念。③ 同样,加拉吉论述了蒙博托如何通过行政任命权维持自身的盗贼统治。④ 不仅如此,在新家产制体系下,官僚体系还容易受到私人利益的捕获,因难以保持其中立性而导致腐败横生。布莱登和范德维尔指出,在一个新家产制政权下,"人们占据官僚职位,更多考虑的是获得个人财富和地位,而不是提供公共服务……新家产制的实质就是官员们为他人提供个人化的好处"。⑤ 查波尔和达罗兹发现,很多非洲国家的公务员,对其家庭、村庄、族群和地区负有互助义务,"公务员是国家公仆"的观

---

① See Nicolas van de Walle, *African Economies and the Politics of Permanent Crisis*, 1979-1999, New York: Cambridge University Press, 2001; Thomas M. Callaghy, *The State-Society Struggle: Zaire in Comparative Perspective*, New York: Columbia University Press, 1984.

② See Peter Evans, "The State as Problem and Solution: Predation, Embedded Autonomy, and Structural Change," in Stephan Haggard and Robert Kaufman eds., *The Politics of Economic Adjustment: International Constraints, Distributive Conflicts, and the State*, Princeton: Princeton University Press, 1992; Atul Kohli, *State-Directed Development: Political Power and Industrialization in the Global Periphery*, Cambridge: Cambridge University Press, 2004.

③ Richard A. Joseph, "Class, State, and Prebendal Politics in Nigeria," *The Journal of Commonwealth & Comparative Politics*, Vol.21, No.3, 1983, pp.21-38.

④ See Thomas M. Callaghy, *The State-Society Struggle: Zaire in Comparative Perspective*, New York: Columbia University Press, 1984.

⑤ Michael Bratton and Nicolas Van de Walle, "Neopatrimonial Regimes and Political Transitions in Africa," *World Politics*, Vol.46, No.4, July, 1994, p.458.

念根本行不通。① 尤其是,新家产制下正式规则与非正式规则的共存导致了规则的不确定性,这会进一步加剧官僚的腐败动机。科利(Atul Kohli)将新家产制国家视为发展型国家的对立面。在对韩国、巴西、印度和尼日利亚的比较案例研究中,他尤其强调独立于私人利益的"有效的公共领域"对于经济发展的重要性,而新家产制国家下公共领域与私人领域界限不清的现实,使得其容易被派系利益所捕获而变得"高度无效"。②

关于新家产制的"反民主效应",研究者们主要持两种观点。第一种观点可被称为排斥论,即认为新家产制阻碍了民主化的进程,而真正的民主制度是与新家产制不兼容的。新家产制基于庇护网络和政治排斥,它与民主制所推崇的平等、参与、自由、政治透明等核心价值格格不入。这也是为何一些研究者坚持认为,新家产制与民主制是不兼容的。例如,在布莱登和范德维尔看来,新家产制以及与其相关的融入和排斥的机制能够解释非洲民主转型的特征。在新家产制下,权力的个人化、庇护主义以及将公共资源用于个人目的都使得这些非洲政府缺乏合法性并厌恶政治竞争和公民参与,而这些给民主转型带来了负面影响:独裁者只有在大规模抗议浪潮的情况下才会交出权力,并没有设计有关民主转向的预先方案;新家产制使得精英们分裂为两派:一派享有特权和好处,

---

① Patrick Chabal and Jean-Pascal Daloz, *Africa Works: Disorder as Political Instrument*, Bloomington: Indiana University Press, 1999, p.15. 类似地,彼得·埃克(Peter Ekeh)认为,殖民主义为非洲带来了"双重公共空间":一个是原始的公共空间(primordial public),另一个是与殖民主义联系在一起的现代公共空间(civil public)。非洲精英在这两个领域中遵循着不同的行为逻辑:在现代的公共领域中,他们强调物质利益,但不愿承担义务;在传统的公共领域中,他们强调道德义务,但不在乎物质收益。不仅如此,非洲精英还倾向于从现代的公共空间中寻求资源以支持原始的公共空间,这就塑造了后独立时期出现的腐败文化。See Peter Ekeh, "Colonialism and the Two Public in Africa: A Theoretical Statement," *Comparative Studies in Society and History*, Vol.17, No.1, 1975, pp.91-112.

② Atul Kohli, *State-Directed Development: Political Power and Industrialization in the Global Periphery*, Cambridge: Cambridge University Press, 2004, p.408.

另一派被排除在外,而民主转型总是处于那些被排斥的精英的威胁之下;另外,在新家产制背景下,庇护主义、威权行径和对游戏规则的操纵都会阻碍民主转型的制度化。① 在另一篇文章中,范德维尔明确指出,新家产制从根本上是反民主的,因为新家产制由一系列机制和规范构成,而这些机制和规范确保了威权主义政权的统治,破坏了政治参与和竞争。他坚信,随着非洲国家民主制的巩固,新家长主义将逐渐被削弱。② 在新家产制国家中,真正的权力和决策过程都在正式制度之外。凯马克(Diana Cammack)认为,这些国家的统治者们的首要目标是不惜一切代价获得和保有权力,而支撑民主制的那些理念——接受"忠诚的反对派"、容忍不同声音、有效的权力制衡、政党通过公平选举实现权力轮替、活跃和组织良好的公众——都可能使得大人物及其追随者们失去权力,因而不为他们所接受。③ 类似地,埃德曼(Gero Erdmann)认为,民主制应当基于法治和法理型权威之上,而新家产制下法理型权威与家产制权威混合的状况使得它与自由民主制在概念上相互排斥。他认为,非洲国家民主转型的不成功,其中一个重要的原因就是新家产制的存在。④

第二种观点可被称为兼容论。与排斥论不同,兼容论者认为,新家产制不仅可以在民主制度下存活,甚至还可能被进一步发展

---

① Michael Bratton and Nicolas van de Walle, *Democratic Experiments in Africa: Regime Transitions in Comparative Perspective*, London: Cambridge University Press, 1997, p.233.

② Nicolas van de Walle, "The Path from Neopatrimonialism: Democracy and Clientelism in Africa Today," in Daniel C. Bach and Mamoudou Gazibo, eds., *Neopatrimonialism in Africa and Beyond*, New York: Routledge, 2012.

③ Diana Cammack, "The Logic of African Neopatrimonialism: What Role for Donors?" *Development Policy Review*, Vol.25, No.5, 2007, p.600.

④ Gero Erdmann, "Neopatrimonialism and Political Regimes," in Nic Cheeseman et al., eds., *Routledge Handbook of African Politics*, London: Routledge, 2013; Gero Erdmann and Ulf Engel, "Neopatrimonialism Reconsidered: Critical Review and Elaboration of an Elusive Concept," *Commonwealth and Comparative Politics*, Vol.45, No.1, 2007, p.115.

和固化。在兼容论者眼中,尽管非洲各国的政治形式变得越来越"民主",但是,这种政治形式的变化并没有带来权力行使层面的相应变化。换言之,新家产制下的庇护逻辑仍旧渗透在新的民主制度架构之中并占据主导。在对非洲民主转型进程的总结性评论中,邓恩(Kevin Dunn)和英格尔伯特(Pierrre Englerbert)指出,当代非洲政治的最大特征之一就是威权型的新家产制政权能够在相当程度上适应选举民主制的正式特征,"新家产制很大程度上是与民主制兼容的,而不是被后者所消解"。① 事实表明,新家产制下形成的权力关系以及关于权力的观念不可能随着多党选举的到来而被立即改变。查波尔和达罗兹曾尖锐地指出,代表权的概念在非洲是没有意义的,因为人们并不是因为支持特定政党的政策理念而投票,而仅仅是为了满足他们庇护者的要求。② 这也是为何一些非洲国家的选举被戏称为关于不同族群的"人口普查"。这种看法得到了一些实证研究的支持。例如,万特赤肯(Leonard Wantchekon)在贝宁进行的选举实验表明,提供庇护主义选项的候选人的获胜概率更大,而提供公共政策选项却会对候选人胜选的概率产生负面影响。当一个候选人从提供庇护主义选项转向提供公共政策选项时,其同族群的选民对他的支持率就会下降。③

不仅如此,在一些非洲国家,似乎还出现了民主制下新家产制进一步发展和固化的现象。例如,安德斯(Gerhard Anders)对马拉维的案例研究发现,在1994年民主化之后,马拉维出现了"资源分配的民主化"(democratization of appropriation),即原先原本由总统严密控制的庇护网络出现了扩散化的趋势,众多高级官员和政

---

① Kevin C. Dunn and Pierrre Englerbert, *Inside African Politics*, Boulder: Lynne Rienner Publishers, 2019, p.221.
② Patrick Chabal and Jean-Pascal Daloz, *Africa Works: Disorder as Political Instrument*, Bloomington: Indiana University Press, 1999, p.153.
③ Leonard Wantchekon, "Clientelism and Voting Behavior: Evidence from the Field Experiment in Benin," *World Politics*, Vol.55, No.3, 2003, pp.399-422.

客也加入对公共资源的分配中来,最终加剧了整个官僚体系的政治化和腐败横生。① 类似地,林德伯格(Staffan Linderg)对加纳的案例研究也发现,在民主化转型后,加纳的议员成为名副其实的庇护者,其主要工作是安抚选民,而不是进行政策讨论或是监督政府。基于对 34 名国会议员的访谈,林德伯格发现,在民主转型后,加纳国会议员为了维持自己的政治权力而大量诉诸庇护关系。在民主转型后,加纳国会议员参与庇护政治的频率都大大增加了。②

无论是排斥论者还是兼容论者,双方在新家产制破坏民主制度的正常运转这一点上又是一致的。民主转型之后,众多非洲国家陷入"半威权政体"或"选举威权政体"以及非洲国家的政治自由度和公民自由度水平一直低于世界平均水平的事实表明③,仅仅建立正式的民主制度本身并无法改变这些国家中新家产制的权力运作逻辑。大多数研究者认为,新家产制下权威的个人化性质与民主制度的运作规则是格格不入的。不仅如此,在新家产制下,统治者还可利用庇护网络破坏民主制度的权力制衡机制,并利用对国家资源的控制来改变政治竞争的规则,从而形成不公平的"在位者优势"。④ 这也是多数研究者对于非洲民主制度的前景并不乐观的原因所在。

---

① See Gerhard Anders, "Civil Servants in Malawi: Cultural Dualism, Moonlighting and Corruption in the Shadow of Good Governance," PhD Thesis, University of Rotterdam, 2005.
② Staffan Lindberg, "It's Our Time to 'Chop': Do Elections in Africa Feed Neopatrimonialism Rather than Counteract it?" *Democratization*, Vol. 10, No. 2, 2003, pp. 121-140.
③ Kevin C. Dunn and Pierrre Englerbert, *Inside African Politics*, Boulder: Lynne Rienner Publishers, 2019, pp. 200-201.
④ Nicolas van de Walle, "Presidentialism and Clientelism in Africa's Emerging Party System," *Journal of Modern African Studies*, Vol. 41, No. 2, 2003, pp. 297-321.

三、对新家产制概念的批评

新家产制概念的诸多优势使得它成为比较政治研究,尤其是非洲政治研究中的一个有吸引力的概念。新家产制概念的最大优势,就是"它将政治与权力的具体行使联系在了一起,而权力的行使正是政治学的核心话题"。① 一方面,由于它关注权力的特定行使方式,这使得研究者们得以跨越不同的政权类型划分,发现特定国家政治的延续性,有助于"将历史带进来"。例如,范德维尔将非洲国家的新家产制追溯到非洲乡村的家产制传统,认为这些家产制传统很容易就可被改造为现代统治者的政治工具,这是因为"社会学意义上的结构变化是十分缓慢的"。② 由此而来的一个推论就是,尽管非洲国家具有现代的政治制度形式,但它们对权力的行使方式或许与传统上并无二致。另一方面,新家产制概念突出对公共资源的个人化分配在维护政治合法性以及维系国家与社会关系中的关键作用,强调精英与民众之间的庇护主义联结。从这个意义上,新家产制概念提供了关于精英与民众行为逻辑的假定,进而为解释宏观层面的制度与政策安排提供了微观基础。例如,海登将非洲国家的根本问题归结为个人层面的"感情经济"逻辑,后者是一种围绕直接的互惠关系而产生的社会逻辑。在他看来,非洲国家的公共机构基于"感情经济"逻辑和庇护原则,"这些政府并不是以推行官方出台的政策为其行为的出发点,相反,它们寻求的

---

① Gero Erdmann and Ulf Engel, "Neopatrimonialism Reconsidered: Critical Review and Elaboration of an Elusive Concept," *Commonwealth and Comparative Politics*, Vol. 45, No. 1, 2007, p. 114.

② Nicolas van de Walle, *African Economies and the Politics of Permanent Crisis, 1979-1999*, New York: Cambridge University Press, 2001, p. 120.

是对特定个体和群体予以奖励——这些个体和群体显示出了表率性的忠诚或是对于某政府领导人的政治成功作出了贡献"①。

新家产制概念联结历史与当下以及联系宏观和微观因素的能力使得它成为非洲比较政治研究中的一个核心概念,一些研究者甚至将其视为对非洲政治的"缺省解释"。然而,新家产制概念也被一些研究者批评为一个无所不包的概念(a catch-call concept)。西奥博尔德(Robin Themobald)批评它"不是将社会政治现象孤立开来,相反,它试图掩盖各种实质性的差异……它被用来解释几乎所有社会的政治凝聚力问题,已经成为一个无所不包的概念"。② 概而言之,研究者们对于新家产制概念的批评主要集中于两个方面。

第一,它不可避免地导致某种"非洲本质主义"倾向。所谓"非洲本质主义"倾向,即认为整个非洲大陆都存在某种共同的核心特征或是本质,而这些核心特征或是本质从根本上是难以改变的。如查波尔和达罗兹所说的,"所有非洲国家的共同特征就是存在一种一般性的家产制体系以及明显的无序状态"。③ 布莱登和范德维尔更是明确指出,尽管新家产制行为可以出现在所有政体中,"但是它是非洲和其他少数国家政治的核心特征"。④ 这种"非洲本质主义"无疑会带来分析上的静态性。从时间维度上,它倾向于抹杀非洲国家在不同历史时期的变化。大多数关注新家产制的研究者认为,无论是前殖民时期、殖民时期还是独立后时期,非洲国

---

① Goran Hyden, *African Politics in Comparative Perspective*, Cambridge: Cambridge University Press, 2006, p.229.

② Robin Theobald, "Patrimonialism," *World Politics*, Vol.34, No.4, 1982, pp.554-555.

③ Patrick Chabal and Jean-Pascal Daloz, *Africa Works: Disorder as Political Instrument*, Oxford: James Currey, 1999, p.xix.

④ Michael Bratton and Nicolas van de Walle, *Democratic Experiments in Africa: Regime Transitions in Comparative Perspective*, London: Cambridge University Press, 1997, p.62.

■ 利益的关联、博弈与公共政策

家的权力运作方式以及国家与社会的联结方式并没有发生根本变化,甚至在可见的未来也不会发生根本变化,这必然导致某种决定论色彩以及"非洲悲观主义"的出现。如克拉彭指出的,当代非洲之所以出现新家长主义,是"因为它与前殖民时期社会组织的规范形式最为吻合"①;从空间维度上,它倾向于抹杀不同非洲国家之间的可能差异,似乎认为所有非洲国家都面临着相同的问题、有着共同的本质,进而抹杀了不同非洲国家之间的内在差异。在独立后时期,不同非洲国家在发展路径、发展轨迹和发展绩效方面都出现了较大差异,这是不争的事实。但是,新家产制概念及其"非洲本质主义"倾向却选择忽视,甚至抹杀这些差异,这无疑脱离了非洲大陆发展多样化的现实。简言之,由于坚守对非洲精英与民众行为逻辑的假定,新家产制概念不仅无力解释非洲国家的时空变化,反而掩盖了这些变化。

由于新家产制概念无力解释非洲国家的时空变化,一些研究者尝试对新家产制概念进行拓展,以容纳非洲国家之间的多样性。一个做法就是对新家产制进行分类。巴赫将非洲的新家产制国家分为两类:一类是监管型新家产制(regulated neopatrimonialism),另一类是掠夺式新家产制(predatory neopatrimonialism)。前者通常与族群和地区平衡政策联系在一起,表现为统治者的政治吸纳和再分配政策,典型的例子包括肯尼亚的肯雅塔政府(1964—1978)和科特迪瓦的博瓦尼政府(1960—1993);而在掠夺式新家产制下,统治者的权力不受任何约束,最终导致盗贼统治和狭隘的再分配网络,典型的例子就是刚果(金)的蒙博托政府(1965—

---

① Christopher Clapham, *Third World Politics: An Introduction*, London: Routledge, 1985, p.49.同样,闫健等人也认为,"非洲前殖民时期与殖民时期的家产制构成了新家产制体系出现的历史根源和社会土壤",参见闫健、吴彬:《新家长主义体系在非洲的兴起与衰落:对后殖民时期非洲政治的初步考察》,载陈明明主编:《复旦政治学评论(第16辑):劳工政治》,复旦大学出版社2016版。

1997)。① 英国国际发展部的研究人员依据两个标准将非洲的新家产制分为发展型家产制(developmental patrimonialism)和非发展型家产制:一是统治精英是否能够实现对经济租金的集中控制;二是统治精英是否能够出于长远目标对经济租金进行管理。② 依据这一分析框架,他们对四个发展型家产制国家进行了案例分析(卢旺达、马拉维、科特迪瓦和肯尼亚)。③ 另一个做法是重新挖掘家产制概念中被研究者们所忽视的内容。例如,皮彻(Anne Pitcher)等人发现,韦伯意义上的家产制是一种权威类型,而不是政权类型,它包含了统治者与被统治者之间的互惠预期,而这一点往往被众多研究者所忽视了。基于对韦伯家产制概念的重新挖掘,他们挑战了那种认为新家产制具有内在的反民主特征的观点。通过对博茨瓦纳的案例分析,他们得出结论认为博茨瓦纳的精英们"在传统的、高度个人化的互惠和忠诚基础上,构建了一个新家产制的、但同时也是民主的国家"。④ 这些努力均在一定程度上缓解了新家产制概念无力解释时空变化的问题。

第二,研究者们对新家产制概念的另一个批评就在于它难以被操作化。新家产制很大程度上是一个描述性概念,而非一个分析性概念,其中的症结就在于它难以被操作化。如埃德曼指出的,

---

① Daniel C. Bach, "Patrimonialism and Neopatrimonialism: Comparative Trajectories and Readings," *Commonwealth & Comparative Politics*, Vol. 49, No. 3, 2011, pp. 275-294.

② David Booth ed., "Africa Power and Politics Programme Research Streams, 2008/2010," https://assets.publishing.service.gov.uk/media/57a08b9bed915d3cfd000e14/appp-research-streams.pdf., retrieved December 2, 2022.

③ Tim Kelsall, "Rethinking the Relationship between Neo-Patrimonialism and Economic Development in Africa," *IDS Bulletin*, Vol. 42, No. 2, March, 2011, pp. 76-87. 中文文献中关于"发展型家产制"的介绍,参见赵德昊、林奇富:《重思新家长主义:非洲国家中的发展型家长主义——基于四个非洲国家的比较案例分析》,载陈明明主编:《复旦政治学评论(第23辑):观念、价值与政治发展》,复旦大学出版社2021年版。

④ Anne Pitcher, Mary Moran and Michael Johnston, "Re-Thinking Patrimonialism and Neopatrimonialism in Africa," *African Studies Review*, Vol. 52, No. 1, April, 2009, pp. 125-156.

即便将新家产制看作一个独立变量,我们仍需回答以下问题:如何才能识别出新家产制类型的主导?如何才能将它与其他主导类型区分开来?换言之,在一个法理型体系下,需要多少家产制的因素才能转变为新家产制体系?或者,一个家产制体系需要具备多少法理型因素才能转变为新家产制体系?① 我们又如何才能判断不同政治体系下新家产制的程度差异?要对这些实证性问题进行解答,一个基本前提就是对新家产制概念进行操作化。

作为概念操作化的第一步,一些研究者试图明晰新家产制概念的核心维度。斯奈德(R. Snyder)是最早进行此类尝试的学者。在他看来,新家产制政权的核心特征就是存在"一种广泛的个人庇护网络",而国家制度遭到这些个人庇护网络"不均衡地"渗透。② 但是,斯奈德并未能进一步阐释如何确定这些"广泛的个人庇护网络"的存在,以及如何衡量这些个人庇护网络对于国家制度的渗透程度。布莱登和范德维尔提出了新家产制的三个维度,包括:总统主义(presidentialism),即政治权力系统性地集中在单个人的手中;系统性的庇护主义(systematic clientelism),即总统或是强人依赖对公共部门职位及公共资源的个人化分配来维持政治权力;利用国家资源实现政治合法化。③ 然而,这三个维度的边界是不清晰的。第一个维度的存在几乎必然导致第二个维度的出现,而第三个维度似乎又和第二个维度无法截然分开。此外,无论是总统主义、系统性的庇护主义还是利用国家资源实现政治合法化,在被用于测量新家产制之前,它们首先就需要被指标化。此外,大

---

① Gero Erdmann, "Neopatrimonialism and Political Regimes," in Nic Cheeseman et al. eds., *Routledge Handbook of African Politics*, London: Routledge, 2013.

② R. Snyder, "Explaining Transitions form Neopatrimonial Dictatorships," *Comparative Politics*, Vol.24, No.4, 1992, pp.379-400.

③ Michael Bratton and Nicolas van de Walle, *Democratic Experiments in Africa: Regime Transitions in Comparative Perspective*, London: Cambridge University Press, 1997, pp.63-67.

多数对新家产制概念操作化的尝试都聚焦于政治维度,忽视了这一概念的行政维度。如果仅仅基于政治维度的观察就认为一个政治体系是新家产制的,这样的结果就具有很大误导性。因为始终存在这样的可能,即政治领域内存在着很强的家产制行为,但是公共行政领域却根据法理型的官僚体系原则来运转。为此,埃德曼和恩格尔(Ulf Engel)提出了一个重要的观点,即在对新家产制概念操作化时,必须区分政治维度和行政维度。具体而言,在测量政治维度方面,他们建议使用那些区分威权政体和民主政体的指标;而对于行政维度的测量,则可借鉴韦伯关于法理型官僚体系特征的论述。①

尽管布莱登和范德维尔提出的新家产制概念三维度尚存在不足,但这并不妨碍一些研究者在其基础上进行进一步的概念操作化工作。在对赞比亚税收部门的案例研究中,索伊斯特(Christian von Soest)尝试对上述三个维度进行指标化。在总统主义维度上,他提出两个测量指标:一是总统任期的时间;二是关键内阁成员的更替率。在系统性的庇护主义上,他提出的测量指标是内阁的规模;在利用国家资源实现政治合法化维度上,他给出的测量指标包括"是否存在总统特别基金"、腐败感知指数和世界银行的治理指数。结合赞比亚在上述测量指标上的表现,索伊斯特得出结论认为,新家产制一直是赞比亚政治体系的核心特征。② 在新家产制概念的操作化方面,索伊斯特提出的上述测量指标无疑代表了一大进步,但是,它们仍旧未能改变新家产制概念内在的模糊性。比如,这些测量指标无法告诉我们,内阁部长更替率多高、内阁规模

---

① Gero Erdmann and Ulf Engel, "Neopatrimonialism Reconsidered: Critical Review and Elaboration of an Elusive Concept," *Commonwealth and Comparative Politics*, Vol. 45, No. 1, 2007, pp. 110-113.

② Christian von Soest, "How Does Neopatrimonialism Affect the African State? The Case of Tax Collection in Zambia," GIGA Working Paper, No. 32, 2006.

多大或者在腐败感知指数上排名多少时,一国就会从法理型主导蜕变为新家产制主导。另外,这些测量指标的有效性也是存疑的。例如,影响内阁规模的大小以及是否设立总统特别基金的因素很多,并不一定都与新家产制有关。

在新家产制概念的操作化方面,斯格曼(Rachel Sigman)和林德伯格提出了迄今为止最为详尽的指标体系。他们将布莱登和范德维尔的新家产制概念三维度进一步提炼为庇护主义、总统主义和政权腐败(regime corruption)。其中,庇护主义指的是以物质利益交换政治支持,总统主义指的是政治权力系统性地掌握在单个领导人手中,而政权腐败指的是政客们将公共职位作为个人资源。接着,他们利用V-Dem数据库构建了一个新家产制统治的指标体系。其中,庇护主义维度包含三个测量指标,即贿选、公共物品供给的普惠性程度以及政党与选民间是否存在庇护联系;测量总统主义的指标共有九个,包括行政部门是否遵守宪法、行政监督、立法部门是否控制资源、立法部门是否有权调查行政部门、高等法院独立性、下级法院独立性、对于高等法院的服从度、对于司法部门的服从度以及选举管理机构的独立性;在政权腐败维度上,主要有四个测量指标,包括行政部门的贪污状况、行政部门的受贿状况、立法部门的腐败以及司法腐败。① 在此基础上,他们利用贝叶斯分析得出不同国家的新家产制指数。

斯格曼和林德伯格的上述努力大体上实现了新家产制概念的指标化和可测量,但是他们仍旧面临着一些突出的挑战。挑战之一是数据来源问题。V-Dem数据库包含了1789年至今全球所有国家在450个指标上的数据,而这些数据的来源都是专家在线打

---

① Rachel Sigman and Staffan I. Lindberg, "Neopatrimonialism and Democracy: An Empirical Investigation of Africa's Political Regimes," Working Paper SERIES, The Varieties of Democracy Institute, No.56, 2017, p.7.

分。① 因此,斯格曼和林德伯格提出的新家产制指数本质上是专家主观评判的结果,其有效性至少需要相应的客观指标的支撑——而客观指标在 V-Dem 数据库中却是缺失的。另一挑战与新家产制的门槛条件有关。通过新家产制指数,斯格曼和林德伯格得以衡量所有国家的新家产制程度,但这却是以抹杀新家产制的门槛条件为代价的。换言之,既然所有国家的新家产制只有程度之分,那么,新家产制概念本身就失去了任何门槛条件。新家产制指数既无法告诉我们多大的数值就会带来现实中负面的治理后果,更无法告诉我们不同国家新家产制程度不同背后的原因所在。② 斯格曼和林德伯格的上述努力有导致新家产制概念失去分析价值的危险。

四、结语

基于比较政治领域,尤其是非洲比较政治的已有研究成果,本文对新家产制概念进行了学术史梳理和评析。本文的论述表明,新家产制具有混合型主导、规则不确定性、权力个人化以及合法性赤字等特征,这使得它成为研究发展中国家政治的一个重要概念。尤其在非洲政治研究领域,新家产制概念被用来分析非洲国家的一系列治理问题,包括经济不发展、民主化困境、援助无效性、结构调整计划失败等。新家产制概念在非洲政治研究中的主导地位,甚至使得一些研究者认为在非洲政治研究领域中出现了一个新家产制学派。

---

① https://www.v-dem.net/about/v-dem-project/, retrieved December 2, 2022.
② 尤其是,"新家产制指数"无法解释为何新家产制概念会在非洲政治研究中大行其道,而不是在世界其他地方。

新家产制概念的分析优势主要体现在两个方面：一是它关注权力的实际行使方式，有助于联结历史与当下；二是它强调精英与民众之间的庇护主义联结，有助于联结宏观因素与微观因素。然而，新家产制概念在带给研究者历史感和微观图景的同时，也面临着难以解释非洲国家时空变化的内在缺陷。正是由于难以解释非洲国家的时空变化，新家产制概念容易产生某种"非洲本质主义"倾向，即认为整个非洲大陆都存在某种共同的核心特征或是本质，而这些核心特征或是本质从根本上是难以改变的（不因时空的变化而变化）。新家产制概念遭人诟病的另一缺陷还在于它难以被操作化，即它在很大程度上是一个描述性概念，而非一个分析性概念。尽管研究者们在新家产制的类别、维度和指标方面进行了一些开创性的工作，但是，学术界尚未出现令人信服的对新家产制概念的操作化方案。

新家产制概念是一个比较政治概念，它与韦伯关于权威的类型划分密切联系在一起。并且，它也并非最早出现在非洲政治研究之中。然而，现实却是，新家产制概念后来在非洲政治研究中大行其道，而其作为比较政治一般概念的身份却多少被人遗忘了——像巴赫那样试图研究非洲之外的新家产制的研究者可谓凤毛麟角。[1] 那么，为何新家产制概念会和非洲政治研究有着"不解之缘"呢？对于这个问题的回答，似乎与非洲政治本身的碎片化联系在一起。与世界其他地区相比，非洲有着最为碎片化的政治图景：它有着全世界最为碎片化的族群认同[2]、最为复杂的殖民遗产[3]以及数量和类型最多的主权国家。由此而来的复杂性无疑为

---

[1] See Daniel C. Bach and Mamoudou Gazibo eds., *Neopatrimonialism in Africa and Beyond*, New York: Routledge, 2012.

[2] Kevin C. Dunn and Pierrre Englerbert, *Inside African Politics*, Boulder: Lynne Rienner Publishers, 2019, p.70.

[3] See Crawford Young, *The African Colonial State in Comparative Perspective*, New Haven: Yale University Press, 1994.

研究者们提出了巨大挑战。尽管研究者们意识到,"对于非洲的境况进行归纳总是极为冒险的",但是,比较政治研究者们的使命就是进行"比较"和"归纳"。① 这一两难使得非洲政治研究者很容易陷入"盲人摸象式"的窘境当中。新家产制概念所引发的争论只不过是这种窘境的一种反映。一方面,我们迫切需要关于非洲的一般性知识,另一方面,我们终究无法摆脱可比较性(comparability)与背景(contextuality)之间的持续张力。在这方面,新家产制概念与"感情经济"和"外翻性"(extraversion)等致力于刻画非洲政治整体面貌的概念并无二致。如何从多元化的非洲政治实践中提取出超越时空背景的一般性,仍旧是非洲比较政治研究者不得不面临的根本难题。

Neopatrimonialism and African Political Studies: A Literature Review

Jian Yan

Abstract: On the basis of reviewing the established literature of comparative politics in general and African comparative politics in particular, this article examines the historical evolution of neopatrimonialism concept and takes stock of relevant theoretical debates in the field. The article argues that neopatrimonialism has become a dominant concept in the field of African comparative politics thanks to its capability to link the history and the present on the one hand and the macro-level factors and the micro-level factors on the other. Its dominance compels some researchers to claim that a "neopatrimonialism paradigm" or "neopatrimonialism school" has taken root in African comparative politics. However, the neopatrimonialism concept also faces some criticisms: one is its inability to explain temporal changes of and cross-country changes among African countries, with a tendency

---

① Goran Hyden, *Africa Politics in Comparative Perspective*, Cambridge: Cambridge University Press, 2006, pp. 1-2.

towards "African Essentialism"; the other is the difficulty involving its operationalization. As far as pushing forward African comparative studies is concerned, researchers still have to grapple with the difficult problem of extracting theoretical generality out of the diverse African political experiences on the ground.

Keywords: Neopatrimonialism; African Comparative Politics; Governance Crisis; African Essentialism

中国政治史

"制造利维坦":大一统君主官僚制国家的起源和形成(770BC—87BC)
——基于精英关系、边陲和中心关系、天命论的分析

黄 涛*

[内容提要] 大一统君主官僚制国家的起源和形成是古代中国和东亚最具影响力的国家建构事件,是世界级的伟大历史事件,是丰富和发展国家建构理论的重要资源。其起源和形成于周秦之变和秦汉之变中,受到政治、经济、意识形态、地理、国家规模、民族关系和历史传统等多重因素塑造。其中,最具有决定性的是精英关系、边陲和中心关系、天命论等因素的深远和长期作用。大一统君主官僚制国家的起源和形成并非阶级冲突的产物,而是秦国政治精英在残酷竞争中击败各诸侯国并取代周朝政治精英的过程。巨型国家规模和北方敞口地理结构带来极具影响力的边陲和中心关系,边陲和中心在长期竞争中实现了地位互换。作为远古以来的主宰性立国原理,天命论深刻影响周秦之变中的国家构建方向和内容。精英关系、边陲和中心关系、天命论相互影响,推动中国往大一统和中央集权方向发展,并最终在周朝巨型分封制国家、颇具规模官僚体系、世界先进农业经济基础上形成既有继承又有创新的新国家形态,"制造"了带有局部现代特征的当时世界最先进的"超级利维坦",使中国于公元前221年即实现了从早期国家到成熟国家的伟大飞

---

* 黄涛,中国人民大学国际关系学院。

跃并成为古代中国和东亚政治秩序与国家形态的原型和源头,深刻影响当代中国的国家建构。

[关键词] 天下型国家;国家构建;周秦之变;中华国家范式;历史政治学

一、问题的提出和基本概念界定

国家是迄今为止人类创造的最重要组织,在人类历史进程中具有决定性和统领性作用。建构强大有效、具有普世性的国家形态是人类历史上的最重大事件,也是一个国家和民族全部创造力特别是政治智慧的最高体现,是不折不扣的人类社会顶级发明。大一统中央集权君主官僚制国家(简称大一统君主官僚制国家或者君主官僚制国家、秦制、秦朝国家形态、秦汉国家形态)是周秦之变的最重大成果,是秦朝至清朝中国的主流国家形态,是中华传统政治文明的主要载体、主要标识和核心内容,也是 1949 年之前中国人对世界最重要的国家形态和社会治理范式供给。毛泽东明确指出:"百代皆行秦政法。"① 美籍华裔历史学者何炳棣认为:"就全部传统中国历史而言,真正最大之事应是秦专制集权统一郡县制大帝国的建立及其传衍。"② 虽然中国从公元前 221 年至公元 1911 年历经许多朝代更换、政权兴衰,但大一统君主官僚制国家形态始终是不变的主角。从世界历史来看,大一统君主官僚制国家形态是 18 世纪之前世界上最先进的国家形态,具有强大的统治力、创造力和竞争力,拥有当时世界最庞大最精密最复杂的国家机

---

① 毛泽东:《建国以来毛泽东文稿》(第十三册),中央文献出版社,1998 年,第 361 页。
② 何炳棣:《何炳棣思想制度史论》,中华书局,2017 年,第 396 页。

器,保证了中华文明长期处于世界领先状态,也确保了中华民族在与周边国家的关系处理中占据主动地位,是中国成为世界主要大国的根本原因。政治学者杨光斌说得很清楚:"中国之所以一直领先西方两千年,是因为秦朝是世界上第一个具有现代性特征的以农业为基础的组织化国家,而这种国家在欧洲直到16—17世纪才开始出现。"①美国政治学者福山指出:"在中国,拥有韦伯式现代特征的中央集权国家出现于公元前221年的秦朝,到西汉(公元前206—公元9年)获得进一步巩固。中国建立起任人唯才的中央官僚体系,登记人口,征收统一税项,掌控军队,监管社会,比欧洲出现类似国家制度整整早了一千八百年。"②这种国家形态还逐步传播到了东亚和中国周边。③ 尽管大一统君主官僚制国家形态存在各种局限和不足,但"制造利维坦"是一个民族和国家发展的必经阶段,当代世界一些国家和地区(如巴勒斯坦、非洲部分国家)至今都无法形成强有力的国家政权,原因在于它们没有经历自发"制造利维坦"的阶段。当代中国的现代国家构建和中国式现代化,实际上是在大一统君主官僚制国家基础上的延续和再造。④ 脱离大一统君主官僚制国家,我们对于现代中国的理解好比是看到冰山的海面之上部分,而忽视了它海面以下的庞大部分。因此,大一统君主官僚制国家问题是中国古代国家研究的核心问题,是中国国家研究的重大问题,是构建中国政治学自主知识体系必须回应的根

---

① 杨光斌:《历史政治理论序论》,《社会科学》2022年第10期。
② [美]弗朗西斯·福山:《政治秩序与政治衰败:从工业革命到民主全球化》,毛俊杰译,广西师范大学出版社2015年版,第323页。
③ 有学者对古代东亚国家对中国国家形态的模仿进行了深入讨论,强调模仿是古代东亚国家建构的重要途径。请参见 Chin-Hao Huang, David C. Kang, *State Formation through Emulation: the East Asian Model*, New York: Cambridge University Press, 2022。
④ 汪仕凯指出:"就中国现代国家建构的理论而言,中国现代国家不是现代民族国家,而是创造性地融合了王朝国家传统和现代国家基本精神的现代大一统国家。"请参见汪仕凯:《以人民为中心建构现代大一统国家:中国共产党的历史自觉》,《统一战线学研究》2023年第1期;还可参见李怀印:《现代中国的形成:1600—1949》,广西师范大学出版社,2022年。

本问题。

大一统君主官僚制国家的起源和形成,是新国家和新国家形态的双重建构,有短时段和长时段之分。从短时段来看,主要指从周平王东迁、东周肇始的公元前770年开始,截至秦始皇去世的公元前210年,涵盖春秋战国和秦朝历史的主体。这亦是狭义的周秦之变。从长时段来看,可将西周和汉朝建立至汉武帝去世这两段历史纳入其中,即从公元前1046年开始,截至汉武帝去世的公元前87年。这亦是广义的周秦之变,即国家形态演进周期意义上的周秦之变,而非朝代之变意义上的周秦之变。本文主要在此意义上使用周秦之变。提出广义的周秦之变理由有两点:一是西周实行的封建统一是秦汉大一统的重要基础,是春秋战国时期华夏族追求国家统一的重要参照,大一统思想在西周的天命论、天下观中就已经有了萌芽,这些对于大一统君主官僚制国家的形成是不可或缺的;二是秦朝二世而亡,新国家形态停留在原生状态就戛然而止,尚未进入成熟形态。从秦朝末年到汉武帝去世(公元前206年—公元前87年),汉朝朝野精英通过汲取亡秦之弊,吸纳周制的合理因素,完成了对秦朝开创的大一统君主官僚制国家形态的改造和定型,使之成为成熟形态、通行形态、经典形态,为后世所接纳。鲁惟一指出:"汉代把一个长达两千年基本上保持原状的帝国理想和概念传给了中国。在汉之前,帝国政府是实验性的,并且名声不佳;在汉以后,它已被接受为组织人的正统的规范形式。"①没有汉朝对秦制的调整和改造,"百代皆行秦政法"是很难实现的。②

历史政治学是近些年崛起的政治学本土化研究路径。"历史

---

① [英]崔瑞德、鲁惟一编:《剑桥中国秦汉史(公元前221年至公元220年)》,杨品泉、张书生、陈高华等译,中国社会科学出版社,1992年,第98页。
② 关于周制、秦制、汉制关系的深入讨论,可参见冯天瑜:《周制与秦制》,商务印书馆,2024年。

■ "制造利维坦":大一统君主官僚制国家的起源和形成(770BC—87BC)

政治学的作用是什么？第一,回答重大现实问题、理论问题的历史渊源和历史轨迹,这对中国来说依然是重要的。具体而言,为什么中国是民主集中制、大一统政体？这些问题要回答清楚。历史政治学就是探究它们的历史渊源和历史轨迹。"①阐释清楚大一统君主官僚制国家的起源和机理并从中提炼政治学概念和理论、助力建构中国政治学自主知识体系是历史政治学最重要使命之一。近年来,习近平总书记提出"两个结合","第二个结合"是坚持马克思主义和中华优秀传统文化结合,并强调从中国历史和中国典籍中发掘现代社会科学的知识和学理。② 历史政治学深刻契合"两个结合"的要求。鉴此,本文采用"坚持中国主体性、以中国为方法、基于世界视野、历史和理论结合、时间和结构互嵌、注重自主知识体系建构"的历史政治学研究路径,对大一统君主官僚制国家的起源和形成展开研究。③

开展大一统君主官僚制国家起源和形成研究的视角可以是多元的,有政治、经济、文化、社会、地理、历史、气候、民族关系、国际关系等。其中,精英关系、边陲与中心关系、天命论是大一统君主官僚制国家起源和形成中极为重要、极具能动性的三个影响要素,它们和大一统、中央集权、君主制、郡县制、官僚制等大一统君主官僚制国家诸多要素的出现都有着极其密切的关联,特别是和大一统、中央集权这两个对于大一统君主官僚制国家具有决定性意义

---

① 杨光斌:《历史政治学与中国政治学知识体系问题》,《中国政治学》2022 年第 2 期。
② 习近平:《高举中国特色社会主义伟大旗帜 为全面建设社会主义现代化国家而团结奋斗——在中国共产党第二十次全国代表大会上的报告》,人民出版社,2022 年,第 17—18 页;习近平:《在文化传承发展座谈会上的讲话》,《求是》2023 年第 17 期;习近平:《论党的宣传思想工作》,中央文献出版社,2020 年,第 212—240 页。
③ 王续添、陈明明、郭忠华等学者在历史政治学方法论上有最新的深入探讨。参见王续添:《从对象的"历史"到方法的"历史":社会科学研究"历史转向"的实践思考》,陈明明:《社会科学研究的转向:以历史发展理论》,郭忠华:《社会科学研究走入历史的理论基础与本土实践》,三文皆刊载于《中国人民大学学报》2024 年第 3 期。

的核心特征。在公元前770年至公元前87年这段波澜壮阔的历史变迁中,一切对于新国家形态建构产生作用的因素,往往首先对大一统和中央集权的形成产生影响进而影响新国家形态建构的其他维度。之所以如此,是因为当时诸侯国之间持续的大规模战争导致数百万人死亡,北方游牧族群又构成生存威胁,实现国家统一、重建中央权威是当时中国最重大最紧迫的时代主题,不解决这个问题,华夏族群将难以走出困境甚至可能自我毁灭。因此,本文重点考察这三个因素对于大一统君主官僚制国家起源和形成的具体影响、作用机制和相互关系,对于中国大一统和中央集权传统起源和演变的影响,以助益理解大一统君主官僚制国家起源和形成过程、机理,反思、检视和丰富国家建构理论。

二、精英集团长期冲突和相互取代

偏左翼的观点认为,阶级斗争是中国古代社会发展的根本动力,并以之解释大一统君主官僚制国家起源和形成,认为这是奴隶阶级、农民阶级与奴隶主阶级、地主阶级之间的斗争,兴起的地主阶级取代了奴隶主阶级,奴隶阶级转化为农民阶级,中国历史从奴隶国家阶段进入封建国家阶段。这样的解释有其历史作用,但日益受到历史事实和新理论的挑战。这里从两个维度来分析。第一,大一统君主官僚制国家的起源到底是阶级斗争的产物,还是不同精英集团斗争的产物?或是其他?[①] 第二,政治精英在大一统君主官僚制国家起源中发挥了什么作用?

---

① 这里的精英主要指政治精英,思想家和普通知识分子对国家建构的影响在天命论部分进行讨论。

■ "制造利维坦":大一统君主官僚制国家的起源和形成(770BC—87BC)

(一)精英集团相互取代而非阶级斗争

大一统君主官僚制国家的起源不是一个阶级代替另一个阶级,而是一个精英集团代替另一个精英集团,而且这两个精英集团从属于拥有各自起源、几乎同样古老的不同族群,当然他们占据历史主角地位的时间是不同的。

1. 秦与周甚至夏、商是基本平行的族群

夏商周秦之间的纵向关系是理解中国古代国家形成和演变的重要方面,它们的横向关系同样亦是理解中国古代国家形成和演变的重要方面。考古学者张光直指出:"夏商周三代之间的横的关系,才是了解中国古代国家形成过程的关键","夏商周三代的关系,不仅是前仆后继的朝代继承关系,而且一直是同时的列国之间的关系。从全华北的形势来看,后者是三国之间的主要关系,而朝代的更替只代表三国之间势力强弱的浮沉而已"。① 夏商周秦四者之间的横向关系,总体上是一种平行的关系。

《史记·秦本纪》称秦人祖先大费辅佐大禹,其他先祖还曾"以佐殷国,故嬴姓多显,遂为诸侯"。② 历史学者雍际春说得很清楚:"夏商时代作为中国文明时代最早的两个政权,在中国上古史上无疑具有承上启下的重要地位。而嬴秦作为一个自尧舜时期就开始发挥重要作用的东夷部族,很早就同中原地区存在着部族流动与文化交流,并作为商朝的显贵和诸侯,就曾广泛参与了有关活动。"③ 周人的历史异常悠久,比秦人的历史更为显赫。《史记·周本纪》称:"周后稷,名弃……后稷之兴,在陶唐、虞、夏之际,皆有令

---

① 张光直:《中国青铜时代》,生活·读书·新知三联书店,1983年,第28—31页。
② 司马迁:《史记》(点检本修订本第1册),裴骃集解,司马贞索引,张守节正义,中华书局,2014年,第224页。
③ 雍际春:《秦早期历史研究》,中国社会科学出版社,2017年,第83页。

德。"①《国语·周语上》称:"昔我先王世后稷,以服事虞、夏。及夏之衰也,弃稷不务,我先王不窋用失其官,而自窜于戎、狄之间,不敢怠业,时序其德,纂修其绪,修其训典,朝夕恪勤,守以敦笃,奉以忠信,奕世载德,不忝前人。至于武王,昭前之光明而加之以慈和,事神保民,莫弗欣喜。"②到了周朝,居于核心地位的统治精英集团是周王及其核心团队。在周初就是周武王、周公、周成王等人,以及其主要大臣。他们是国家的主导力量,中央政府的权力掌握在他们手中。

2. 周朝社会主要矛盾是贵族间的矛盾、中原族群和外部族群间的矛盾

在周朝,贵族阶级和非贵族阶级(包括平民阶级和奴隶阶级)的矛盾不是社会主要矛盾。当时没有全国意义上、具有阶级自主意识的奴隶主阶级和奴隶阶级。奴隶是存在的,但分散在众多诸侯国内,没有太多的主体性和自觉性,没有集体的阶级行动,他们不是历史发展的决定者。周朝有阶级斗争,但阶级斗争的作用不那么明显,并没有成为社会变革的主导性动力,更重要的是不同的统治精英即周王集团和诸侯国之间、诸侯国和诸侯国之间争夺权力和利益的斗争。当然,始终存在中原族群和外部族群的矛盾(亦存在融合),特定时候特别是中原族群之间内部斗争激烈时,这种矛盾可能凌驾于贵族集团之间的矛盾之上而成为主要矛盾。西周就灭亡于贵族矛盾基础上的外部族群进攻。因此,古代中国精英关系的发展演化始终受到中原族群和外部族群关系的塑造,古代中国的国家演化亦然。

周朝分封制有导致周天子不断自我削弱的重大缺陷。随着周

---

① 司马迁:《史记》(点检本修订本第1册),裴骃集解,司马贞索引,张守节正义,中华书局,2014年,第145—146页。
② 《国语》,陈桐生译注,中华书局,2013年,第3页。

■ "制造利维坦":大一统君主官僚制国家的起源和形成(770BC—87BC)

天子实力下降和诸侯国不断壮大,统治集团内部矛盾开始加剧,主要表现为周天子和诸侯特别是实力比较强大的诸侯之间矛盾。周朝和外部族群的矛盾依旧存在,刺激并加剧周朝社会的主要矛盾。到了东周,周天子和诸侯的矛盾进一步激化。诸侯逐步掌握更多的资源、人口和疆域,具备挑战周天子的能力,很多诸侯已有取代之心。无论是魏国、赵国、齐国、燕国、宋国、楚国,还是秦国,新崛起的精英集团已无法满足于只当诸侯,想成为统一中国的赢家。

3. 秦朝取代周朝是秦国精英集团打败六国和周朝统治精英集团的结果

在周秦之变中,没有真正形成大规模的阶级斗争,阶级斗争并不是社会进步的根本动力。商代夏、周代商、秦代周,都是一个新族群的统治精英取代了原来的统治精英,成为新的国家统治精英。历史学者童书业说:"原来古代所谓'中国'人其实可分为东西两支:东支的代表是殷商,西支的代表是夏、周。夏、商、周三代原是三个不同的氏族。殷商起自东方,血统与东方夷族很是接近,从种种方面看来,或竟与淮夷为一族。夏人起自西北,其种族来源不可确知,但与周人的关系必很密切。周人起自西方,血统与西方戎族很是接近,从种种方面看来,或竟与氐、羌为一族。"①也就是此意。当然,随着周文化的传播和长期的族群融合,周人和秦人在春秋战国时期都已经融合为华夏族。此时的周人和秦人都是华夏族内部具有不同地域色彩和族群起源的统治精英,属于同一民族。这和早期周族和秦族尚未融合又不相同。国家建构和民族建构同步进行是中华国家建构的一条重要经验,也极大地巩固了中华国家建构的成果。

秦朝成立后,中国社会已经第一次变成皇族、官吏、士农工商四民阶层以及少量贱民或者奴隶阶层构成的社会,简称"四民社

---

① 童书业:《春秋史》,商务印书馆,2010年,第116页。

会"。除了皇族和少数贱民、奴隶,并没有严格意义上的不可流动的阶级,官民是可以相互转化的,官民、四民之间的关系不宜看成阶级关系,至少和西欧历史上的阶级关系含义不同。官民关系成为社会主要关系,官民合作、竞争和斗争成为政治演化和国家建构的极其重要影响因素。

因此,大一统君主官僚制国家的起源和形成,由此进一步延伸到中国古代历史上多数朝代更替和国家建构,主要是精英之间的斗争,是不同精英集团争夺统治权、施展政治抱负的行动和过程。新统治集团在新的政治、经济、文化、交通、制度、国际关系条件下,构建新的国家,它们分别是夏朝、商朝、周朝、秦朝、汉朝及其他朝代。

(二) 政治精英极端重要的能动作用

历史政治学重视在历史的累积和长期作用中形成的结构,并认为这种结构是人和情势相互作用的结果。政治精英在既有的文化传统、政治社会结构中行动,在历史演化中发挥巨大的能动作用。大一统君主官僚制国家的起源和形成是一个漫长的历史过程,其间产生了大量政治家、军事家和改革家,包括管仲、子产、李悝、公仲连、吴起、申不害、王翦、白起、商鞅、李斯、蒙恬、蒙毅、秦穆公、秦孝公、秦昭王、秦始皇、汉高祖、汉武帝、晁错等,这些政治精英对于历史进程产生了重大而深远的影响,塑造了中国历史的内涵和走向。总体来看,政治精英在大一统君主官僚制国家起源和形成中的作用主要有三个方面。

1. 加快大一统君主官僚制国家形成进程

在位 38 年的秦穆公(公元前 659—公元前 621 年在位)对于秦国崛起具有奠基性作用。商鞅对于秦国、秦朝有着巨大影响,其在秦孝公领导下主导的两次大规模变法(分别是公元前 356 年和公元前 350 年)是两次非常重要的国家建构行动,是秦国走向一流强

■ "制造利维坦":大一统君主官僚制国家的起源和形成(770BC—87BC)

国的关键所在,亦初步奠定了大一统君主官僚制国家的基本框架。秦孝公之后,秦国历代君主都野心勃勃,任用贤能之臣,一心图强,大大推进了国家统一。"在统一中国前夕,秦国聚集了几乎是全中国所有的第一流的军事家、政治家。这里有王翦、王贲、尉缭、李斯、姚贾、顿弱等等,他们大都并非秦国人,却在尽心地为秦效力。一切克敌制胜的军事进攻和政治策略计划,都是由他们制定和实现的。秦始皇的作用在于善于发挥他们的作用,听从他们的劝谏和有错勇于改。"①秦始皇任用王翦、王贲、李斯等一批武将和大臣,在公元前230年至公元前221年之间统一了六国,此后又统一周边族群并开疆拓土,直接建构大一统君主官僚制国家,加速了中国的历史进程。

2. 在关键性国家制度设计上站在正确的一面

秦始皇、李斯等人在皇帝制度、郡县制、官僚制等重要制度的建构上发挥了重要作用。秦始皇是皇帝制度的直接构建者。郡县制的选择,也和李斯的建议、秦始皇的最后决断有直接关系。历史不容假设,但是秦始皇及其统治集团完全可以选择分封制、世卿世禄制、贵族制,而不是选择郡县制、官僚制、军功爵制等作为国家制度。因为秦始皇及其执政集团的正确选择,中国才能在秦朝快速形成大一统君主官僚制国家,否则很可能要推迟一些年甚至几百年才形成这种国家形态。历史学者谢维扬指出:"周朝国家制度在政治技术上的局限性和春秋、战国时期政治家们的杰出创造,是中国在公元前3世纪便产生出成熟的国家形态的历史性原因。"②考古学者刘庆柱等学者认为:秦朝"各项统一措施的推行与秦始皇本人有着重大的关系。如郡县制的实施,如果不是秦始皇这样一位具有雄才大略、远见卓识的政治家,恐怕不会如此决断地推行全

---

① 林剑鸣:《秦史稿》,上海人民出版社,1981年,第405页。
② 谢维扬:《中国早期国家》,浙江人民出版社,1995年,第467页。

国。"①因此,政治精英在关键时期的选择对于国家形态变革具有促进作用,有时候甚至是决定性作用。

3. 对新国家形态的调适、改造和定型作用

大一统君主官僚制国家虽然基本框架和主体结构在秦朝形成,但由于秦始皇猝死、秦二世无能,新国家形态尚未成熟和定型,仅基本解决而不是完全解决中国从早期国家向成熟国家转型的核心问题和主要问题。它延续战争逻辑和强动员体制逻辑,儒法道关系严重失衡,法家思想被极端化运用,儒家思想遭到沉重打击,民本思想被扬弃,民力被滥用,是马上打天下模式而不是下马治天下模式,在政策和治理层面不适用于国家长治久安。虽然秦末汉初的政治精英意识到秦朝存在缺陷且这些缺陷导致了秦朝灭亡,但一开始他们并没有很好区分到底是秦制的缺陷还是秦治的缺陷。项羽建立了一种近似战国的列国体制的霸主体制,"设想了一套根本不同的中国行政体制,即由他本人任霸主的19国联合体"。②刘邦击败项羽后建立汉朝,基本上延续秦朝制度,但同时混以分封制。他实行分封的领土远比实行郡县制的领土大,"列国控制了远比诸郡广阔的领土和甚至更大的一部分中国人民"。③分封制带来战乱和削弱中央集权之危险,而且这种危险在刘邦在世时就已经成为现实。此后,经历汉文帝、汉景帝、汉武帝、贾谊、晁错、董仲舒等汉朝历代君臣削弱分封制,巩固中央集权,特别是汉武帝改变汉朝重用黄老之术的传统,强化君权,"罢黜百家、独尊儒术",征讨匈奴,平定南越、西羌、卫氏朝鲜、东越、西南夷等,颁行"推恩"令,缩小诸侯王封地,剥夺诸侯王任官之权,加强对诸

---

① 中国社会科学院考古研究所编著:《中国考古学·秦汉卷》,中国社会科学出版社,2010年,第173页。

② [英]崔瑞德、鲁惟一编:《剑桥中国秦汉史(公元前221至公元220年)》,杨品泉、张书生、陈高华等译,中国社会科学出版社,1992年,第118页。

③ 同上。还可参见李开元:《汉帝国的建立与刘邦集团:军功受益阶层研究》(增订版),生活·读书·新知三联书店,2023年,第102—130页。

■ "制造利维坦"：大一统君主官僚制国家的起源和形成(770BC—87BC)

侯王的政治经济控制，镇压诸侯王叛乱，诸侯王对中央的威胁问题得到彻底解决，政治制度进一步完善。①

概言之，经过汉朝朝野精英110多年的努力，付出沉重代价，至汉武帝晚期，超过600万平方千米疆域的大一统君主官僚制国家从政治、制度、疆域、文化、思想、军事、民族关系上完全确立，达到成熟阶段，稳定了下来并被后世长期延续。汉朝对于秦朝国家形态的调整最终使得大一统君主官僚制国家在运行和构造上"外儒内法、济之以道"，治国方式更中庸，在意识形态上更灵活和兼容，兼顾皇权和民本，融合能力主义和血缘家族主义，更具弹性和韧性，和中华民族的心理结构、文化结构更加匹配，经过隋唐发展而逐步成为一种通行于中国和东亚两千余年并深刻影响世界的主流国家形态。

概言之，研究大一统君主官僚制国家的起源和形成为我们重新审视阶级和国家的关系提供了机会。可以看到，从公元前770年开始，中华文明作为一种阶级性不太明显、强社会流动的文明，阶级斗争的作用十分有限，不同精英、不同族群之间的斗争贯穿了中国全部历史，起着几乎决定性的作用。当然，政治精英之间的关系、族群之间的关系是在特定的历史情势和政治社会结构基础上发挥作用的。在周秦之变这段漫长的历史变迁中，国家统一、中央权威重建是时代主题，不同的政治精英围绕着这个时代主题展开了较量、斗争和合作，他们的力量最终汇聚到了大一统君主官僚制国家的形成之上。

---

① 这里略作说明，强调汉朝完善秦制，主要是从儒法关系、政治制度、施行仁义、减轻百姓负担等而言的，在县级政权运作的科层化、理性化等行政制度层面，汉朝不见得都超过了秦朝水平。近来出土的不少秦简说明了这一点。

三、巨型国家规模和北方敞口地理结构基础上的边陲反噬中心

对于一个超大规模国家或者巨大规模国家来说,基于其国家规模和特殊地理结构基础上的中央和地方关系、中心和边陲关系极为重要,往往成为左右政治局势、影响国家演变的极其重要的因素。中国到了周朝已经成为一个大国。"自古至今,中国始终是一个超大规模国家,这是关于中国的最为基本也最为重要的事实;相应地,中国思想者始终追寻超大规模国家的治理和发展之道。"①特别重要的是,中国的天命论和天下观由此衍生的天下型国家的特殊形态,更进一步决定了中央与地方的关系、中心与边陲的关系在中国政治运作和国家形态演进中具有特殊重要作用。在巨型国家规模和特殊地理结构基础上,中央与地方、中心与边陲的互动、竞合、制衡、冲突,是中国历史特别是中国政治史的一条重要主线,深度塑造中国国家形态及其演变史,大一统君主官僚制国家的形成亦受其深刻塑造。

(一)边陲—中心关系的基本定义

将事物分成若干部分,并以此来探究事物的内在结构、互动关系和演进规律是一种常见的研究方法。比如,将国家分为东方和西方、南方和北方、中央与地方、中心和边陲(边疆)、首都与非首都。② 其中,中央与地方关系、中心与边陲关系模式是国家形态的

---

① 姚中秋:《中国共产党的领导与超大规模国家的现代化》,《天府新论》2023年第2期。
② 更进一步者提出首都政治学。参见刘建军、张远:《论"国家心脏"——首都政治学若干理论问题刍议》,《中国治理评论》2022年第2期。

■ "制造利维坦":大一统君主官僚制国家的起源和形成(770BC—87BC)

重要内容,是一个国家极为重要的基础性关系,对于超大规模国家尤其如此。中央与地方关系、中心与边陲的关系有时候是重合的,有时候是分离的。边陲一般意义上都是地方,但不是所有的边陲都是地方,有些边陲甚至在地方势力之外,比如明朝时期的满族。

中央与地方、中心和边陲的关系并非固定不变。边陲、地方从中心、中央汲取政治营养和文化知识,不断壮大。中央、中心出于各种原因,比如封闭僵化、施政不当、内部斗争,不断发生政治衰败。当两者的势力消长过了临界点时,地方、边陲就可能通过战争、政变等各种方式取代中央、中心。中国历史上这种地方、边陲取代中央、中心的行为,可以称之为地方或者边陲的反噬。历史学家许倬云指出:在古代中国,中心与边陲是互动的,"'中心'不断因为扩张而改变其范围,于是'边陲'的所在,也不断有相应的变化。旧日的'边陲',可能融入'中心',而于周边,又有原本遥远的地区,成为新的'边陲'。同时,若因为有时由不同的地区掌握了权力与资源,'中心'的所在随之转移,则'边陲'的所在也会为之转移"。① 美国中国学家拉铁摩尔(Lattimore)深入研究了中国边疆和内地的关系,指出:"在中国历史中,可以看出一个显著的'边疆形态':或者是一个王朝建立在边疆以外或边疆之上,然后向内地推进,建立其对中国的统治;或者是在中国以内建立王朝,然后向外推进,建立其对边疆及边疆以外的统治","游牧民族之征服中国,并不是起源于大草原,而是来自草原边境"。②

古代中国一直存在中心—边陲结构的统治模式和政治形态,边陲是统治力渗透最弱的地方,那里存在大量独立半独立的政治力量。商邦在夏朝时、周邦在商朝时已经是长期存在的边陲政治

---

① 许倬云:《我者与他者:中国历史上的内外分际》,生活·读书·新知三联书店,2015年,第2页。
② [美]拉铁摩尔:《中国的亚洲内陆边疆》,唐晓峰译,江苏人民出版社,2010年,第281—371页。

势力。他们一方面捍卫中央政权的权威,为其提供财政经济和军事支撑;另一方面也从一定程度上构成中央政权的潜在威胁甚至是直接威胁。在夏朝末年、商朝末年,这种威胁不但实实在在,而且成为国家主要矛盾。秦朝之后的中国历史上,中央与地方关系、中心与边陲的关系依旧具有基础性地位,地方或者边陲反噬或者取代中央、中心依然存在,比如,蒙古人推翻宋朝、满人推翻明朝。蒙古人、满人在当时的政治和文化格局中就属于边陲的角色。

(二)边陲—中心关系深刻影响大一统君主官僚制国家的起源

大一统君主官僚制国家的起源,除了是精英集团的相互取代,亦是地方取代中央、边陲成为中心的过程。周人政治集团、秦人政治集团一开始存在中心与边陲、中央与地方的区别,两者是中央和地方的关系,或者说是中心和边陲的关系。对于周而言,秦在几百年里一直是边陲、地方。对于秦而言,周在几百年里都是中央、中心。但这种中央与地方、中心与边陲的关系逐渐发生变化。

1. 边陲变成中心、地方变成中央:秦的蜕变

封闭僵化的社会和阶级结构导致周人统治集团不断衰败和退化,并在处理王位继承、分封制、对外关系等关键性政治问题上屡屡失当,为秦人崛起提供了前提条件。① 秦作为一开始文化上比较落后的地方,不断从先进的周文化中汲取养分,借鉴周朝统治经验,包括周朝的地方性政权晋国(后分裂为赵魏韩)等诸侯国的统治经验②,最终成为比周朝及其多数诸侯国更强大的政治力量并

---

① 黄涛:《天命不复归:周朝国家衰败的历史政治学考察——基于国家形态、精英作为和族群关系的分析》,《云南行政学院学报》2023年第5期。
② 晋国,最重要姬姓诸侯国之一,首任国君唐叔虞为周武王姬发之子,周成王姬诵之弟。晋文化是周文化的重要代表和重要发展。虽然在周秦之变中秦取代了周,但周文化一开始是先进文化。

取而代之。秦人广泛汲取周人先进制度和技术的过程是一个漫长过程。秦国发端于秦穆公时期,且长期存在的客卿制度就是秦人吸收周人先进文化和技术的重要制度性安排。在商鞅变法中,无论是变法者商鞅的思想,还是变法所借鉴的魏国等诸侯国的制度和管理经验,都是周文化的组成部分或者其发展的产物。长期主动广泛吸纳周人文化,是秦人最终能够崛起的不可或缺的重要原因。没有周及其诸侯国的"营养",秦国要独自进化到大一统君主官僚制国家形态,几乎是不可想象的。社会学者赵鼎新亦讨论了非农业人口对于中原文化的学习以及由此带来的竞争关系,强调楚国等最初的非华夏国家通过学习周人技术与组织方面的知识而不断壮大并加速西周衰落。①

2. 源源不断的边陲加入竞争、融入中心

作为一个超大规模国家,中央与地方、中心与边陲的相互转化构成了中国国家形态形成和演进的特殊方式,中华国家和中华世界在这种转化中不断丰富、不断扩大。而之所以存在不可测的、颠覆性的地方和边陲,又和中国巨大的国家规模、中国特殊的地理结构相关。中国领土面积的广阔和北方敞口结构等特点,使得中国面临源源不绝的外部族群(特别是游牧族群)的威胁、压力及其带来的新元素,这深刻影响国家形态和国家演进。② 一是给国家形态带来新元素。正如赵汀阳所说的:"早期中国的四方万民为了争夺最大物质利益和最大精神资源的博弈活动形成了以中原为核心的'漩涡'动力模式,漩涡一旦形成,就具有无法拒绝的向心力和自身强化的力量,从而使大多数参与者既难以脱身也不愿意脱身,终于形成一个巨大的漩涡而定义了中国的存在规模和实质概

---

① 赵鼎新:《儒法国家:中国历史新论》,徐峰、巨桐译,浙江大学出版社,2022年,第83页。
② 一些人将东亚源源不断产生影响中国和亚欧大陆的游牧族群的现象称为"东亚怪物坊"现象。

念。"① 边陲和地方从中央、中心汲取智慧和经验,最终成长为拥有中央、中心部分经验同时又拥有自身经验的新中央或者新中心,从而为中华国家演进带来大量新元素、新变化。大一统君主官僚制国家兼具农耕文明和游牧文明的特点。二是刺激中华国家朝大一统、中央集权、强内聚力、动员体制方向发展。没有强大国家的庇护,中原族群很容易被这些凶猛的游牧族群(如汉初强大的匈奴)打散,失去生存空间,形成强大的国家形态势在必然。

四、至高的思想:思维模式的深远影响和天命论的本体意义

观念和思想在国家形态演变和政治发展中的作用和地位是政治学的重要课题。任何一种伟大国家形态的出现,往往首先有政治思想的重大突破。大一统君主官僚制国家的起源和形成有两个大背景。第一,中华文明至少已经有两千多年历史,神话传说时代则更为漫长和悠久,已形成比较成熟的思维方式,以及大量政治制度和政治观念,其中就包括天命论等立国原理级别的思想。第二,春秋战国时期的中国处于人类历史的轴心期,出现孔子、孟子、韩非子等大量世界级思想家。② 这些思想家就宇宙天地、人间秩序、国家构建、社会治理、人伦纲常等著书立说。他们的思想与主张和

---

① 赵汀阳:《惠此中国:作为一个神性概念的中国》,中信出版社,2016年,第15—16页。
② 轴心期理论是德国哲学家卡尔·雅斯贝斯(Karl Jaspers)提出的重要理论。他将历史分为史前、古代文明、轴心期、科学技术时代四个时期。其中,轴心期指的是从公元前800年至公元前200年。他认为,此时西方、中国、印度不约而同出现了思想和哲学上的伟大突破,其中,公元前5世纪是轴心期的高峰。请参见[德]卡尔·雅斯贝斯:《历史的起源与目标》,魏楚雄、俞新天译,华夏出版社,1989年。包刚升对早期中国的政治思想进行了卓越分析,请参见包刚升:《儒法道:早期中国的政治想象》,广西师范大学出版社,2023年。

中国更早的政治思想、国家观念一道,对国家形态形成和演变产生重要影响。

(一)以天—地—人为核心的分层—关联思维模式

思维模式对于人的行为产生重大影响。美国学者普鸣(Michael Puett)等人讨论了中国人的思维模式问题,梳理了不同学者关于中国人思维模式的看法,提出海外学者认为中国存在一种叫作关联性宇宙论的思维模式。普鸣提到,学者惠特利(Paul Wheatley)认为:"中国宇宙论的前定和谐(pre—established harmony)——所有的存在物都自发遵循其自身本性的内在必然性时所达到的状态,它使得中国政治学家在关系(relation)而非实体(substance)中寻求真实。"①这个论断非常深刻。中国人在相当古老的时代就习惯于将事物分层并构建起事物之间的关联网络,从关联网络中思考宇宙哲理、人世治理规律,阐释自己的理论主张、构建自己的理论体系。在中国人看来,万事万物只有在关系中才有其价值和定位。暂且把这些思维模式概括为分层—关联思维或者关联思维。中国的分层—关联思维是以天—地—人为核心开展的,进而推及政治上的君、神、民、官、国、礼、法、德、家等关键事物,对中国社会和国家的形成和运行产生深远影响。

1. 关联性宇宙论和政治论的含义

中国人极早就将身处的世界分成天、地、人不同层次。这三大要素是古代中国人思考问题的第一层次命题。张光直指出:"中国古代文明中的一个重大观念,是把世界分成不同的层次,其中,主要的便是'天'和'地'。不同层次之间的关系不是严密隔绝、彼此不相往来的。中国古代许多仪式、宗教思想和行为的很重要的任

---

① [美]普鸣:《成神:早期中国的宇宙论、祭祀和自我神化》,张常煊、李健芸译,生活·读书·新知三联书店,2020年,第46页。

务,就是在这种世界的不同层次之间进行沟通……中国古代文明是所谓萨满式(shamanistic)的文明。这是中国古代文明最主要的一个特征","把世界分成天地人神等层次,这是中国古代文明的重要成份,也就是萨满式的世界观的特征"。① 思想史学者武占江指出,远古时期的中国人存在泛神论,其宇宙观可以被称为巫史宇宙论、巫史存在论,这是一种连续性的宇宙论,认为世界万物被一种具有无限可能性的联系所笼罩着。宇宙分成天地两个最基本层次,神灵存在不同的层次,祖先神可以达于天,也可以降于地,山川之神各居其所。② 历史学者王柯在分析《史记·秦始皇本纪》中提到的"古有天皇,有地皇,有泰皇,泰皇最贵"论述时指出,"所谓天、地、人三皇及其时代,不过是远古时代'中国人'对空间和时间的一种概括和想象而已。但是这种概括想象,却反映了远古时代'中国人'的一种最原始的、朴素的思维方式。这就是,空间与时间相同,人间与天、地相连。人类世界,不是人类独自的家园,而是人类与天、地共存的空间;人类社会的历史,也就是人类与天、地共同度过的时间;人类社会的一切现象和规律,也处处体现了天、地的意志。远古时代'中国人'的这种朴素原始的思维,奠定了'天下思想'的基础"。③ 这些论述指出天、地、人及其必然而内在的关系对于古代中国人的极端重要性。

关于天、地、人的描述,中国古文献中很多。首先说天。《诗经·小雅·小明》写道:"明明上天,照临下土。"④《诗经·商颂·烈祖》写道:"自天降康,丰年穰穰。来假来飨,降福无疆。顾予烝

---

① 张光直:《考古学专题六讲》,文物出版社,1986年,第4—5页。
② 武占江:《中国古代思维方式的形成及特点》,陕西人民出版社,2001年,第60—73页。
③ [日]王柯:《从"天下"国家到民族国家:历史中国的认知与实践》,上海人民出版社,2020年,第7—8页。
④ 程俊英、蒋见元:《诗经注析》(下册),中华书局,1991年,第648页。

尝，汤孙之将。"①《诗经·商颂·玄鸟》写道："天命玄鸟，降而生商，宅殷土芒芒。古帝命武汤，正域彼四方。"②《诗经·商颂·殷武》写道："天命多辟，设都于禹之绩。岁事来辟，勿予祸适，稼穑匪解。天命降监，下民有严。不僭不滥，不敢怠遑。命于下国，封建厥福。"③《左传》中关于天、天王的也有不少，如《左传·隐公元年》写道："秋七月，天王使宰咺来归惠公、仲子之赗。"④《周礼·春官宗伯·大宗伯》写道："大宗伯之职，掌建邦之天神、人鬼、地示之礼，以佐王建保邦国"，"以玉作六器，以礼天地四方。以苍璧礼天，以黄琮礼地，以青圭礼东方，以赤璋礼南方，以白琥礼西方，以玄璜礼北方"。⑤ 在这些文献中，天居于最高位置，天、人、王、地命题已经出现，且具有极端重要的地位。⑥

地经常作为天的关联用语出现。地在古代的经典表示是土、地，有田、赋税、房屋、居住等意思。地的重要性在一句至今流传的古语"天地君亲师"中得到体现。历史学者张金光对于地在古代中国政治运作上的重要性有深刻揭示，提出地权本体论，强调："研究中国历史，有三个概念必须重视：'王土''王民''王权'是也。此之谓中国古代国家权力形态之'三纲'。'王土'制为纲中之纲"，"'王土'观念即中国地权'本体'"，"'王土'观念及其制度，自周代产生并确立以来，成为中国历代土地所有权制度中的本体、本根。"⑦

---

① 程俊英、蒋见元：《诗经注析》（下册），中华书局，1991年，第1027页。
② 同上书，第1030页。
③ 同上书，第1042页。
④ 杨伯峻：《春秋左传注》（修订本第1册），中华书局，1990年，第8页。
⑤ 《周礼》（上册），徐正英、常佩雨译注，中华书局，2014年，第400—411页。
⑥ 汪文学指出："在中国古人的心目中，以北极为中心的天是一个神圣的存在，具有至高无上的地位。古人以人间秩序比附宇宙时空，以人君比附极星。因此，他们认为人间的君主亦应该仿效北极，像北极规范宇宙时空一样管理人间社会秩序。"参见汪文学：《正统论——中国古代政治权力合法性理论研究》，贵州人民出版社，2019年，第53页。
⑦ 张金光：《战国秦社会经济形态新探》，商务印书馆，2013年，第11—12页。

除了天、地,人也非常重要。中国人很早就视人为天地中最宝贵的。由天、地、人展开,衍生出君、神、民、官、国、礼、法、德、家等第二层级的命题,继而延伸出天和人、天和地、天地人、天下和国家、天和礼、天和法、天和德、天和民、天君民、内和外、国和家、人和人(包括祖先与我、我和他人)等一系列重大关系。探讨这些要素及其关系的文献比比皆是。王国维说:"《召诰》一篇,言之尤为反覆详尽,曰命,曰天,曰民,曰德,四者一以贯之。"①这里就提到命、天、民、德四个要素。《召诰》是《尚书·周书》中的一篇。

2. 关联性宇宙论和政治论的政治意义

分层—关联思维模式、关联性宇宙论和政治论未将任何东西置于绝对的地位,而是在关系网络中来认知事物的价值和作用,并认为它们之间是可以互动的,理想状态是达成一种平衡和谐状态。分层—关联思维模式和古希腊进而是西方人的思维方式存在根本性差异。古希腊思想家总是习惯于从绝对化的理念出发思考问题。"古希腊以城邦为基础的政治思想突出'正义'的观念,把正义作为追求的目标。在中国,西周至春秋时代,并没有出现以'正义'为中心的讨论,而是提出了一些特有的概念范畴,如天和民、天和礼、天和德的关系等。这些讨论虽然还未形成政治哲学的体系,但无疑已经是具有政治哲学意义的论述和命题;这些论述和命题构成了儒家古典政治哲学的背景和前提。"②

思想和政治是密切相关的,尤其是宇宙观和政治思想。"宇宙观在中国早期帝国形成过程中所扮演的角色是中国历史上的一个关键问题,也与今天如何定义所谓'中国性'(Chineseness)密切相关。这是因为宇宙观和统一帝国一直被视为中华文明的两个最为

---

① 王国维:《殷周制度论》,载王国维:《观堂集林》(上册),中华书局,1959 年,第 476 页。
② 陈来:《中国早期政治哲学的三个主题》,《天津社会科学》2007 年第 2 期。

持久的结构。"①由于天具有最高的位置,与天相通的君具有极大权威。这是古代中国君权极具权威性的一个主要思想基础。张光直指出:"通天地的手段与政治权力有直接的关系,这个道理是很清楚的:天、神是知识的源泉,通天地的人是先知先觉。在古代,自然资源开发不足,人们生活很困难、很被动。能够先知先觉的人或是说人们相信他能先知先觉的人,就有领导他人的资格。"②但是中国人的思维方式和思想传统又预示乃至于决定了中国人并没有将君王、帝王置于绝对的地位。中国古人排斥绝对的君权,也排斥绝对的民权,也排斥不可转换的天命。

中国人在多数历史时期都未将任何一个维度置于绝对位置。比如说,天命虽然极其重要,但天命可以转移,天命可以通过民意来反映。君主乃天地之枢纽,但其一旦不能照顾好民众生活、行为暴虐失德,就将丧失天命。如果其实行暴虐的统治,则人民有权"革命"。因此,任何一方都不是绝对的。曹正汉指出:"在中国历史上,国家与社会关系的建构不是以民选制度为基础,而是以'天命观'为基础。'天命观'把君主视为天之代理人,称为'天子',天子在天监督之下管理人间事务。同时,'天命观'又把民提到了与天同等地位,视民心即'天心',民意即'天意'","这种以'天'为政治和道德的最高权威,同时,又视民意为天意,建构君民之间相互约束关系,后人称之为'称天以制君'。"③

天和人(包括君和民、官和民)、天和礼、天和德、天和地等关系,以及天、地、君、民、礼、德、法、官等概念成为西周乃至于此后中国思想家和政治家关注的核心问题后,深刻影响国家形态形成和演变。更进一步说,天、地、君、民、官、礼、法、德等命题最终成为周

---

① 王爱和:《中国古代宇宙观与政治文化》,[美]金蕾、徐峰译,上海古籍出版社,2018年,第1—2页。
② 张光直:《考古学专题六讲》,文物出版社,1986年,第11页。
③ 曹正汉:《纵向约束体制:论中国历史上一种思想模型》,《社会》2021年第4期。

朝国家形态、秦汉大一统君主官僚制国家的核心要素。从西周至清朝，中国的国家形态始终没有脱离上述要素的形塑，大一统君主官僚制国家的起源和形成亦然。大一统君主官僚制国家起源基本上是在这些要素及其关系的范畴内演进的，并选择性地以这些要素作为基本支撑。不同政治家和思想流派的选择重点存在差异，比如，秦汉政治家关注重点有所不同、儒法道思想流派侧重点有所不同，但没有脱离上述总体框架。

（二）天命论为国家演化和构建划定方向、范畴

基于以上思维方式和重点思考命题，并在长期政治经济文化活动中，中国逐步形成天命论（或者说天命观）。大约在五帝时代、夏商周时代，天的观念进一步发展，开始形成以天命论、天下论为核心的宇宙和国家理论。春秋战国时代，天命论成为诸子百家普遍接受（尽管程度不一）的关于宇宙和国家的根本性理论。正是如此，《孟子》提到"人有恒言，皆曰'天下国家'。天下之本在国，国之本在家，家之本在身"。① 天下和国家连在一起。在天命论这种具有顶层意义的原理性思想促使下，中国形成独具特色的天下型国家模式，走上与西方世界、伊斯兰世界、印度世界等完全不同的国家演变道路。这条路代表了古代东亚国家的演进道路。王柯系统阐释了天下型国家，他指出："'天下思想'，是中国传统国家思想的集大成者。从中国的历史来看，无论是在空间上展开的国家构造，还是在时间上展开的王朝更替，都受到'天下思想'的影响与制衡。"② 历史学者李宪堂指出："'天下'作为中国传统文化中的一个重要概念，为中华民族的知识体系、价值体系和实践活动提供了一个预设性的认知框架，诸如权力的神圣性、道德的绝对性、秩序的

---

① 《孟子》，方勇译注，中华书局，2010年，第132页。
② [日]王柯：《从"天下"国家到民族国家：历史中国的认知与实践》，上海人民出版社，2020年，第8页。

天然性等传统政治文化的所有基本命题都由此生发出来。"①所言甚是。

1. 天命论导向的是中央集权和中心主义国家

天作为宇宙的主宰,具有最高的神性和神力。天、帝或者天帝将其部分权力交给人世间唯一的统治者,也就是天子,天子替天统治万民,天下皆为天子所统治的领土。这构成了天子诸侯制国家(周朝)、大一统君主官僚制国家的合法性来源,也是立国基本理论。美国汉学家史华慈(Benjamin I. Schwartz)认为:"'天命'(Heavenly Mandate)观念必将在周代初年的宗教意识形态史上占据着显著的中心地位,而在整个观念的核心部分,天占据中心地位……在也许可以称为国家宗教的领域内,不论天的概念会在中国思想史中经历什么样的转变,对于帝国官位的占据者来说,是天而不是祖先一直成为合法性的最高来源。"②天命论导向的是中央集权、中心主义国家③,国家统一,以及国际关系的中心与边缘的差序格局。"由天地四方的神秘感觉和思想出发的运思与想象,是中国古代思想的一个最初起点,换句话说,是古代中国人推理和联想中不证自明的基础和依据。它通过一系列的隐喻,在思维中由此推彼,人们会产生在空间关系上中央统辖四方、时间顺序上中央早于四方、价值等级上中央优先于四方的想法:天穹运转,天道左旋的现象会使人们生出一种天地中央螺旋形生成的观念;极点不动,天如穹盖的感觉会使人们形成一种天地均有中心和四方的观

---

① 李宪堂:《"天下观"的逻辑起点与历史生成》,《学术月刊》2012 年第 10 期。
② [美]本杰明·史华慈:《古代中国的思想世界》,程钢译,江苏人民出版社,2008 年,第 40—51 页。当然,祖宗崇拜在古代中国政治运作中也具有极为重要的地位,但天更具本体意义。祖宗崇拜是重要但次一级的命题。
③ 中心主义国家是阐释中国国家范式的一种重要论述。请参见王续添、辛松峰:《中心主义国家现代化的历史逻辑——以近代中国社会中心力量转换为中心的考察》,《政治学研究》2021 年第 6 期;王续添、辛松峰:《比较视野下的中心主义国家政治形态——在中国发现政治普遍性》,《中国人民大学学报》2022 年第 6 期。

念;而当这种观念与神话相遇,就会在人间的意识与仪式中心形成中央之帝王与四方之神祇的整齐神谱;当这种观念延伸到社会领域,就会成为中央帝王领属四方藩臣的政治结构的神圣性与合理性依据。"①

2. 天命论提供了中国政治对抗和冲突的方向:大一统

天命论、天下观为春秋战国乃至夏商周的战争、对抗和冲突划定了一个最终的方向和目标——国家统一,形成更具有权威性的普遍性的中央集权的政治实体。天命论一般性地都会指向国家统一,并在中国特殊的政治社会实践中顺理成章地衍生出大一统思想,这个时间节点就是春秋。大一统思想主张实现政统和道统融合、政治与日常整合、时间与空间统摄、宇宙天地秩序和政治秩序调和,实现国家的领土、政治、军事、制度、法律、思想、文化、社会标准等的统一。"政治大一统的本质是政治集中。政治大一统必须政治集中,政治集中是指由中心辐射外围,中央重于地方,以中央调控全局。"②

天命、中心—边陲、国家中心主义都是紧密关联的,基本含义就是天子是天下的最高首领,且不可能存在两个人同时接受天命。夏商周1 800多年的天子诸侯制国家实践更是强化了天下统一的重要性。春秋战国时期的战争导向的不是分裂,而是统一,核心原因就在于以天命论为核心的宇宙和国家理论。孟子说天下恶乎定? 定于一。③ 天下和统一这两个中国政治实践和理论上的轴心命题在孟子这里非常自然地联系在一起,其根本逻辑是贯通的。"战国之世,群雄并作,逐鹿中原。其驱动力,自理想层面言,无疑

---

① 葛兆光:《中国思想史(第一卷):七世纪前中国的知识、思想与信仰世界》,复旦大学出版社,2019年,第18页。
② 汪仕凯:《论政治大一统:内涵、本质和演进》,《学海》2022年第5期。
③ 《孟子》,方勇译注,中华书局,2010年,第9—10页。

是王者一天下的理念。"①"尽管这两者对于'大一统'有不同的政治主张,但是不论'儒家'还是'法家',它们都胸怀'只有一个共主,一个最高中心的历史观念',这一'历史观念'就是'大一统'观念。及至战国时期,周王室已经衰弱到无法占据最高的权力中心,需要另一个新的最高权力中心取代周天子,这就是'列国'企图通过兼并战争所要追寻的最终目的。"②这一点是中国的特殊性,世界其他很多地区的战争导向的更多是分裂。

古希腊人视城邦为国家的终极形态,视碎片化的城邦为天经地义,不可能在政治观念中出现统一的命题。亚里士多德称:"当多个村落为了满足生活需要,以及为了生活得更美好结合成一个完全的共同体,大到足以自足或近于自足时,城邦就产生了","城邦是自然的产物"。③ 按照这种标准,城邦是小国寡民式的。"城邦制度既是希腊的传统,也是希腊政治思想的不可违背的潮流,是希腊政治学的既存前提,离开了城邦制度就没有政治学。"④直到被彻底征服,古希腊人也从未想到要统一为一个国家。中西国家形态和政治理念差异源远流长。

3. 天命论塑造了大一统君主官僚制国家不同于西方神权政治的政治模式

天命论政治不能和神权政治划等号。政治上的"天"和自然的"天"连在一起,打雷、暴雨、刮风、地震、火山、海啸等都可能被视为天意的体现,这就给人间的统治者以巨大威慑,要求其必须时刻自省、做得更好。而如果要以神来为统治服务的话,就完全不必要和

---

① 梁治平:《"天下"的观念:从古代到现代》,《清华法学》2016 年第 5 期。
② 辛万翔、曾向红:《"多国体系"中行为体的不同行为逻辑及其根源——兼与许田波商榷》,《世界经济与政治》2010 年第 3 期。
③ [古希腊]亚里士多德:《政治学》,颜一、秦典华译,中国人民大学出版社,2003 年,第 3—5 页。
④ 顾准:《希腊城邦制度——读希腊史笔记》,中国社会科学出版社,1982 年,第 6 页。

天连在一起。虚构一个抽象的神,不和多变的天象连在一起,恐怕是最有利于统治的。中国的天命论最终势必导向一种责任型政治。民众在天命论体系中是"天之生民",具有崇高地位。天生民思想在中国古代是主流的,可见《左传》《荀子》《春秋繁露》等多则早期重要材料。《左传·襄公十四年》称:"夫君,神之主而民之望也。若困民之主,匮神之祀,百姓绝望,社稷无主,将安用之?弗去何?天生民而立之君,使司牧之,勿使失性。"①《荀子·大略》称:"天之生民,非为君也;天之立君,以为民也。"②也就是说,虽然中国古代的宇宙政治哲学将天命赋予天子,但这不是最终目的,而是要通过这种方式来形成良序、造福民众。这也许并不完全符合统治者的利益,但思想发展并非都由统治者决定,政治家和思想家并不总是合一,思潮形成是各种因素交织的结果。中国远古神话和传说中的统治者都是以造福民众而出名。"黄帝能成命百物,以明民共财,颛顼能修之。帝喾能序三辰以固民,尧能单均刑法以仪民,舜勤民事而野死,鲧障洪水而殛死,禹能以德修鲧之功,契为司徒而民辑,冥勤其官而水死,汤以宽治民而除其邪,稷勤百谷而山死,文王以文昭,武王去民之秽。"③在经历残酷的殷周革命和朝代更替后,受到极大震撼的周朝统治者(周公等)进一步提出敬天保民思想。这种思想在春秋时代继续发展,形成"天听自我民听,天视自我民视""夫民者,神之主也"的民本思想。在这种放在今天仍旧可以说是先进的思想里,民意甚至成为天意的表现。这必然导向一种国家必须承担保护民众、保障民生之责任的要求。

因此,以天命论、天下观为核心的宇宙理论和国家理论一方面会带来君主集权、国家中心主义、大一统,同时也强调统治者的责

---

① 杨伯峻:《春秋左传注》(修订本第3册),中华书局,1990年,第1016—1017页。
② 《荀子》,方勇、李波译注,中华书局,2015年,第453页。
③ 《国语》,陈桐生译注,中华书局,2013年,第173页。

任,两者是一体两面。儒家、法家都未将国家视为君主可以恣意妄为的工具。秦朝所留下的石刻中既有关于天的内容,亦有大量关乎民众福祉的表述,这是天命论逻辑特别是责任逻辑的一种表现。① 秦国和秦朝的国家份地授田制、重农国策亦包含着国计民生的考虑。

(三)思想家、知识生产者为国家构建提供理论资源

除了普遍化、超越性的天命论,还有必要讨论思想家或者主要的思想流派与大一统君主官僚制国家起源和形成的关系。大一统君主官僚制国家的起源和形成恰好处于中国思想史上的轴心期。当时形成了大量政治学说、国家学说,对于政治运行、国家演进起到极其重要的作用。历史学者张分田指出:"秦始皇的很多政治选择都是在当时最为流行的理论学说的指导下做出的,有些政治选择很有创造性,具有为中国历史发展进程定向的意义","秦朝的统治思想比以《韩非子》为代表的法家学说的内容更丰富。从《史记》《云梦秦简》等保存的历史材料来看,法家的'以法治国'论,儒家的礼仪、教化和忠孝之道,道家的玄学、方术,阴阳家的'五德始终'说、'四时之政'等,对秦朝的制度、法律和政策都有重大的影响。统治集团内部时常有以一定学术流派为背景的政策之争"。②

法家思想,特别是商鞅、韩非子的思想对大一统君主官僚制国家形成和建构起到尤为重要的作用。商鞅的一系列改革举措,"目的就是建立一个能够对其全部人口实施总体性控制的中央集权的

---

① 有学者对秦始皇石刻作了出色阐释。可参见[美]柯马丁:《秦始皇石刻:早期中国的文本与仪式》,刘倩译,上海古籍出版社,2018年。
② 张分田:《秦始皇传》,人民出版社,2003年,第233—234页。

科层制国家"。① 商鞅时代的很多立法、制度、举措都被秦始皇继承,成为秦朝律法、制度和政策。韩非子的思想更是被秦始皇高度欣赏。"韩非子死在了秦国,他的思想也留在了秦国,在很大程度上被付诸实践。"②秦朝出土的律法和文物显示,秦朝生动地践行了法家的治国之术。秦朝的立国基本理论是不折不扣的天命律法论。法家主张的君主集权、奉行法治、明赏必罚、论功行赏、农战立国、重农抑商等几乎都能在秦朝找到痕迹。史华慈指出:"秦始皇是国家的世袭统治者,这个国家已经实施过许多法家的方案。凭借本国的力量,利用其他尚存的'强大国家'之间的涣散,他得以把他的统治扩展到整个'文明化'的世界。因而他本人十分信赖法家的'乌托邦'梦想,这一乌托邦是由非人格化的法律机制、'技术'和神秘的权势支配的;在这种社会中,数不清的私人激情、情感、价值以及信念的力量都将被清除出去。"③除了法家,上古以来的天命论、儒家思想等也在秦朝石刻、简牍等中有体现。

  思想家和思想在中华世界具有崇高地位,在中国国家演进和国家建构中发挥着极其重要的作用,相当程度上框定了国家演进和国家建构的方向和范畴,大一统君主官僚制国家并没有超过古代中国思想的世界。思想和观念的特殊地位,成为影响大一统君主官僚制国家起源、中华国家演进的一条重要机理,亦成为国家权力和意识形态权力联合、融合是古代中华国家重要特征的重要原因。在两千余年里,士大夫阶层成为古代中国的社会中心力量和主导阶层,有着深刻的政治社会根源。思想和观念在中国政治中的这种地位是其他很多文明所没有的。

---

  ① 赵鼎新:《东周战争与儒法国家的诞生》,夏江旗译,华东师范大学出版社、上海三联书店,2006年,第112页。
  ② 刘泽华:《先秦政治思想史》,南开大学出版社,2019年,第280页。
  ③ [美]本杰明·史华慈:《古代中国的思想世界》,程钢译,江苏人民出版社,2008年,第470页。

五、结论和讨论：中华国家建构的内在规律和理论启示

大一统君主官僚制国家的起源和建构，是亚欧大陆东部一个具备巨大国家规模和世界先进农业经济基础的中心主义国家的内部演变，是中国从弱中心主义国家向强中心主义国家的伟大转型，是中国从早期国家时代的中心主义国家向成熟国家形态的中心主义国家的伟大转型，亦是中国在亚洲顶级早期国家（周朝）和人类轴心期一大批世界级政治家思想家（如商鞅、秦孝公、秦始皇、汉高祖、汉武帝；韩非子、孔子、孟子、贾谊、董仲舒等）杰出贡献基础上实现的国家形态飞跃，具有重大而深远的影响。

大一统君主官僚制国家的起源和形成有着坚实的历史基础和长期的历史过程。西周实现了中国的封建统一，周天子是国家元首和最高政治权威，已经有了颇为成型的天命观，天命观蕴含天下皆为天子所治的思想，有利于大一统思想的形成。周朝还推动了华夏族的建构和华夏文化圈的形成，这个文化圈的地理范畴已经达到300多万平方千米。夏商周特别是周朝颇具规模的国家机器、丰富的统治经验、灿烂的早期文明、世界先进的农业经济、东周锐增的约2 000万至3 000万人口等①（所谓的广土巨族、灿烂文明），提供了大一统君主官僚制国家起源和形成的重要基础。在此基础上，精英关系、巨型国家规模和复杂地理结构之上的边陲和中心关系、天命论和意识形态是至关重要的影响因素。

---

① 西周初期人口约为735万，秦朝人口数约4 000万。请参见沈长云：《西周人口蠡测》，《中国社会经济史研究》1987年第1期；葛剑雄：《中国人口史（第一卷）：导论、先秦至南北朝时期》，复旦大学出版社，2002年，第312页；[英]科林·麦克伊韦迪、理查德·琼斯：《世界人口历史图集》，陈海宏、刘文涛译，东方出版社，1992年，第190—199页。

能动的政治精英及其团体是中国历史最活跃的主体,他们在既有国家制度、地理、物质和文化基础上展开了丰富多彩的政治活动。中国政治精英的阶级属性并不具有压倒性地位,更重要的是立场差异、地域差异。在周秦之变中,精英关系首先是不同的精英集团围绕着中央领导权和国家统治权而展开斗争并实现了更替,从周天子到秦始皇再到汉朝皇帝,中央统治者发生了两次决定性的转移。从转移的形式上来看,是朝代更替,即从周朝到秦朝再到汉朝;从转移的结果来看,是国家形态和政治制度发生重大变革,即从周朝的天子诸侯制国家到秦朝形成但尚未定型的大一统君主官僚制国家,再到汉朝的成熟定型的大一统君主官僚制国家。此期间,精英关系的另一个维度是不同族群之间的关系。远古时期,中华大地上部落和古国众多,号称"满天星斗""天下万邦",由于长期融合,周人、秦人、商人等不同族群在长期交往中逐步融合为一个大的民族——华夏族。这使得周人精英、秦人精英、商人后裔的关系并非异族征服、你死我活的关系,而是兼容性的族群关系,这是先秦精英关系的特殊性所在,为多元一体民族格局进而为大一统君主官僚制国家的形成奠定了基础。

国家规模巨大、地理空间广阔是中华国家的常态,分裂与统一、边陲和中心长期博弈、交织互动。在长期演变中,周朝国家权力结构实现了边陲和中心、地方和中央的互换,这和周朝实行分封制、宗法制导致中央权威不断流失以及诸侯国之间的长期竞争与扩张有关,也是超大规模国家治理的复杂性、不确定性导致的结果。大一统君主官僚制国家的形成实际上亦是边陲力量、地方力量和居于中心的国家领导者展开了国家领导权争夺并且获胜。

早期中国人具有分层—关联思维的秉性,习惯于从天—地—人维度来思考世界秩序和人类秩序,从天、地、君、德、礼、法、民等之间的关系来思考和建构政治社会秩序,形成了所谓的关联性宇宙论和政治论。天命论(包括天下论)就是其集中概括,诸子百家就是其进一步发展和多元化呈现。天命论代表古代中国人处理天—地—人关系的基本原则。作为压倒性的立国原理,天命论长期具有不可动摇的本体论意义,划定了中华国家演进的方向——实现国家统一和中央集权,形成大一统的中心主义国家范式。在没有宗教主导的中华文明中,意识形态和意识形态权力不但极为重要,而且与国家权力形成特殊的紧密关系,深刻影响中华国家建构。中华国家的"国家",既具社会稳定器功能、军事暴力潜能,同时也是教化性权威,承担了很多有宗教的国家中一般由宗教承担的功能。这一点中华文明和一般的宗教文明国家有所不同。

概言之,精英关系、边陲和中心关系、天命论之间存在内部关联,深度塑造大一统君主官僚制国家的多个维度。一方面,它们围绕着实现大一统和中央集权这两个核心要素密切互动,复杂地、深刻地作用于公元前770年至公元前87年这段壮阔和多变的历史中,推动解决了国家统一、重建中央权威这个最重大、最紧迫的时代主题。"中国的国家深层结构就是政治大一统,可以说政治大一统是中国最为根本的国家传统……古代政治大一统就是指以皇权为中心,以郡县制、官僚制、选官制、儒家意识形态为基本要素,以政治中央集权为本质的高度耦合的制度体系。"① 大一统和中央集权,作为具有统领性地位的核心国家制度构成,统摄或衍生了包括皇帝制、郡县制、官僚制、政社一体、强国家—弱社会结构等在内的次一级国家要素。另一方面,这三者还影响或者塑造了大一统君主官僚制国家的其他维度。比如,天下主义的国家气质、能力主义、贤能政治、国家权力和意识形态权力结合、多元一体民族结构、超大国家规模等。

政治智慧发达是中华民族和中华文明的最突出特征之一,中

---

① 汪仕凯:《政治大一统的创造性转化:对中国共产党领导现代国家建构的解释》,《社会科学》2023年第5期。

国人最终以政治上的创新——大一统君主官僚制国家和大一统君主官僚制国家形态的双重建构——解决了当时最重大最迫切的危机和难题,并让自己走在人类政治演化的最前沿。从而,中国的政治演化走上了一条不同于西方也不同于其他地方的独特道路。在这条独特道路上,产生了大量人类政治普遍性,比如中央集权、官僚制、世俗性政治、能力主义、强流动社会等。特殊性和普遍性统一于中国历史中。

当然,大一统君主官僚制国家的中央集权与现代中国的中央集权既有相同点,也有明显的区别。它们都是组织国家的基本制度,是中华国家的重大标识性特征,深度塑造着中华国家的其他维度。但它们在制度基础、运行原则、集权范围、经济基础等方面存在不同。从制度基础来看,大一统君主官僚制国家的中央集权围绕君主制、君主主权而展开,民众的参与是比较少的,也是比较被动的;现代中国的中央集权围绕共和制、人民主权而展开,实行民主集中制、全过程人民民主,人民有着较为充分和主动的参与,民众权利亦得到了较为充分的制度性保障。从运行原则来看,大一统君主官僚制国家的中央集权以国家权力独断性运行为基本特征,具有一定的人治色彩;现代中国的中央集权则更依赖法律和制度,是一种法治背景下的权力运行。从集权范围来看,由于经济社会条件等的限制,大一统君主官僚制国家的中央集权更多是一种政治层面的、重大权力的集中,国家基础能力相对不足;现代中国的中央集权则集权范围更广、集权程度更高,中央集权的制度基础也更为完善,以强大的国家基础能力作为依托。从经济基础上来看,大一统君主官僚制国家的中央集权主要建立在农业文明基础上;现代中国的中央集权更多的是建立在工业文明基础上。当然,现代中国并不是古代中国的断裂重生,两者是紧密关联的,大一统君主官僚制国家为现代中国(包括中央集权制度和原则等)的形成打下了坚实的制度、文化和民族心理基础。

■ "制造利维坦":大一统君主官僚制国家的起源和形成(770BC—87BC)

大一统君主官僚制国家起源和形成是中国历史逻辑演进的产物,亦逐步成为中国历史逻辑的重要组成部分。它所折射的内在机理和规律深刻影响后来的中国国家形态演变,成为中国国家形态演变的内在机理和规律,现代中国的构建亦程度不一地受到这些内在机理和规律的塑造。在这个意义上可以说,不理解古代中国就不能理解现代中国。也是在这个意义上,我们可以理解为什么政治学需要历史,尽管走向历史并不能解决所有问题。同时,大一统君主官僚制国家起源和形成中蕴含的国家演进规律,亦为我们思考和反省人类国家构建理论和国家演进理论提供了重要参照和启示。

首先,对于国家建构而言,阶级关系并不能绝对化公式化,其重要性在不同文明存在差异。和古代西方不同,精英冲突而不是阶级冲突,是春秋以来中国历史演进更为重要的推动因素。周秦之变打破了贵族政治和阶级政治,开启了以官阶层和民阶层为主体的崭新时代,官民关系成为深刻影响国家治理和国家运行的主轴性关系,阶级关系退而居其次。因此,应当高度重视精英关系对于国家建构的重要作用,避免生硬制造和划分阶级,谨慎使用阶级分析法。

其次,国家规模和国家地理结构是国家建构和演变的重要前提性变量和影响变量,广域国土、地理结构、地缘政治都是国家建构的重要影响变量。危险的边陲、尾大不掉的地方时刻威胁中央王朝的统治,边陲取代中心的事情在中国历史上多次发生,成为中国历史演进的最重要线索之一。直到1840年,敞口的北方始终是中央王朝的重大威胁,一个个危险的颠覆性、挑战性的边陲力量出现于北方(包括西北、正北、东北),他们是秦人、匈奴、突厥、女真、契丹、蒙古、满族等。中国历史和中华文明的魅力在于绝大多数边陲力量都融入中国,成为大一统国家和中华民族的一部分,只有极少数被驱逐或者选择离开,即边陲挑战中心、成为中心,边陲最终又融入中原文化所代表的文化中心。从文明形态上来看,边陲可能一开始是游牧族群、游牧文明,最终融入居于主体地位的农业文明。中华国家、中华民族和中华文明因此始终保持着多元性、常新性。

再次,民族思维模式和主流观念深刻影响国家建构和演变,越是早期形成的观念越具有重要影响。天命论一直延续到清朝灭亡,其终极性立国原理地位从未被动摇。天命论指向的就是大一统,天命论这个"道"不变,大一统君主官僚制国家形态也将始终颠扑不破,因此,大一统王朝一再出现于中国历史,仿佛历史老人的轮回游戏。大一统成为古代中国的最重要标识之一,在当代中国仍旧具有内核性的重要地位。知识精英在中国国家建构和运作中扮演着无与伦比的重要角色,其作用远远大于商业精英、财富集团、宗教势力,中华文明在这一点上不同于其他古代文明。

最后,任何一种强大有效、具有普遍性的国家形态形成的周期都是漫长的。大一统君主官僚制国家的形成至少应当从公元前770年开始算起,到公元前221年基本形成,这其中经历549年。但此时其并未成熟,此后又经历了汉初分封制"回潮",直到公元前87年才成熟定型,至此已有683年。这其中经历反复的试错和改革、冲突和流血,是政治精英、思想精英和民众博弈、互动的结果,同时离不开中华文明的孕育和历史发展大势的塑造。因此,应当有一种历史眼光,不以十年百年来衡量一种国家形态,而以数百年甚至千年来衡量之。尽管强大有效、具有普遍性的国家形态的建构之路很艰难,但一旦完成,它就将成为深刻塑造历史的顶级发明和创造,深刻影响一个民族的历史甚至改变世界。大一统君主官僚制国家形态在中国延续了2 133年并成为古代东亚主流国家形态,西方民族国家形态传播到全世界并成为主流国家形态,两者都产生了世界性影响。当代中国新型现代国家建构亦是如此,其一旦成熟完备,可能将成为中国史上又一个影响力达千年之久的主流国家形态。① 因此,政治学家和政治家应当始终高度关注国家建构和制度改革,维持国家形态的先进性和适应力,这无疑是最根本的问题。囿于篇幅,地理、战争、经济、重大事物到来时序等因素对大一统君主官僚制国家起源和形成的影响,笔者拟另文讨论。

"Creating Leviathan": The Origin and Formation of the Emperor-Bureaucrat State (770BC-87BC)
— An Analysis Based on the Relationship between Elites, the Relationship between Border and Center, and the Theory of Destiny

Tao Huang

Abstract: The origin and formation of the Emperor-Bureaucrat State were the most influential national construction events in ancient China and East Asia, and were important resources for enriching and developing national construction theories. Its origin and formation were shaped by multiple factors such as politics, economy, ideology, geography, national scale, ethnic relations, and historical tradition between 770BC and 87BC. The most decisive factors among them were the profound and long-term effects of the relationship between elite groups, the relationship between the border and the center, and the theory of destiny. The origin and formation of the Emperor-Bureaucrat State was not a product of class conflicts, but rather a process in which the political elites of Qin defeated various feudal states in fierce competition and replaced the political elites of Zhou. The scale of a giant country and the geographical structure of its northern exposure have brought about the highly influential relationship between border and center, which have achieved status exchange in long-term competition. As a dominant principle of establishing a country since ancient times, the theory of destiny deeply influenced the direction and content of national construction during the Zhou and Qin dynasties. The interplay between

---

① 有学者对现代中国建构进行了卓越的学理分析。请参见周光辉、彭斌:《其命维新:中国构建新型现代国家的道路与经验》,吉林大学出版社,2023年。

elite relations, border and center relations, and the theory of destiny ultimately led to the formation of a new state form with both inheritance and innovation based on the Zhou Dynasty's giant feudal system, a considerable bureaucratic system, and the world's advanced agricultural economy. It "created" the "Super Leviathan" with local modern characteristics, and enabled China to achieve a great leap from an early state to a mature state by 221 BC, becoming the prototype and source of the political order and state form in ancient China and East Asia, and deeply influencing the national construction of contemporary China.

Keywords: A World Oriented State; State-Building; the Zhou Qin Incident; Chinese National Paradigm; History and Politics

迁都规律与国家发展
——兼论周振鹤先生对政治地理学的贡献[*]

张 远[**]

[内容提要] 政治地理学核心的关注内容是政治过程在地理领域的体现,周振鹤先生所提出的"东西徘徊"与"南北往复"的中国古代历史迁都规律,在提供了一种关于中国国家形成与扩展历程之具象描绘的同时,指明了迁都规律与国家发展理论之间的勾连。迁都规律代表了国家统治中心的空间转移,其所促动的领土整合与民族融合分别构成了国家发展的外部表象与内在机理;同时,国家经济发展又与迁都规律产生互动效应。而"形势"作为一种重要的政治地理学要素,在表现了中国人文地理特征的同时,构建起了迁都规律中所形塑的国家发展精神品格。在比较分析世界各国与中国古代的迁都之后,可以得出一种一般意义上的迁都规律与国家发展之间的联系:首都迁移的过程若遵循"平衡中和"的原则,通常能够对国家的长期发展产生积极的影响,迁都规律是国家"政治成熟度"在地理空间的一种投射。本文最后从政区地理、以方言地理为代表的政治文化地理和中西语言接触三个方面来从整体上分析周振鹤先生对政治地理学的贡献。

---

[*] 本文系国家社科基金重大项目"资本—福利—信息时代西方政治制度的困境与历史局限研究"(项目批准号:13&ZD035)的阶段性成果。感谢复旦大学刘建军老师对本文的指导与建议。

[**] 张远,复旦大学国际关系与公共事务学院。

[**关键词**] 首都政治学；迁都规律；国家发展；政治地理学

在政治学的研究议程之中，空间视角的引入可以使得政治学的研究摆脱仿真性科学概念的束缚，回归、落实到具象的大地之上。而作为政治学分支学科的政治地理学，是"研究人类社会政治现象的空间分布与地理环境关系的政治学与地理学的交叉学科"①——通过将"空间"带回国家研究的方式，政治地理学得以将社会科学中空泛的概念具体细化为距离、资源、交通等因素来考察其所发挥的作用②，而国家的首都恰恰是这些政治地理元素聚合的中心，故对于国家首都的研究一直以来都是政治地理学研究不可或缺的一环。③ 值得关注的是，周振鹤先生指出，不同于传统政治学领域中的地缘政治学，政治地理学核心的关注内容是"政治过程在地理领域的体现"④；而在首都政治学的研究中，迁都现象无疑能够最为生动地反映政治变迁的过程：国家的首都由一地迁移往另一地往往伴随着国家政治、经济、社会等方面全方位的变革。

中国作为文明古国，有着丰富的历史学、地理学、政治学方面的文献资源，这意味着同时也具备了创建属于中国自己的政治地理理论的基础。⑤ 周振鹤先生是第一位揭示了中国古代迁都规律

---

① 王邦佐等：《政治学辞典》，上海辞书出版社，2009年，第36页。
② 叶成城：《地理禀赋与国家发展：政治地理学的脉络、发展与新趋势》，《社会科学》2023年第9期。
③ 有关这方面的研究，相关代表性的论著可参见王恩涌等编著：《政治地理学：时空中的政治格局》，高等教育出版社，1998年，第85—89页；[美]科林·弗林特、[英]皮特·泰勒：《政治地理学：世界—经济、民族—国家与地方》，刘云刚译，商务印书馆，2016年，第150—154页；刘麟生：《中国沿革地理浅说》，商务印书馆，1931年，第9—22页；W.A.D.ジャクソン、横山昭市：《政治地理学》，大明堂，1979年，第101—107页。
④ 周振鹤：《中国历史政治地理讲义》，上海人民出版社，2022年，小序、原版前言，第1页。
⑤ 周振鹤：《建构中国历史政治地理学的设想》，载中国地理学会历史地理专业委员会、《历史地理》编委会编：《历史地理》（第十五辑），上海人民出版社，1999年，第19页。

的学者,他提出的"东西徘徊与南北往复"的中国历史迁都规律正是中国政治地理学理论的经典代表之一。这一规律的揭示从政治地理学的角度对中国古都学进行了进一步的系统性发扬与阐释①,一方面提供了一种关于中国国家形成与扩展历程的具象描绘,另一方面指明了迁都规律与国家发展理论(state development)之间的勾连——相较于静态的迁都现象,迁都规律能够与国家发展的动态进程相适配,从而在历史和地理的相互作用下清晰地识别国家发展的诸种力量,其意绝不在于对某一次的迁都作出针对性的分析与解释,而是着眼于整个历史长周期宏观意义上的都城迁移趋势,进一步构成了对"国家发展动力何在"之问的一种历史政治学解释路径,而非如国家建设理论(state building)一般,仅仅注重静态的组织制度框架。② 通过中国历史上的首都迁移来理解国家发展的规律,无疑可以作为解析中国国家原理、构建中国国家理论的真实基础。

一、领土整合与民族融合:迁都规律背后的国家发展脉络

国家发展的脉络首先可以通过国家领土整合与民族间融合的历史趋势得到体现。领土国家的空间整合被认为是任何一个国家首要面对的任务③,而首都通常被认为是一种控制模糊、变化的政

---

① 周振鹤:《东西徘徊与南北往复——中国历史上五大都城定位的政治地理因素》,《华东师范大学学报》(哲学社会科学版)2009年第1期。周振鹤先生同时指出,政治地理相较于传统的政区地理研究,其关键就在于前者更加注重"历史变迁的规律性",故研究"变迁之规律",成为政治地理学的核心问题。详参周振鹤:《范式的转换——沿革地理-政区地理-政治地理的进程》,《华中师范大学学报》(人文社会科学版)2013年第1期。

② 陈周旺:《国家发展:超越"国家建设"理论》,《探索与争鸣》2022年第9期。

③ [美]科林·弗林特、[英]皮特·泰勒:《政治地理学:世界—经济、民族—国家与地方》,刘云刚译,商务印书馆,2016年,第2—3页。

治疆域的重要工具。① 由于国家的首都城市通常都是领土的控制中心、政治决策的焦点与国家的象征中心,为了避免旧都远离新拓展之疆域现象的发生,首都的迁移规律往往是国家领土变化最为直观的反映;与此同时,迁都本身有时还能够决定国家领土的拓展与收缩方向——迁都的方向不同,往往表现了政治地理和国防地理之形势随时代而发生了显著的变化,故领土的整合趋势与首都的迁移规律同频共振,两者相辅相成。作为统一多民族国家的中国,其国家发展历程上的民族融合亦与迁都规律存在密不可分的联系:汉族政权与少数民族政权往往都会将都城迁移至两种文化的交错地带,从而为统一政权的建立提供坚实的政治地理基础。

从政治地理的角度来看,选择建都地点首先要考虑的是全国领土范围内的地理区位,而这个地理区位或是需要遵循"天下之中"的定都原则,或是要选择在有利于"控内御外"的位置,另外还要关注都城的设置距离统治集团的发源地是否相近。对于"天下之中"而言,定都于国家领土范围内的地理中心,一方面是国家治理最为简单直率思路的体现,其有利于汲取税收与实现对四方之控制的均等性;另一方面则是一种抽象政治秩序的彰显,其具体表现在我国最早的地理学著作——《禹贡》中所阐述的以王都为几何中心的五服制,这是中国古代所构想的政治地理格局理想状态。② 对于"控内御外"而言,则更带有军事政治地理的特征,其既需要借助山川天堑来阻隔内部反叛势力对于国家统治中心的干扰,又要考虑到周边不安定势力是否具有对于国家政治中心的侵略性。

然而,单纯的几何地理中心与有利于"控内御外"的军事政治地理中心在中国历史的都城选择定位上并不总是能若合符节,甚

---

① 王健:《西周政治地理结构研究》,中州古籍出版社,2004年,第276页。
② 周振鹤:《中国历史上两种基本政治地理格局的分析》,载中国地理学会历史地理专业委员会、《历史地理》编委会编:《历史地理》(第二十辑),上海人民出版社,2004年,第3—6页。

至常常处于分离的状态——譬如张光直先生认为,上古三代各自都有一个永恒不变的"圣都",也有若干迁徙行走的"俗都",前者是统治集团的发源地与宗教中心,而后者主要是王的政治、经济、军事领导中心,并担纲着寻找作为重要权力资源的青铜矿源的职能。[①] 而具体到西周一朝来说,"宗周"(今西安)一方面靠近周人的发源地,同时也肩负着抵御西北边境玁狁侵扰的功能,同时也是周人的"圣都";而作为陪都的"成周"(今洛阳)确实是西周整个领土范围内的几何地理中心,也起到了管控东部殷商遗民的职责。但这样的设置在李峰先生看来是周人一种不得已而为之的政治地理单元整合方式[②],其导致周王朝要在两个战略目标之间疲于奔命:一方面西周国家领土的完整性依赖于周王室对东方事务的持续介入,另一方面周王朝的存活却要系于西部的安全。[③] 然而,值得注意的是,似乎这是广域领土国家所普遍面临的一种两难困境[④]——很难有一个地方能够完全满足这些政治地理要素而成为一个完美的首都,恰恰也是因为如此,才产生了中国历史上特有的徘徊往复的迁都规律[⑤]——历朝历代的政权需要在带有不同政治地理要素的区位中进行抉择:从西周到唐代的两千年,中国的都城必得在兼具军事特性、王朝根据地特征的西安与作为经济中心的洛阳之间作出取舍。值得关注的是,也有学者提出,迁都之后的王

---

① 张光直:《考古学专题六讲》,文物出版社,1986年,第110—126页。
② 李峰:《西周的灭亡:中国早期国家的地理和政治危机》,徐峰译,上海古籍出版社,2016年,第32页。
③ 同上书,第4页。
④ 譬如杨宽先生就指出,周公所营建的成周使得其与宗周连成一片,进一步形成了统治四方的中心,这也是西周之所以能够成为疆域辽阔的王朝的原因之一。(详参杨宽:《西周史》,上海人民出版社,1999年,第315页)商周时期这样一种以"点"(都城)带"面"(周边疆域)的领土控制模式,被周振鹤先生称为"据点式的城邦国家"。(详参周振鹤:《中国地方行政制度史》,上海人民出版社,2019年,第13页)
⑤ 周振鹤:《东西徘徊与南北往复——中国历史上五大都城定位的政治地理因素》,《华东师范大学学报》(哲学社会科学版)2009年第1期。谭其骧先生也指出,每一个王朝的宅都,只能是根据当时的主要矛盾,来选择比较有利的地点。(详参谭其骧:《长水集续编》,人民出版社,1994年,第31页)

朝并不一定会放弃原本的旧都,迁都所代表的只是一种政治中心的暂时转移,旧都或仍然存在,或成为战略要地继续发挥作用①,中央权力可以通过迁都来对领土进行整合与控制:因为以旧都与新都作为重要的国家政治、经济、军事节点,可以构成一张覆盖、辐射统治疆域的细密网络。

若将迁都规律置于长周期的国家发展历程当中来观察的话,可以发现,长安与洛阳这一组都城所形构之东西徘徊的迁都规律主导了古代中国的前大半段历史,两都就如同这一历史阶段的两种"理想类型":王朝若思图进取则定都长安,若意欲守成则定都洛阳。观察中国历史前半期历代王朝的领土变化,不难发现这一东西徘徊的迁都规律之于领土规模的影响能力:定都长安的西周、西汉、李唐通常会将重心放置在攻略处于西北地区而对内地频繁进行侵扰的游牧势力,这几个王朝的领土规模通常处于扩展时期;而定都于洛阳的东周、东汉、西晋则更注重于经略属于传统势力范围的中原地区,其领土规模往往也处于收缩阶段。② 更具体地来说,以长安为都的西汉与以洛阳为都的东汉存在着"东文西武"的显著差异:譬如在西汉时期,西北地区起到了拱卫京师免遭游牧民族侵犯的作用,其虽处汉帝国的地理边缘,却从不是政治的边缘地区;而对于以士大夫与地方豪强为核心而非武人主导的东汉王朝来说,"文儒"的政治文化影响了东汉时期的帝国观念,其甚至在后期逐渐酝酿放弃对西部边陲领土的控制③——在"进取"与"守成"之

---

① 王健:《西周政治地理结构研究》,中州古籍出版社,2004 年,第 58—59、278—279 页。

② 有趣的是,周、汉、唐这三个早期定都长安的王朝,在它们的势力如日中天之时,都城一律设在渭河平原;而当它们步向衰落时,又均将都城(或政治重心)转移向洛阳。不过这也恰恰说明,一个进取性的政权往往都会有一个类似于"陪都"的准备性设置,以避免所有权力集中于一处的局面,从而确保国祚绵长。(详参李峰:《西周的灭亡:中国早期国家的地理和政治危机》,徐峰译,上海古籍出版社,2016 年,第 251、302 页)

③ 谢伟杰:《东汉的崩溃:西北边陲与帝国之缘边》,刘子钧译,东方出版中心,2023 年,第 3—4、99—110、160、164 页。

间的东西徘徊可见一斑。

然而,似乎中国历史上有一个政权并不符合作为"理想类型"的长安与洛阳的规律,那就是定都于洛阳的北魏政权——孝文帝为了进取南朝,方从位于北境的故都平城迁徙至靠近北魏与南朝之前线更近的洛阳。而北魏一朝恰恰是将都城的迁移与民族融合政策结合得最为紧密的时期:北魏通过混一汉胡文化使得原陷萎靡的拓跋王朝得以涤荡——从以鲜卑贵族子弟为主的平城迁都至以王室附庸及中原士族为主的洛阳,整个五胡乱华之后的北方社会走向也因都城的迁移而"由胡入汉"。① 同时,值得一提的是,不论是拓跋珪大兴土木建造平城作为都城,还是北魏孝文帝重整破败之洛阳来奠定新都的这一系列行为,实为一种社会文明形态的转变与融合:因为筑城,尤其是筑造新都城,往往被视为一种区分农业与草原游牧两种不同文明形态的重要指标。②

这一场农耕民族与游牧民族的大融合不只发生于北魏一朝,而是贯穿中国古代国家发展的历史进程当中,与"东西徘徊""南北往复"的迁都规律交相辉映。通过观察中国历史上最主要的几大都城,不难发现建都最久的长安与北京均位于传统中国的内地与边疆、农耕文化与游牧文化的分界地带,其同时具备了统治"中国内地"和对"中国边疆"进行管理这两种作为都城不可或缺的政治功能。③ 可以说,正是在这两座都城所处的农牧交错地带,来自西北与东北地区的少数民族与中原地区的汉族相互战争、碰撞直至融合——至此可以发现,中国古代国家发展的又一重迁都规律:将都城迁移至农牧交错带的政权往往具有很浓的国际性、普遍性色彩;相反,将都城

---

① 康乐:《从西郊到南郊:北魏的迁都与改革》,北京联合出版公司,2020 年,第 83 页。
② 逯耀东:《从平城到洛阳:拓跋魏文化的转变历程》,中华书局,2006 年,第 25—37 页。
③ [日]妹尾达彦:《隋唐长安与东亚比较都城史》,高兵兵、郭雪妮、黄海静译,西北大学出版社,2019 年,第 13 页。

迁移至中原地区的政权,则更具"民族主义"意识的一面。①

需要指出的是,北京并不同于长安的一点在于,其首都的地位是在边疆少数民族入主中原后逐渐奠定的。北京之所以成为古代中国后半期最适合建都的地方,其原因便在于当边疆民族进入中原地区后所带来的东方与北方之辽阔版图,使得原来"天下之中"的位置有了新的解释,故在金海陵王时期出现了"唯燕京乃天下之中"②的说法。少数民族政权定都北京,进可控扼天下,退可背倚发祥之地——这展现出了与长安的又一重不同面向:由长安而进取的多是由内而外的强势中原汉族政权,而由北京进取的多为由外而内的少数民族政权。可以说,国家发展之中领土整合与民族融合的进程是双向的,而绝非汉族对游牧民族的简单同化。宏观地来看,北方诸多的少数民族政权都城迁移的总体态势都汇集在长安、洛阳以及北京等城市,其一方面所追求的是一种政治地理意义上的王朝正统性,另一方面是为了适应疆域变动与民族融合的具体需要。③

可见,中国古代首都的迁移规律直接在领土整合与民族融合两个领域带动了国家的形成与扩展,而国家空间范围的拓展又不断激发着新首都的诞生,从而延续迁都规律的演化进程。一方面,"东西徘徊"与"南北往复"代表了国家统治中心的空间转移,是权力在地理空间中的游动,其所促动的"领土整合"构成了国家发展的外部表象;而从"民族融合"这一国家发展的内在机理来看,"东西徘徊"和"南北往复"则与中华民族共同体、与中国逻辑相匹配的政治共同体的形成和扩展密切相关。④

---

① [日]妹尾达彦:《长安的都市规划》,高兵兵译,三秦出版社,2012年,第65页。
② 宇文懋昭:《海陵炀王上》,载《大金国志·卷一三》,中华书局,1986年,第187页。
③ 贾金晖、韩宾娜:《北族都城的分布格局、时空演变与环境选择》,《中国历史地理论丛》2022年第3期。
④ 刘建军、张远:《论"国家心脏"——首都政治学若干理论问题刍议》,《中国治理评论》2022年第2期。

二、迁都规律与国家经济发展之间的互动

在"东西徘徊"与"南北往复"的迁都规律之间,开封是作为一个过渡性的首都而存在的,其不但表现于东西之际,也形诸南北之间。作为运河漕运之交通枢纽的开封,依仗的是经济资源日益比黄河流域优渥的长江流域,而这样一个经济重心南移、西北部文物骤衰的进程,在钱穆先生看来是唐中叶之后中国历史一项极为重要的转变,他指出,五代之中只有后唐定都洛阳,其他四代皆都开封——这就证明了黄河流域的"气运"衰败:"不仅关中以西不复兴,即中部洛阳一带亦不够再做文化、政治的中心点。中国社会的力量,渐渐退缩到东边来。"①而钱穆先生在分析北宋定都开封的原因时,指出北宋一朝采取军权、财权全部集中于开封的方针,使得供养首都的官员、军队需要大量的粮食,而当时的粮食也因唐末五代以来大河中原地带常年战乱所导致的残破不堪而已要全赖长江流域的供给,北宋政权为了节约运粮之费用只能将国都选定在下游的开封而非运河故道瘫痪了的洛阳与长安。② 南宋以降,经济重心南移彻底完成,南京自然成为长江流域的经济中心地带,而北京则成为政治重心的所在,这样一种"南北往复"的迁都规律主导了中国历史的后小半段。定都于南京的政权无论是明太祖朱元璋还是主导南京国民政府的蒋介石,他们或看重江南丰富的物产资源可以资助国家的早期发展,或倚重江浙的财阀集团而演化出一种口岸型政权,它们的缺陷如同定都开封一般:皆太过于注重经

---

① 钱穆:《国史大纲》(上册),商务印书馆,1996年,第502页。
② 钱穆:《中国历代政治得失》,九州出版社,2012年,第95—96页。杨宽先生也指出,以汴河为代表的河运是开封城日用物资来源的生命线。(详参杨宽:《中国古代都城制度史研究》,上海人民出版社,2016年,第328页)

济资源的力量而忽视整全性的政治发展。

其实,在中国古代都城的迁都规律中,对迁都起到主要推动作用的便是政治中心地与经济中心地之间的博弈。譬如,项羽在灭秦之后,舍弃了作为政治中心的关中地区,而执意建都于彭城,这诚然一方面是出于靠近自己发家之地的缘由,但更为重要的是彭城当时位于重要的交通水运要道鸿沟的下游,项羽在经济中心地与政治中心地之间毅然选择定都于前者;而后晋高祖石敬瑭也是更加看重汴州的经济之利而舍弃了定都洛阳或是长安,当时的迁都诏书中这样说道:"今汴州水陆要冲,山河形胜,乃万庾千箱之地,是四通八达之郊。爰自按巡,益观宜便,俾升都邑,以利兵民。汴州宜升为东京,置开封府。"①在后晋的统治者看来,作为都城"形胜"的原因竟然仅仅是因为漕运的便利,而漕运之外的政治发展、国家安全可以说是一切都不再顾及了。②

而在史念海先生看来,克制将首都迁移至经济中心的冲动、克服经济中心地所带来诸多便利之"诱惑",是国家发展、政权走向成熟的标志之一。在史先生看来,完成了大一统之后的秦没有索性将国都迁移至当时的经济中心定陶,是其不贪图现实的小利、铭记国家大患在于咸阳所面对之西北塞外的表现;同样地,刘邦亦没有重蹈项羽的覆辙贪恋经济的繁华,将都城定在了之于国防安全更显重要的关中地区;而在唐朝,由于关中粮食供给严重不足,则出现了长安城内君臣常需前往洛阳就食的情况,可见关中平原已难以支撑如此庞大的食利阶层③,正如陈寅恪先生分析所言:"夫帝王之由长安迁居洛阳,除别有政治及娱乐等原因,如隋炀帝、武则天等兹不论外,其中尚有一主因……即经济供给之原因是

---

① 陈尚君辑纂:《晋书·高祖纪三》,载《旧五代史·卷七十七》,复旦大学出版社,2005 年,第 2384 页。
② 史念海:《中国的运河》,山东人民出版社,2022 年,第 40—41、164 页。
③ 张晓虹:《匠人营国:中国历史上的古都》,江苏人民出版社,2020 年,第 59 页。

也。……故自隋唐以降,关中之地若值天灾,农产品不足以供给长安帝王宫卫及百官俸食之需时,则帝王往往移幸洛阳,俟关中农产丰收,然后复归还长安。"① 李唐的统治者虽然时常逃荒、前往洛阳就食,却没有真正将国都迁到关东地区,仍旧以国防为首要的国家基础。②

对于政治中心与经济中心相分离的政权来说,构建起一套以运河为主、道路为辅的交通运输网络,方能使得国家发展的基础更加稳固——可以说,这样一套交通运输网(例如,疏通壅塞之运河、修建以首都为中心辐射开来的道路)的建立主观上是为了保障都城各阶层经济资源的供给,客观上也便利了都城对于地方的管理;但反过来说,交通网的维护亦建立在国家长治久安的基础之上。北宋贪恋着开封所面对之下游运河的便利而懒于疏通上游的运河故道,其没有想到的是汉与隋唐几代的漕粮是如何运到洛阳、又如何再转运到长安的,更没有想到那时的渭水漕渠是如何开凿成功的,正是疏浚的困难战胜了宋太祖的意志,使得形势迁就于时势——定都开封只考虑了经济上的区位优势,而忽视了最根本的政治问题③,这也可以视作北宋积贫积弱之局面的滥觞。④ 然而,值得注意的是,定都开封其实也是最为符合宋太祖的"政治设计"的:若将都城迁移到上游的洛阳或长安,依据天险,无需集中如此之多的兵马在都城地区,这将导致在外的部队有叛乱之虞;而无险可守的开封正好需要集中全国至少一半的且为精锐的军队,使得他们始终处于紧张之中而不至无事可做,从而避免了重蹈唐末五代以来军事叛乱的覆辙,故开封之为国都也可以看作政治与地理

---

① 陈寅恪:《隋唐制度渊源略论稿·唐代政治史述论稿》,商务印书馆,2011年,第162页。
② 史念海:《中国的运河》,山东人民出版社,2022年,第48、50—51、136页。
③ 刘建军:《古代中国政治制度十六讲》,上海人民出版社,2009年,第94页。
④ 史念海:《中国的运河》,山东人民出版社,2022年,第166页。

结合的必然产物。①

宏观地来看,运河线路的变迁又是一种对于中国古代迁都规律的具象呈现方式:随着元朝事实上建立了对于全国的统治,国都定于北京,而运河也跟着转了方向,往昔普遍呈东西走向的运河转而主要呈南北走向,其一方面反映了过去关中与中原地区的繁荣已经由东部的南北纵线取而代之,另一方面则折射出运河确实是中国古代经济发展的一张晴雨表:经济重心的转移通过运河的转向加以反映,而运河的两端从来勾连起的就是国家的政治中心与经济中心——"东西徘徊"至此完全为"南北往复"所更替。

然而,值得注意的是,"南北往复"的迁都规律虽只占据了后小半段的历史,但其因与当代相关联而更显重要。② 我国的经济重心虽集中在长江三角洲与珠江三角洲,但定都北京可以视作国家政权成熟、摆脱单纯经济依赖的重要表征。其实,并不能武断地认为是国家经济的发展单纯决定了迁都规律,两者之间更多的是一种相互影响、互动共生的关系:迁都规律有时也能反过来影响国家的经济发展趋势——首都的不断变动可以避免某一地区土地肥力持续下降水土流失不断加剧的局面③;同时,随着首都迁移而流动的精英人口可以将精耕细作的工具与先进的技术不失时机地带给新的地区,以促成国家全方位的发展。譬如,定都北京的目的其实就是南北之间的经济平衡,通过将政治中心确定在北方的方式可以将大量的人才与经济资源吸引到北方,其着力发挥的是迁都规律中的首都牵引力量;无独有偶,钱穆先生也曾建言国民政府应建

---

① 辛向阳、倪健中主编:《首都中国:迁都与中国历史大动脉的流向》,中国社会出版社,2008年,第367页。
② 周振鹤:《东西徘徊与南北往复——中国历史上五大都城定位的政治地理因素》,《华东师范大学学报》(哲学社会科学版)2009年第1期。
③ [加]兰德:《惟王受年:从农业起源到秦帝国的中国政治生态学》,王泽、杨姚瑶译,东方出版中心,2023年,第105页。

都西安,这样在当时中央政府的领导下,知识分子、经济力量便可倒向那一边,好让东西两边逐渐取平衡。① 因为西安一城一地的资源与人力是不足以供给现代社会首都级别规模的需求的,所以必须建立和维持强大的国家动员能力和财政汲取能力,把全国尤其是东南地区的经济、人力资源不断地补充到西北地区的发展当中来,从而使得国家机器常葆活力。② 再放眼全球,巴西于1960年将首都从沿海的里约热内卢迁移至位于内陆地区的巴西利亚,其目的就是要改善人口失衡的现状,将沿海地区的人力吸引到广袤、荒凉的内陆③,从而在促进国内更加公平的财富分配方法的同时,④将国家能源和资源通过政治的力量牵引到欠发展的地区,其最终的目标是在经济和政治上重新整合国家,创造一个新的增长极,从而为国家的进一步发展提供动力。⑤

三、"形势":一种政治地理要素

在周振鹤先生所揭示的中国古代迁都规律之中,"形势"作为一种重要的政治地理要素占据着重要的地位,其区别于纯粹地理意义上的地势、历史意义上的时势,是建都须考量的一个极其重要的因素,迁都规律的演进与发展往往受到"形势"及其所形塑之观念的影响。

---

① 钱穆:《中国历史精神》,九州出版社,2012年,第116页。
② 任锋、马猛猛:《"建国于大地之上":钱穆的首都论、立国形态观与文化地理学》,《思想战线》2021年第2期。
③ Alex Shoumatoff, *The Capital of Hope*, New York: Coward, McCann & Geoghegan, 1980, p.12.
④ Jorge E. Hardoy, "Two New Capital Cities: Brasilia and Islamabad," *Ekistics*, Vol.18, No.108, 1964, pp.320-325.
⑤ Vadim Rossman, *Capital Cities: Varieties and Patterns of Development and Relocation*, London: Routledge, 2017, p.128.

"形势"是一种政治地理特征,将"居高临下"①"坐东镇西""坐北制南"这些气势应用到政治方面,就成为一种政治地理要素,可以说这是一种中国文化与中国人文地理的特征。② 进一步地,钱穆先生也认为,一国的精神与规模,有取顺势的,也有取逆势的;而对于中国的定都来说,中国西北高而东南下,取前者为逆势而取后者为顺势。钱先生发现,当时正是因为国民政府定都南京,才使得全国知识分子与经济力量都集中向东南——西北本已荒废,再加东南引诱力一拉,将更没有办法恢复昔日汉唐之荣光。若纵观中国古代的都城迁移规律,就不难发现有一个从逆势而生到顺势而为的转向,这在钱穆先生看来是民族精神衰颓、怠惰的征兆之一。③

可以说,钱先生与周先生都关注到了作为一种政治地理要素的"形势"之于国家发展之中迁都规律的作用力。"形势"胜,即逆势而为,将政治军事中心与经济中心分离开来,让作为政治军事中心的首都在一线独当一面、发挥牵引作用;而"形势"劣,即顺势而为,为了利用其既有交通网络与邻近资源的便利而将政治中心与经济中心合而为一,造成国力衰颓、气象萧条、偏安一隅的局面。这就是历代定都所面临的一对政治地理要素的矛盾:是"形势"要紧还是中心为上,两者之间的纠结直接在迁都规律的"徘徊"与"往复"之中展现了出来。

然而,但凡考虑到国家远期发展的王朝都会更加注重"形势"的政治地理意义:在前半期的东西对峙之中,都会以西安为上,而

---

① 值得注意的是,"居高临下"这样一种形势之胜不仅适用于整个宏观的政治地理板块,同样也适用于都城内部的政治地理态势。譬如唐代的大明宫就建于长安城东北面龙首原高地之上,以便于控扼整座都城;而南宋临安的皇城亦建立在城内南部的丘陵地带,为了政治统治的"居高临下"一改都城皇城"坐北朝南"的旧制而"坐南朝北"。(详参杨宽:《中国古代都城制度史研究》,上海人民出版社,2016年,第173—175、385页;许宏:《大都无城:中国古都的动态解读》,生活·读书·新知三联书店,2016年,第29页)

② 周振鹤:《东西徘徊与南北往复——中国历史上五大都城定位的政治地理因素》,《华东师范大学学报》(哲学社会科学版)2009年第1期。

③ 钱穆:《政学私言》,九州出版社,2010年,第145页。

在南北对峙中则通常以北京为上,两地定都的时间也较洛阳、南京更久,皆是因为"形势"使然,这是中国古代传统中极为重要的一个政治地理观念,其往往要胜过经济中心的重要性,也胜过天下之中的便利性——譬如据《元史》记载,巴图尔就曾对忽必烈说过元大都"形势雄伟"①;而顾祖禹则评价西安地区"据天下之上游,制天下之命者也"②,认为北京"钜势强形"③;司马迁也在《史记》中指出秦之所以能够兼并天下,概源于其所在的关中地区"非必险固便形势利也"。④

有趣的是,在历史上,南京地区也经常被认为"形势胜""有王气"。相传秦始皇东巡来到南京旁的镇江地区,听信术士之言,说谷阳京岘山有王气,遂派三千赭衣囚徒凿断山脉,并将谷阳改名为丹徒,绝其"形胜"、断其"王气";无独有偶,隋文帝在统一全国后一直对以南朝都城建康为代表的南朝政治文化抱有敌意,故隋文帝不仅要建造出比建康更为古典、传统的大兴城作为都城,而且在灭陈后随即将其都城建康的建筑物全部摧毁,并将其在行政地位上降格为地方城市,唐时甚至将此地命名为极具侮辱性的"归化县"(取归顺成化之意),以确保大兴城(长安城)作为都城的正统性⑤——可以说,隋唐时期对建康的贬抑和风水术数亦有一定的关系,时人皆认为"东南有王气"。⑥ 长安与建康的都城正统性地

---

① 宋濂撰:《霸突鲁传》,载《元史·卷一百一十九》,中华书局,1976年,第2942页。
② 顾祖禹:《陕西方舆纪要序》,载《读史方舆纪要·卷五十二》,中华书局,2005年,第2449页。
③ 顾祖禹:《北直二》,载《读史方舆纪要·卷十一》,中华书局,2005年,第440页。
④ 司马迁:《六国年表》,载《史记·卷十五》,中华书局,2014年,第836页。
⑤ [日]妹尾达彦:《隋唐长安与东亚都城比较史》,高兵兵、郭雪妮、黄海静译,西北大学出版社,2019年,第399—400、403、424页。其实,建康作为都城的政治地位完全是六朝时代建立起来的,在汉末以前是完全无法与长安、洛阳比肩的;然而,六朝之后建康的影响之大以至于后来诸如宋人郑樵认为,只有建康、洛阳、长安才具备建都的条件。(详参刘淑芬:《六朝的城市与社会》(增订本),南京大学出版社,2021年,第26页)
⑥ 孙英刚:《神文时代:谶纬、术数与中古政治研究》,上海古籍出版社,2015年,第73—81页。

位之争便可以看作政治地理意义上的"形势"之争的缩影。同样地,朱元璋建立明朝并定都南京后,亦极力抑黜故元大都的地位,不仅迁其军民于开封,还将其改名为"北平"并隶属于山东行省。① 值得思忖的是,从安史之乱始,至黄巢起义臻于顶峰的对长安的数次破坏,导致当时集聚首都长安的贵族被屠杀殆尽,遂使得陈寅恪先生所惺惺相惜的隋唐政治格局与"关中本位政策"终结②,长安的"形势"与"王气"亦渐趋黯然,这也应和了周振鹤先生所指出的,在唐宋之际,"长安即使从理念上也永远与都城告别了"的观点。③

值得关注的是,作为一种政治地理要素的"形势"背后有着一种潜在精神品格的支撑,其意味着首都的"形势"直接可以决定以此城为都的国家发展与社会品格。无独有偶的是,在世界范围内的其他古代文明之中,亦有讲求"形势"的案例。在作为"历史之父"的希罗多德(Herodotus)的笔下,定都的政治地理"形势"对于社会、民情以及民族性格的养成至关重要。在《历史》的收尾部分,希罗多德记叙了有人向波斯国王居鲁士(Cyrus)建议将国家的首都迁出他们长期祖居的山地,寻找更为平坦富饶的土地来定都。而居鲁士警告说,若这样做的话,波斯民族"必须准备不再做统治者,而是要做被统治的臣民。温和的土地产生温和的人物;极其优良的作物和勇武的战士不是从同一块土地上产生出来的。……他

---

① 王军:《尧风舜雨:元大都规划思想与古代中国》,生活・读书・新知三联书店,2022年,第225页。

② 陈寅恪先生这样说道:"追玄宗之世关中本位政策完全改变,所以地方政治革命始能成功,而唐室之衰亡实由于地方政治革命之安、史、庞勋、黄巢等之叛乱,及黄巢部将朱温之篡夺也。"(详参陈寅恪:《隋唐制度渊源略论稿・唐代政治史述论稿》,商务印书馆,2011年,第237页)

③ 正如《旧唐书・地理志》中所说:"自天德后,中原多故,襄邓百姓,两京衣冠,尽投江湘,故荆南井邑十倍其初。"可见安史之乱后,长安、洛阳的官员等人力资源皆向南移动。(详参周振鹤:《行不由径:周振鹤演讲访谈录》,东方出版社,2018年,第98—99页)

们宁可住在峣瘠的山区做统治者,而不愿住在平坦的耕地上做奴隶"。① 可见,在居鲁士的眼中,山地比平原"形势"更胜,也更有利于孔武有力的民族性格的养成。正所谓贫穷而得享自由,奢侈而遭受奴役②,在逆境之中甘于贫寒方能谋求国家的长足发展,而在顺势之中耽于富贵只会逐渐迷失国家发展的方向——作为政治地理要素的"形势"所给予人们的启示意义不可谓不深远。

综上所述,可以总结出两种政治地理维度上的"形势"。其一,是具象意义上的政治中心独立于经济重心的超然地位:长安之于洛阳、北京之于南京、西北之于东南,三者之所以"形势"更胜,是因为其皆有意识地将作为国家心脏的首都与经济繁荣之地分离开来,这样可以促使首都成为国家发展当中独立于传统经济中心之新的一极,将相当程度上的精英人力与物质资源牵引至国家内部缺少关注的一端,而不致政治中心为经济中心所"俘获"——20世纪以来,诸多摆脱了殖民统治而新兴独立的国家都会将首都从位于国家边缘的殖民贸易港口城市迁移到内陆中心,以谋求一条全新的国家发展道路,这也是政治地理意义上的"形势"之于国家发展关键地位的又一例证。其二,是抽象意义上的首都本身所具有的象征性正统地位:中国历史上南北朝都城正统性的"形势"之争实质就是在争夺"谁更具有完成对天下之大一统"的资格,而世界上的很多国家在迁都前总是会对迁都的目的地进行"探源工程"(例如,尼日利亚的阿布贾、哈萨克斯坦的阿斯塔纳、土耳其的安卡拉),以建立起现代国家与祖先家园之间的联系③,这样一种对于首都正统性、象征性与合法性的建构都有意无意地提升了其在长

---

① [古希腊]希罗多德:《历史》(下),王以铸译,商务印书馆,1959年,第797页。

② 任军锋:《盛世乡愁——雅典帝国的"传统"与"现代"》,《云南大学学报》(社会科学版)2018年第1期。

③ Shonin Anacker, "Geographies of Power in Nazarbayev's Astana," *Eurasian Geography and Economics*, Vol. 45, Issue 7, 2004, pp. 528-529.

周期国家发展历程上的"形势"地位。

最后,可以对"形势"这一政治地理概念作出进一步的细化与补充。纵观中国历史上的迁都规律,不难发现,定都长安的政权有西域观[①],他们通常将目光放诸广袤的欧亚内陆地区;定都洛阳与开封的政权有中原观,他们着眼于经营与守成既有的家当;定都北京的政权则有草原观,地处游牧文明与农耕文明之交接点使得都城本身及其所代表的国家具有统合不同文明之力量;而定都南京的政权有江南观,定都临安的政权则有海洋观。可见,不同都城定位所展示出来的思想观念图景有很大的差异,而正是在"东西徘徊"与"南北往复"的迁都规律之中,才能够不断将这几种"形势"各异的思想观念图景加以碰撞乃至糅合、拼接在一起,共同形塑了现代中国政治地理空间的气象与面貌,促成了国家发展的历史进程,甚至无形之中构成了现如今新时代"一带一路"倡议的政治地理背景。

四、迁都规律与国家发展的比较分析

迁都规律指的是一个国家在整个历史长周期宏观意义上的都城迁移趋势,故若要形成一定的规律,一方面需要发生多次的迁都现象方能构成形成规律的基础,另一方面迁都现象本身的发生并非偶然性的,其往往是受到一些结构性因素的影响方能称之为规律。

纵观世界各国的迁都现象,对于 20 世纪发生了迁都的一些国家而言,并不足以构成迁都规律。譬如,对于非洲诸多摆脱了殖民统治的国家而言,它们或是将首都迁移至统治者的出生地,或是迁

---

① 向达:《唐代长安与西域文明》,河北教育出版社,2001年,第3—121页。

都至某个主导政坛的部落群体所在的地方,马拉维、科特迪瓦、利比亚等国皆是如此①——这样的因素所导致的迁都随机性与不确定性往往较大,首都常常会伴随着统治者的更迭与统治集团的兴替而变换,即使构成了一定的迁移路线,也并无规律可循。而对于另外一些摆脱殖民统治的国家来说,其早期的首都通常位于殖民母国所设立的沿海港口城市,这些国家选择迁都至内陆地区的原因可能与为了塑造一个全新的政治中心以象征独立不无关系,从而可以迅速绕过殖民时代所遗留下的沉重历史包袱,同时,也可以起到摆脱"大城市病"的功效②,如巴西、缅甸的迁都皆有这些方面的原因——这些因素所导致的迁都往往都是一次性的,亦并无研究其迁都规律的必要性。同样地,受到地缘政治、族群冲突、军事战争等因素影响下的迁都亦概莫能外。

那么,迁都的规律就难以在世界各国中寻觅得到吗?其实,三个受到了英国殖民统治影响的国家都呈现出了相似的迁都路径,虽然三国作为工业化初期的前殖民地,其迁都的逻辑与以古代中国为代表的农耕王朝的迁都逻辑有着显著的差异,但也可以概括出一种特有的迁都规律。美国建国伊始的邦联时期,将首都首先选定在了大陆会议召开地、《独立宣言》发表地的费城;在之后短暂的几次迁移后,首都于1785年迁址纽约;但在美国日益剧烈的南北矛盾之中,纽约的地理位置仍旧太偏靠北部,最后在南北各州的博弈之下定都于美国南北方的自然分界线波多马克河一带。无独有偶,加拿大在19世纪中叶之前的16年中,其最高权力机关在四个不同的城市中变化了四次,如果说中国古代的迁都规律是"东西徘徊"与"南北往复",那么加拿大的迁都规律就是线性移动,即在

---

① Vadim Rossman, *Capital Cities: Varieties and Patterns of Development and Relocation*, London: Routledge, 2017, pp.174-175.
② Edward Schatz, "What Capital Cities Say About State and Nation Building," *Nationalism and Ethnic Politics*, Vol.9, Issue 4, 2004, p.118.

魁北克与安大略之间一条线上的水平移动,其目的是维持内部的法语、英语群体的平衡,从而克服地方主义,最终定都的渥太华是强化国家认同的"中和"之地。同样地,澳大利亚在墨尔本与悉尼的中间地带选择迁都堪培拉,这也是政治平衡的结果。不难发现,这样一种迁都规律的产生概源于移民垦殖类型的殖民地此前已经形成的多权力中心地方分权格局,故这样一种迁都规律所表现出的"往复徘徊"特点往往是各方政治势力博弈平衡的产物,最终迁都的终点亦是各方势力的中间地带。而纵观俄罗斯国家的迁都历史,不难发现也有一种独特的规律:从古罗斯国家的诺夫哥罗德,到基辅罗斯的基辅,再到统一俄罗斯国家的首都莫斯科,即使领土处于不断扩张变迁的动态过程,但都无不遵循了"地理中心"的原则:诺夫哥罗德与基辅皆处于水陆中心要道,其有利于罗斯人完成对其他斯拉夫人的统一;而莫斯科的定都在东正教的主教们看来,正是因为其处于罗斯南北方的中心点;而自1712年到20世纪初200余年的莫斯科与圣彼得堡之间的东西徘徊史,则反映了俄罗斯人近代以来在本土与西化、守旧与开放之间的纠结与平衡。①

其实,将世界各国构成迁都规律的案例与中国古代从"东西徘徊"到"南北往复"的规律加以比较,可以发现有着一种一般意义上的迁都规律与国家发展之间的联系:首都迁移的过程若遵循"平衡中和"的原则,通常能够对国家的长期发展产生积极的影响——对于一些国家来说,是建立起新的政治中心从而形成相对于传统经济中心的平衡,譬如,以"徘徊"与"往复"为代表的政治地理概念就是政治与经济中心之地不断相权衡而促发的现象,政治中心正是通过克服经济中心地所带来的诸多便利之"诱惑",从而建立

---

① [英]奥兰多·费吉斯:《娜塔莎之舞:俄罗斯文化史》,郭丹杰、曾小楚译,四川人民出版社,2018年,第4页;[美]乔纳森·迈尔斯:《圣彼得堡:三百年的致命欲望》,吴莉苇译,上海人民出版社,2019年,第30页;张远:《首都迁移与俄罗斯国家品格的形塑》,《俄罗斯研究》2024年第3期。

起了与经济逻辑相并立的、以首都为代表的政治逻辑,其避免了政治逻辑与经济逻辑在首都这一地理空间的合一,力图开辟出多元化的格局,是国家发展、政权走向成熟的标志之一;而对于另一些国家来说,则是不同势力之间的中和、并在中间地带建立首都。寻求平衡、中和而非搁置、激化矛盾是政治成熟国家的一种表现;而政治不成熟的国家内部所形成的几次迁都现象往往并不有利于国家的长期发展,迁都现象在这些政治不成熟的国家频繁发生,恰恰说明其国家发展尚处于草创阶段,正是因为其不成熟,首都的中心地位自然也就不稳固,这也可以从早期中国夏、商的频繁迁都中窥见端倪。① 可见,迁都规律是国家政治成熟度在地理空间的一种投射,而政治成熟度恰恰是衡量国家发展的重要参考指标之一。

以首都与迁都规律为切入点,可以总结出观察政治地理学的三个维度。首先是思想家对于理想政治制度中地理因素的阐释——不难发现,在中国古代诸如《禹贡》《周礼·考工记》等典籍,都紧密围绕着都城的定位与内部的布局提出了极为详尽且规范的模型,其所构建的政治地理格局虽一定程度上过于理想化,但围绕都城本身而展开的"九州制"与"五服制"逐渐成为后世国家发展过程中内地与边疆、中央与地方政治地理结构关系处理的典范,而迁都规律恰恰是这样一种治理格局的历史性展开,"徘徊往复"的迁移规律构建起了一整套中国国家长周期发展的谱系。其次是注重历史学家或地理学家将地理要素作为政治体制一个组成部分的观点——从司马迁在《史记》中铺陈描写秦都咸阳在大一统王朝建立后的扩张②,

---

① 刘建军:《古代中国政治制度十六讲》,上海人民出版社,2009年,第91页。
② 司马迁这样描写秦国每攻灭一国便会充实其首都咸阳的政策:"秦每破诸侯,写放其宫室,作之咸阳北阪上,南临渭,自雍门以东至泾、渭,殿屋复道周阁相属。所得诸侯美人钟鼓,以充入之。"可以说,首都景象的变迁是天下格局变化的直接反映。(详参司马迁撰:《秦始皇本纪》,载《史记·卷六》,中华书局,2014年,第308页)

到编撰了《汉书》的班固所写作的《两都赋》①,再到历代正史大多所书写的地理志专篇,都体现了历代历史学家对都城本身的无限关注,而历朝历代但凡改革、迁都之议纷起之际,都是历史学家们会着墨书写的关键时期;然而,值得注意的是,囿于史学家断代史的书写模式,中国历史上的迁都规律往往并没有系统性的总结,而从"东西徘徊"到"南北往复"的迁都规律的提出,无疑具有相当大的创新意义与指导性,其通过形象的方式突破了断代史学家的局限性,从历史学家的角度为政治地理学的发展注入新的活力。最后是考虑到政治家利用地理因素解决政治问题的具体操作过程——毫无疑问的是,中国历史上所作出的迁都决策无疑都是历代政治家的"作品",研究主导了迁都议程的统治集团抑或统治者本人所作出的实践与行为,当仁不让地成为政治地理学理应着眼的话题。②

值得强调的是,地理对历史的影响必须以一种辩证的方式来理解,因为许多伟大的人类成就确实是克服地理局限的结果。譬如,中国的地形本身似乎并不有利于中央政权的崛起,而中国由来已久的大一统与国家发展恰恰是人的制度战胜地理条件的结果。因此,地理必须与政治权力的兴衰联系起来进行研究,这也是研究政治地理学的意义所在。

---

① 《两都赋》分为《西都赋》《东都赋》两篇,东汉建立以来,呼吁从洛阳迁回西汉故都长安的呼声不断,班固所作《两都赋》实为一部政治辩护类的作品,他历陈定都洛阳之益,而谨慎评价迁都长安之弊,从中可以管窥"迁都之议"对当时东汉朝廷的重大影响;此外,班固对长安陵邑的具象化描写——"若乃观其四郊,浮游近县,则南望杜霸,北眺五陵,名都对郭,邑居相承,英俊之域,绂冕所兴……盖以强干弱枝,隆上都而观万国也"——也为后世对于都城之卫星城的研究提供了参考。(详参班固:《西都赋》,载陈宏天、赵福海、陈复兴主编:《昭明文选译注》,吉林文史出版社,2020年,第18页)

② 周振鹤:《范式的转换——沿革地理-政区地理-政治地理的进程》,《华中师范大学学报》(人文社会科学版)2013年第1期;周振鹤:《中国历史上两种基本政治地理格局的分析》,载中国地理学会历史地理专业委员会、《历史地理》编委会编:《历史地理》(第二十辑),上海人民出版社,2004年,第1—19页。

五、周振鹤先生对政治地理学的贡献

上文主要从中国古代迁都规律与国家发展的角度,分析了周振鹤先生对中国政治地理学的贡献。事实上,周振鹤先生对迁都规律的研究是建立在他深厚的历史地理学基础这一广厦之上的。在此,本文将研究视线进一步拉长,从迁都规律上升到政区研究、政区地理以及政治地理学的层次,从整体上分析周振鹤先生对政治地理学的贡献。

一般而论,以往的政治地理学聚焦诸如政治制度、政党、综合国力等传统政治学的概念,地理无非只是传统的政治地理学理解政治的手段与路径而已,譬如,火热的"选举地理"研究几乎占据了政治地理学研究的半壁江山。此外,政治地理学的研究中也多见探究影响国家的产生与发展、国家制度与政策制定的地理因素,地理往往流于一种抽象性的概念而非真实存在于现实空间中的重要影响因素。

周振鹤先生对中国古代政区以及政区地理的研究,是在中国文化语境与中国地理的底色之上,对政治地理学研究方法、研究主题、研究意义以及研究视界的进一步丰富与发展。他对政治地理学的贡献主要体现在《西汉政区地理》《体国经野之道》《方言与中国文化》《中国历史政治地理讲义》《中国行政区划通史》等一系列著作中。从中我们可以归纳出周振鹤先生对政治地理学的贡献。

(一)政区地理

周振鹤先生对政治地理学的贡献,首先便体现在对中国古代政区地理的深入研究之中。以往的政治学、政治史的研究,往往只专注于单纯的政治制度、行政制度;而其中对于政治制度的研究,又多重中央制度的研究,而忽视地方制度的研究;在论及地方制度时,政治学又往往只研究地方官员制度,而较少研究地方官员施政的行政区域。周振鹤先生所倡导的对于政区地理、行政区划的研究,恰恰可以弥补政治学的短板,补充而成为政治地理学的重要分支。正如周先生所指出的,通过观察历代政区的变迁,可以从另一个侧面来探寻政治学所关注的中央与地方关系的变化过程①,从而进一步为现代行政区划改革提供借鉴。② 周先生所提出的"层级""幅员""边界""统县政区""高层政区""犬牙交错""山川形便"等政治地理学概念,业已为学界所广泛使用,且达成了一种学术共识③,它们廓清了政治地理学中原本混乱、不具科学性的界定,从而为中国政治制度史与中国政治地理研究提供了坚实的思想资源。这些政治地理学的概念都是极度精准且颇富解释力度的。譬如,对于"层级"与"幅员"的关系来说,从中央集权的角度来看,要求的是尽量少的层级,但又囿于行政区划管理幅度的限制,层级也不能随意减少,政区层级随着中央地方关系的变化而变化。④

---

① 周振鹤先生指出:"行政区划的出现体现了中央对地方直接进行行政管理的权力,这样的权力只有在中央集权制国家形成以后才能出现。换句话说,行政区划的概念是与中央集权制国家的产生同步而来的。"(详参周振鹤:《中国历史政治地理讲义》,上海人民出版社,2022 年,第 49 页)

② 譬如周振鹤先生就强调,他研究行政区划,不是强调行政区划的重要性,而恰恰是希望在经济上打破行政区划的封闭性,因为政区的变化应适应经济的发展。(详参周振鹤:《行不由径:周振鹤演讲访谈录》,东方出版社,2018 年,第 270 页)其他关于周先生对现代行政区划改革的讨论可参考周振鹤:《行政区划史研究的重要意义》,《上海行政学院学报》2001 年第 2 期;周振鹤:《市管县与县改市应该慎行》,《探索与争鸣》1996 年第 2 期;周振鹤:《关于我国行政区划改革的几点思考》,《社会科学》1989 年第 8 期;周振鹤:《中国地方行政制度史》,上海人民出版社,2019 年,第 436—448 页;周振鹤:《藏书不乐》,东方出版社,2018 年,第 232—239 页。

③ 周振鹤:《行政区划史研究的基本概念与学术用语刍议》,《复旦学报》(社会科学版)2001 年第 3 期;周振鹤:《行不由径:周振鹤演讲访谈录》,东方出版社,2018 年,第 193 页。

④ 周振鹤:《中央地方关系史的一个侧面(上)——两千年地方政府层级变迁的分析》,《复旦学报》(社会科学版)1995 年第 3 期;周振鹤:《中央地方关系史的一个侧面(下)——两千年地方政府层级变迁的分析》,《复旦学报》(社会科学版)1995 年第 4 期。

值得关注的是,传统的历代政区变迁研究,通常流于一种静态的展示——每个朝代只复原一个代表性年代的政区地理面貌,但只有研究透彻历史上政区变迁的全过程,才能够摸索出一套历史制度的变迁规律。可以说,周振鹤先生所作《西汉政区地理》一书对于政区地理变迁全过程的研究有筚路蓝缕之功,而周先生所主编的、从 2008 年开始分卷出版的《中国行政区划通史》更是"沿革"①了以政区地理为代表的政治地理学范式,其克服了史料零散、缺佚等困难,通过逻辑推理的方式将断裂的历史链条连接起来,复原出了政区的断代变迁过程,并试图将断代政区地理研究扩展到中国历史所包含的所有朝代——这样一种连续性的共时历史政区地理研究自然比以一个朝代为尺度的政区沿革史研究更加"细密",只有在复原完整的政区历史原貌的基础之上,才能作出对历史变迁的规律性探索与理论性提升。周振鹤先生对历史政治地理的思考正是基于扎实的历史政区地理研究之上的②,其欲求探索的"规律性"是政治地理区别于传统历史地理沿革的特征之一。譬如,针对"行政区划层级"的历史变迁,周振鹤先生总结得出了在历时层面的"从二级制向三级制转化"到"从多级制向二级制简化"的"三循环",以及在变迁性质层面的"由高降低"(高层政区级别)与"由虚入实"(由非行政区单位到行政区单位)的特征,进而从历史之"变"中探寻出中央集权与地方分权之间此消彼长之演变的中国历代行政区划沿革的规律性。③

---

① 按照周振鹤先生的说法,承袭的部分叫作"沿",改造的部分叫作"革",前者使得以往历史地理的沿革叙述只能让人见到制度发展的纵向脉络而不见横向联系,进而难以发现地区制度变迁的规律;而后者则着重强调从新的角度来理解地方行政制度的历史沿革过程。从宏观上讲,以《中国行政区划通史》的出版为代表的这种"沿革"正是中国政治制度与文化的根本;深入具体领域,这也正是学术传承的路径。(详参周振鹤:《中国地方行政制度史》,上海人民出版社,2019 年,第 2—5 页)

② 周振鹤:《中国历史政治地理讲义》,上海人民出版社,2022 年,第 22 页;周振鹤:《行不由径:周振鹤演讲访谈录》,东方出版社,2018 年,第 94 页。

③ 周振鹤:《中国历史政治地理讲义》,上海人民出版社,2022 年,第 144—166 页。

■ 利益的关联、博弈与公共政策

同时,周振鹤先生有关政区地理研究的政治地理学思想还拓宽了传统政治学理论的视野。在指明"县级政区"是我国行政区划体系中最为稳定的一级政区的基础上,周先生不仅深描了关于县制起源的"三阶段说"①,更是指出将县按照一定标准区别其等第,实际上是中央政府对国力国情的一项调查与统计,从而作为施政的依据②;周先生还指出,春秋时期,晋、楚灭国为县以及在新领土上所设的县虽然不是后世的县,但其已具有作为国君直属地的地方行政组织萌芽特征,并且县长官不实行世袭制,县成为用以征收军赋以作边防之需的汲取型单位③——这些理论贡献无疑都对现如今国家基层治理与公共政策的研究,有着引领性与标杆性的意义。同时,周先生对政区地理的探索绝不囿于传统的郡县制框架之内,在对清代疆域地理的行政结构研究之中,周先生厘出了"盛京""直省"与"藩部"三元的治理方式与行政设置,区分出了"政治区域"与"行政区划"的差别④,指出其是郡县制与非郡县制有机结合的产物,这样一种复式的疆域地理面貌,使得清王朝维持了长期稳定的国家行政治理局面⑤——周先生的总结一方面为西方与日本学界所热衷的、带有殖民色彩的"本部"说法铲除了历史依据⑥,另一方面高度概括了古人兼顾自然地理、生活方式与行政区划的政治地理思想与智慧,为政治地理学现实的政治意义提供了丰厚的学理基础。

---

① 周振鹤:《县制起源三阶段说》,《中国历史地理论丛》1997 年第 3 期。
② 周振鹤:《中国历史政治地理讲义》,上海人民出版社,2022 年,第 266—267 页。
③ 周振鹤:《中国地方行政制度史》,上海人民出版社,2019 年,第 22—23 页。值得注意的是,周先生强调,因为晋楚边县的基层组织还未经过重新改造,氏族组织的因素依旧残留,且县的幅员未经过有意识的划定,故还未成为郡县之县,只是开始脱离封建制的标志。(详参周振鹤:《中国地方行政制度史》,上海人民出版社,2019 年,第 26 页)
④ 周振鹤:《中国行政区划通史》(总论),复旦大学出版社,2017 年,第 19—20 页。
⑤ 周振鹤:《看山是山》,上海人民出版社,2019 年,第 33—53 页。
⑥ 周振鹤:《长水声闻》,复旦大学出版社,2010 年,第 194 页。

(二)以方言地理为代表的政治文化地理

而在周振鹤先生对政治地理学的系统研究之中,以方言地理为代表的政治文化地理无疑开辟了政治地理研究的新境界。其中,最具影响力的就是周先生与游汝杰先生所合著的《方言与中国文化》中所阐述的方言地理与政治地理的互动关系。一些方言地理的分布规律无疑直接受到政治因素所导致的移民现象的影响。譬如永嘉之乱后,晋王室衣冠南渡,大量北人南迁,以百万计,定都建康,且在该地区广泛设置侨郡、侨州,其在建康地区的人口数量甚至超过了土著。而且这些移民大多为北方的世家大族,他们在政治、经济、文化水平上本来就高于建康土著。一时间,北方移民的方言(北方官话)取代了江南宁镇地区原有的吴方言①,而在建康城讲吴语的南方土著贵族常会被流寓至此的北方贵族蔑视为乡巴佬,故南方士族纷纷改变自己的方言来仿效北方官话口音,而当时有个南方士族顾长康坚决不学北话,还遭到旁人追问:"你为什么不说洛阳话?"②甚至东晋宰相王导为了联络南方士族常常说吴语也会被说洛阳官话的北方士族所嘲笑;但当强势的北方文化在发现其所在的南方朝廷无力北伐之时,吴语也渐渐被建康人视为一种风雅。③ 同样地,现如今的杭州市区形成了一个"半官话"的"方言岛"以区别于周遭的吴语区,这源于南宋王室的"故都效应":当初作为南宋首都的临安,为从汴京南迁而来的人所充斥,从而使得杭州地区原有的语言受到北方官话的影响发生了变化④,甚至到了明朝的时候,有些杭州人还以"语音好于他处"而自豪,这

---

① 周振鹤、游汝杰:《方言与中国文化》,上海人民出版社,1986年,第16—17页。
② 周振鹤:《汉语方言地理是怎么形成的》,《地图》2009年第5期。
③ 宫崎市定:《九品官人法研究:科举前史》,王丹译,大象出版社,2020年,第149页。
④ 周振鹤、游汝杰:《方言与中国文化》,上海人民出版社,1986年,第19—20页。

概源于当地人觉得杭州话与开封话很类似。① 与方言相对的是，周先生还阐释了作为西周王畿一带的方言——"雅言"，从原先被士大夫阶层作为创作诗歌、外交场合的通用语言，随后成为周天子与各国联系必不可少的交流语言，再到各地通行的标准语的过程，指明了"雅言"的传播为之后形成一种现代意义上的"民族共同语"打下了基础的意义所在。② 可以说，官话取代地方方言是否顺利主要取决于操官话者是否具有人口、政治地位、经济实力等方面的优势。

更为值得指出的是，周先生借助历史地理学的方法，以政区地理为代表的政治地理学为工具，进行了方言分区的工作。周先生认为，政治区划的长期稳定，必定会对这个区域内方言内部的一致性产生促进作用，而以府治为代表的行政中心往往会消除各县方言的特殊之处，使之与行政中心的语言趋同；同时，在一个行政区域之中，权威方言还会随着行政中心的变易而发生转移③；即使政区界线有所更张，语言的变化也往往落后于政区的变迁。④ 周先生首创的方言分区法，立足于中国方言地理现象错综复杂的特征，其区别于西方方言地理学所运用的"特征判断法"欲图确定出一条方言区的精确边界，而只希冀大体推测出次方言区的模糊边界⑤，是对政治地理学特殊的理论与实践贡献。

除了方言地理与政区地理的互动关系，周振鹤先生还放眼于鲜有人涉猎的宗教文化地理景观，指出作为意识形态代表的宗教

---

① 周振鹤：《汉语方言地理是怎么形成的》，《地图》2009 年第 5 期。
② 周振鹤、游汝杰：《方言与中国文化》，上海人民出版社，1986 年，第 79—80、84 页。值得关注的是，随着周王室的衰微，这样一种以周室方言作为标准音的雅言就自然取消了，各诸侯国都开始以本国首都的方言作为标准音，方言的离心力加强了。（详参周振鹤：《中国历史文化区域研究》，复旦大学出版社，1997 年，第 8 页）
③ 周振鹤：《汉语方言地理是怎么形成的》，《地图》2009 年第 5 期。
④ 周振鹤：《中国历史文化区域研究》，复旦大学出版社，1997 年，第 15—16 页。
⑤ 游汝杰、周振鹤：《方言地理和历史行政地理的密切关系——以浙江方言分区为例》，《复旦学报》（社会科学版）1984 年第 2 期。

景观必定落后于现实的政治世界,在秦大一统后约百年的景武之际,才出现了规范化的宗教建筑景观:祭祀圣地、陵县、宗庙等。① 此外,风俗地理、人物地理与宗教地理、方言地理一道组成了周振鹤先生所构建的政治文化地理谱系。②

(三) 中西语言接触:文化跨越地理边界的流动

周振鹤先生对政治地理学的关注绝不仅限于中国古代的政治地理,而是将目光继续扩展到中外文化碰撞时期所产生的政治地理现象。从明末利玛窦(MatteoRicci)的《坤舆万国全图》到清中晚期魏源的《海国图志》再到徐继畬的《瀛环志略》,周振鹤先生指出中国传统地理学的研究逐渐从一种纯粹的世界地理图志描绘,扩展到形成一种由"天下"而至"世界"的政治地理观念③,其意在寻求国家"富强"的同时,进行一种中西制度差异的比较④,这样一种中外文化碰撞给中国知识界的对外政治认识所带来的震动不可小觑,例如,周先生发现在壬寅年湖北乡试的考题超越了传统八股取士的藩篱,出现一道"试以历朝陈迹证之近今大势,博资考求,为讲习政治地理学之一助论"的考题,是至今所知中国知识界"政治地理学"一词的最早出处。⑤ 这样一种由天下观到世界观再到逐渐形成民族国家观念的历程为文化交流与语言接触的过程所见证。周先生不仅求索的是其中宏观的历史变迁,而且还聚焦中国近代

---

① 周振鹤:《中国历史文化区域研究》,复旦大学出版社,1997年,第51—81页。
② 周振鹤先生曾精辟地概括出了文化区域、行政区域与自然地理区域三者之间的关系:"形成文化区域是社会的力量,划定行政区划是国家的行政权力,而自然地理区域的划分则受自然规律所支配。因此,文化区域与行政区划以及自然地理区域的关系,事实上体现了社会、国家与环境之间的关系。"可视为对政治文化地理这一概念的系统性阐释。(详参周振鹤:《中国行政区划通史》(总论),复旦大学出版社,2017年,第194页)
③ 周振鹤:《中人白话》,东方出版社,2018年,第107页。
④ 周振鹤:《随无涯之旅》,生活·读书·新知三联书店,2017年,第104页。
⑤ 周振鹤:《中国印刷出版史上的近代文献述略》,《中国典籍与文化》2011年第2期。

历史中微观的政治历史过程①,譬如,周先生在论及洋泾浜英语时,就指出其出现使得外国人没有了学习中国官话的动力,从而不得不作为一种西洋人与中国人交流不可或缺的工具——直到21世纪初,洋泾浜英语甚至成为外国人与中国上层社会人士之间的一种交际语②,这是政治学常常忽视的微观视角之一。周先生独特的关注视角源于其对近代文献中"图书馆不收、藏书家不重、目录学不讲"③之文献资料的重视。

综上所述,正如《体国经野之道》的书名所表示的,周振鹤先生所欲图探索、破译的正是政治地理的变迁之"道",也就是政治地理的"规律性"所在。④ 周先生从我国丰富的历史文献中发掘出了中国古代政治家和政治学家,以及历史学家、地理学家潜在的政治地理思维,从而构建起了属于中国自己的政治地理学理论,进而可以与西方现代政治地理学的理论与方法作比较。正如周先生所说:"中国有着世界上最丰富的传世文献,才应该在中尺度(行政区划)的历史政治地理领域独领风骚,以傲视由于文献的缺乏,只能局限于当前的、大尺度(国家之间)范围研究的其他国家。"⑤不论是周先生所提出的迁都规律,还是周先生所系统阐述的以政区地理为代表的政治地理学理论,皆对政治地理学的学科发展与视野拓展作出了卓越的贡献。

---

① 参见周振鹤:《逸言殊语》,上海人民出版社,2020年。
② 周振鹤:《中国洋泾浜英语的形成》,《复旦学报》(社会科学版)2013年第5期。
③ 周振鹤:《藏书不乐》,东方出版社,2018年,第40页。
④ 参见周振鹤:《体国经野之道》,上海人民出版社,2019年。
⑤ 周振鹤:《中人白话》,东方出版社,2018年,第277页。

The Law of Capital Relocation and State Development
— On the Contributions of Professor Zhou Zhenhe to Political Geography

Yuan Zhang

Abstract: The core focus of political geography is the reflection of political processes in the field of geography. The law of "east-west oscillation" and "south-north reciprocation" in ancient Chinese history of capital relocation Professor Zhou Zhenhe proposed provides a concrete description of the state formation and expansion in China, while pointing out the connection between the law of capital relocation and the theory of state development. The law of capital relocation represents the spatial transfer of national governance center, and the territorial integration and ethnic integration it promotes respectively constitute the external appearance and internal mechanism of state development. At the same time, the state economic development has an interactive effect with the law of capital relocation. As an important political geography element, "momentum" not only reflects the characteristics of China's human geography, but also constructs the state development spirit and character shaped by the law of capital relocation. After comparing and analyzing the capital relocation between countries around the world and in ancient China, there is a general connection between the law of capital relocation and state development: if the process of capital relocation follows the principle of "balance and neutrality", it can usually have a positive impact on the long-term development of the state. The law of capital relocation is a projection of a country's "political maturity" in geographical space. This article analyzes the contributions of Professor Zhou Zhenhe to political geography from three aspects: administrative geography, political cultural geography represented by dialect geography, and language contact between China and the West.

Keywords: Politics of Capital; Law of Capital Relocation; State Development; Political Geography

学术独立论与青年文官训练：
以中央政治学校(1929—1946)为例[*]

周 顺[**]

[内容提要] 如何训练青年文官是北伐之后国民党新政权面临的急迫难题。国民党借鉴苏联党校模式与英法文官训练模式，创办中央政治学校，以训练党的政治干部与行政人才。罗家伦视学术独立为国家与民族独立的重要基础，作为构建民国自主知识体系的一种尝试，学术独立论被贯彻于其主政的中央政治学校。青年文官训练与学术独立之间虽有张力，却是两相统一。学术独立的要求充分体现于中央政治学校青年文官训练的教学、研究、实践环节中。虽最终未能实现"以学风带动政风"的目标，该校也未真正成为"新政治的策源地"，但这种将青年文官训练视为民族学术独立之尝试的做法依然留给现代大学教育及公务员建设工作以启示。

[关键词] 中央政治学校；青年；文官；学术独立；罗家伦

一、引言

在近代中国，青年文官训练是关乎政治发展的重要新命题。一

---

[*] 本文系国家社科基金重大项目"百年来中国政治学史研究"(项目编号：19ZDA133)的阶段性研究成果。
[**] 周顺，上海政法学院。

方面,青年作为国家革新与进取的新意象,首次被赋予国族命运承载者与开拓者的现代使命;另一方面,国家亟须通过某种方式将这些政治忠诚、业务精湛的青年人纳入全新的文官体系,为新政权出力。因此,如何"培养国家和民族的元气"①,特别是青年文官由谁来训练、用什么训练、怎样训练的问题成为政府当务之急。罗家伦视学术独立为国家与民族独立的重要基础,作为构建民国自主知识体系的一种尝试,学术独立论被贯彻于其主政的中央政治学校。青年文官训练与学术独立之间虽有张力,却是两相统一。学术独立的要求充分体现于中央政治学校(简称中政校)青年文官训练的教学、研究、实践环节中。虽最终未能实现"以学风带动政风"的目标,该校也未真正成为"新政治的策源地",但这种将青年文官训练视为民族学术独立之尝试的做法依然留给现代大学教育及公务员建设工作以启示。

二、青年文官训练:现代渊源与办学理念

中国传统社会并无文官训练的传统,但有"先观政,后擢任"的制度实践。仕子中进士后并不立即授官,而是先分派至中央各衙门观政三月余,再实授官职。从今人角度来看,约莫等同于文官的职前实习。民国时代,从旧官吏到新文官②的考选铨叙等系列制度发生深刻变化,京师大学堂的官员培养传统受到巨大的现实冲

---

① 罗家伦:《中国大学教育之危机》(1934),载《罗家伦卷》,中国人民大学出版社2015年,第238页。
② 民国政府期间,公务员制度逐步成型。政府成立之初多用"官吏"一词,1928年颁布的《中华民国刑法》中已使用公务员这一称谓,1931年颁布的《公务员惩戒委员会组织法》也以公务员替代"官吏惩戒委员会"的旧称。当时凡受有薪给而依法令从事公务者,皆为公务员。依据任命形式,可分为高级官(选任、特任、简任、荐任)和普通官(委任);依据担任的事务,可分为文官与军官;依据承担的行政责任,分为政务官与事务官。据蒋介石行政三联制,政务官与事务官一样皆偏重政策的执行,而非政策的决定。本文指称的"文官"即军官之外的其他公务人员,包含政务官与事务官。参见许康、雷玉琼:《中国近代行政学史料钩沉与钩玄》,社会科学文献出版社,2021年,第275—278页。

击,新文官的教育与训练问题也第一次作为"国家课题"被系统地提出。当时的文官训练体系面临着双重压力:一是清党之后政治人才与国民党党务人才严重匮乏,且缺少相关系统训练;二是国立大学与教会学校的专业教育与政府公职之间的关系渐行渐远,无法担负文官训练的重任。① 因此,谁来训练青年文官、如何训练青年文官成为北伐之后新政权面临的急迫难题。

对民国时期青年文官培训产生影响的主要有两种现代培养模式。一是苏联党校模式。党校是苏联政治人才培养的重要场所。到 1925 年为止,苏联共有 6 所共产主义大学,67 所二级党校和 179 所一级苏维埃党校。党校不仅开办短期训练班、夜大学、函授共产主义大学,更在部分共产主义大学中招收四年制学员,注重基本知识的系统讲授,重点研究党史、党的建设问题、苏维埃和经济政策问题等。同时,党校也拥有出版社、报纸,自行出版科研著作与教材。② 二是英法等国的文官训练模式。其一,由传统精英学校进行文官系统训练,注重政务官与事务官的政治素养与业务能力的基础性培养。例如,作为高等专科学院的法国巴黎政治学院即区别于综合性大学,被视为法国国家行政学院的专属"本科"。③ 其二,由文官主管机关或政府部门直接辖属的学校进行文官训练,注重政务官与高级事务官的实务训练。例如,总理直辖的法国国家行政学院(École nationale d'administration, ENA)即专为训练高级文官所设,法国 A 类非技术官员④必须进修 2—3 年方能

---

① 叶文心:《民国知识人:历程与图谱》,生活·读书·新知三联书店,2015 年,第 19—21 页。
② 林秉申:《苏联党校的历史沿革》,《国际观察》1981 年第 3 期;黄道炫:《抗战时期中共干部的养成》,《近代史研究》2016 年第 4 期。
③ 孟鞠如:《访问巴黎政治学院随感》,《外交学院学报》1986 年第 2 期。
④ 其他 A 类非技术官员需要进入东方语言学校(外交部直辖)、国立法官学校(司法部直辖)、国立税务学校(经济与财政部直辖);A 类技术官员则必须进入政府认可的邮政、森林、交通等专门高校进修 2—3 年。其他三类公务员培训由各部门与地方院校负责,培训期多为 3—6 个月。周敏凯:《公务员制度概论》,高等教育出版社,2016 年,第 115 页。

任职。由于该校几乎垄断了公共部门的所有重要职务,法国政治也被戏称为"ENACRACY"(ENA 统治)。

国民党继黄埔军校(武校)之后,借鉴上述两种文官训练模式,创办中央政治学校(文校),以期解决国民党政治干部与文官的培养及训练难题。该校由蒋介石出任校长,受中国国民党中央委员会直属管理。中央政治学校曾三易其名,每易其名,皆以配合国民党革命建国之每一阶段:军政时期为国民党中央党务学校(1927—1929);训政时期为国民党中央政治学校(1929—1946);宪政时期则与国民党中央干部学校(三青团)合并为国立中央政治大学(1946—1949,1954 年在中国台湾复校)。但无论何种阶段,学校教育方针一以贯之,即训练中国政治革命的干部与行政人才,"以实现三民主义,达成建国之目的"。① 在"中央政治学校创设的宗旨和教育方针"的演讲中,蒋介石指出"政治学校所担负的使命,也和军官学校一样,军官学生担任革命武力的干部,扫荡军事上革命的障碍;我们政校学生就是中国政治革命的干部,要扫荡中国政治一切附带黑暗的势力……使我们中国的政治、经济、外交、文化、社会都由我们政治学校的师生建立起来,以完成我们中国的革命"。②

中央政治学校的办学理念与使命从创建之初就明确区别于当时一般的大学。教育长丁惟汾指出,本校不像其他各大学隶属于教育部,而属于中央党部,"所以本校在中国是唯一特殊的学校";"吾校为养成行政人才的学校。在行政上,第一要遵守纪律,服从命令。第二吾校为党的学校,吾党要造成党治的国家,也就是要进而造成法治的国家"。③ 时任代教育长的陈果夫也提出,中央政治学校的

---

① 陈果夫:《国立政治大学二十年》,载《陈果夫先生全集》第一册,正中书局,1952 年,第 196 页。
② 政治大学校史编纂委员会:《政治大学校史稿》,中国台湾政治大学,1989 年,第 10—11 页。
③ 《丁教育长训词》,《校刊》1931 年 9 月第 44 期。

使命是培植革命的政治建设干部人才,进而负国家政治建设之责,这是与普通法政学校、大学法科的根本不同之处。"其他大学是训练了人才等国家来用,本校是国家预先制定了政治建设这项任务,等学生训练好了去担任……本校的成败,与政治建设的成败,密切不可分。"①作为中国国民党创办的学校,"我们最重要的事情,是要明白实际政治。因为我们一旦出校,便要负担实际政治责任的。"②

三、学术独立论:民族独立的学术基础

罗家伦的学术独立论是中央政治学校办学理念中容易被忽视的重要部分,它直接决定了该校在此后十余年间的发展径路与青年文官训练的现实效果。从1927年国民党筹备中央党务学校开始,罗家伦便作为校务委员③深度参与办学过程。虽然期间调任不断——1928年任清华大学校长,1931年重回中央政治学校任教务主任兼代教育长,1932年任中央大学校长——但罗家伦的学术独立论并未因此更改或者间断,相反,随着国家政治形势日趋严峻,更坚定了他的这一立场。与蔡元培的教育独立论不同,罗家伦倡导的"学术独立"是从民族文化关系的角度来论述大学教育的使命。学术独立是国家与民族独立的重要基础,"要国家在国际有独立自由平等的地位,必须中国的学术在国际也有独立自由平等的地位"④,学术独立就是将办大学与"建设有机体的民族文化"⑤紧

---

① 《新生应有之认识》,《中央政治学校新生入学训练集》,1938年1月。
② 《校务委员陈果夫先生训词》,《校刊》1930年9月第30期。
③ 中央党务学校委员包括蒋介石、胡汉明、戴季陶、丁惟汾、陈果夫、吴倚沧、曾养甫、刘芦隐、罗家伦九人。蒋介石为校长,下设教务、训育、总务三处,戴季陶、罗家伦为教务处正副主任。许小青:《诚朴雄伟,泱泱大风——中央大学校长罗家伦》,山东教育出版社,2012年,第81页。
④ 《学术独立与新清华》,载《罗家伦卷》,中国人民大学出版社2015年,第166页。
⑤ 牛力:《从罗家伦看民国大学与国家的关系》,《学海》2021年第5期。

密结合起来,学术独立就是求学为"己",而非培养"他人的学术学徒"。在罗家伦看来,"办理大学不仅是来办理大学普通的行政事务而已,一定要把一个大学的使命认清,从而创造一种新的精神,养成一种新的风气,以达到一个大学对于民族的使命……大学对于民族和国家,应尽到特殊的责任,负担起特殊的使命,然后办这个大学才有意义"。①

不同学校对于实现中国学术独立的作用与价值或许各有千秋,但无论是重申中政校之于国民党的"政治使命",强调清华大学之于新政权的"文化意义",肯定中央大学作为"复兴民族的参谋本部"的地位②,罗家伦始终坚持学术独立对青年教育培养的深远意义。在《文化教育与青年》一书的自序中,罗家伦指出,他的某些演讲或主张虽发表于某个具体学校,却是对着一般青年而言的,其中涉及的学术独立、青年发展与民族前途的问题是广大青年的公共问题。③ 从这个意义上讲,当国民党官员陈果夫、戴季陶等人在中政校与一般大学之间划出明确界线的同时,罗家伦的学术独立论却又将中政校与一般大学的普遍精神统一了起来。在罗家伦的中国大学规划图景中,中政校应当办成伦敦政治经济学院或巴黎政治学院那样的大学,能担负起普法战争后法国政治学校的责任,培养出对国家复兴有贡献的人才。④ "忠诚、致知、致用"应当成为青年文官训练的核心要义。忠诚不仅是指对于党国的忠诚,也是对于民族独立之学术基础的忠诚。

学术独立与青年文官训练的现实需求之间存在高度统一,也呈现一定的内部张力。首先是学风与政风的关系。罗家伦试图以

---

① 《罗家伦卷》,中国人民大学出版社,2015年,导言第8页。
② 同上。
③ 同上书,第426页。
④ "国立"政治大学校史编印委员会:《"国立"政治大学校史史料汇编》,"国立"政治大学校长室,1973年,第9页、第32页。

学风带动政风,最终达到澄清吏治的目的。他将中政校视为国民党自我更新自我革命之精神的培育场与中国革命文化再造的策源地,希望能够以教育化党,而非停留在党化教育的阶段。① 而陈果夫、戴季陶等人更希望将中政校纳入国民政府考铨体制,"作为今后内外行政机关人才供给之总工厂"。其次是教授与训导的地位问题。在罗家伦看来,教授的聘任是中国学术得以独立的关键因素。"为青年择师,必须破除一切情面,一切顾虑,以至公至正之心,凭着学术的标准去执行。"② 但陈果夫则坚持,"我们那边的同志,总应该多请几位"③,"政治家用专家,可成大事;专家而用政治家,太阿倒持,必至败事"。④ 尤其是在教授与训导权力孰轻孰重的问题上,陈果夫认为,"我们这个学校,是中国国民党中央政治学校,一切都要顾名思义来办,千万要去掉办普通学校的心理,教员除学问好,见识广以外,还要注重其忠实……教授的权力亦不可使大"。最后是学生培养目标的问题。罗家伦认为,中政校培养的不是,或者不仅是青年文官、青年政客,更应该是转移国运的政治家。⑤ 因此,文官培训应同时注重理论与实务。而国民党官员则普遍认为,中政校培养的青年文官(无论是政务官或是事务官)皆偏重政策执行,而非政策制定。因此,"从头来过"式的长期训练模式未必能产生预期的效果。这一张力在1935年陈果夫的《中央政治学校改进计划书》中表露得尤为明显,对罗家伦的办校理念和方向提出了重要修正。1937年,中政校因战事内迁入川后甚至停办大学部两年,嗣以各种训练班之设立,但终因不能达至培养人才之

---

① 李村:《从中央政校看"党化教育"的失败》,《书城》2014年1月。
② 《学术独立与新清华》,载《罗家伦卷》,中国人民大学出版社,2015年,第167页。
③ 《陈果夫致罗家伦函》(1932),载《罗家伦先生文存·补编》,近代中国出版社,1999年,第461—465页。
④ 《陈果夫先生全集》第二册,正中书局,1952年,第194页。
⑤ 《从树立学风到树立政风》,载《罗家伦卷》,中国人民大学出版社,2015年,第173页。

最高效率,于 1941 年起恢复大学部招生。①

中政校的学术独立体现在青年文官训练的整体性设计与具体环节的安排中。就学校整体而言,首先是学制的改变。中央党务学校时期,罗家伦即主张训练青年文官不是学会"讲几句党话",而是要注重其基本的知识,培养其厚重的品德,不可过于求速。第一期学生原计划培训 6 个月,在罗家伦的坚持下学制两次延长,实际在学时间接近两年(1927 年 8 月—1929 年 5 月)。1929 年第二期招生(中央政治学校第一期),学制即改为 2 年。1931 年,罗家伦重回中政校主持教务,提出将政校改为两年半制,后又改为四年制,称大学部。② 其次是学校架构的重整。与 20 世纪 20 年代中共各类党校注重干部短期集训的做法不同③,中政校力图整合两种现代文官训练模式,为国民党培养具有现实问题的研究能力与实务基础的青年文官。该校除公务员训练部及附设的短期训练班、讲习班之外,还重点设立大学部、专修部与研究部。其中,大学部与专修部主要承担青年文官的基础性培养工作,大学部下设法政系、经济系、外交系(4 年制);专修部设地政、统计、新闻、语文、边政(2 年制)。研究部招考若干研究生,与研究教授、研究员、助理研究员一起致力于现实政治经济建设方案的设计、调研与分析。公务员训练部则承担政务官与高级事务官的实务训练,分设高等科与普通科。高等科仅录取大学毕业且经考试院举行高考初试及格人员,训练期为 6 个月。普通科为高中毕业且经考试院举行高考初试及格人员,训练期为 1 年。训练班或讲习班根据培训对象与要求,应需而设。在罗家伦的拟定与戴季陶的支持下,"九一八"

---

① 朱燕平编:《中国国民党中央政治学校文献类编》(1927—1949),江苏人民出版社,2014 年,第 5 页。
② 罗家伦:《我所认识的戴季陶先生》,载《逝者如斯集》,商务印书馆,2014 年,第 78—79 页;《中国国民党中央政治学校文献类编》(1927—1949),江苏人民出版社,2014 年,第 2 页。
③ 黄道炫:《抗战时期中共干部的养成》,《近代史研究》2016 年第 4 期。

事变后,中政校还另设了附设蒙藏学校边疆分校①,将青年文官训练与边疆建设、民族统一大业紧密联系在一起。就具体环节安排而言,学术独立则体现在本土化的教学、自主性的研究、社会化的实践三个环节之中。

四、本土化的教学

学术独立首先体现在中政校的本土化教学上。据蒋廷黻观察,当时中国社会科学界的教学乱象丛生:要么是食洋不化,要么是只会教学生说几句党话。中国留美学生学成归国后可以像样地教授英法德意政府组织的课程,却没有一位能够教授中国政府;教员可以讲授伦敦、巴黎、纽约的市政学,却对天津、北平、上海的市政一无所知;学生们知道英法美各国的政府组织和政党纲领,却不知道自己政府的组织和运用。②对中政校而言,为青年文官安排与施行的教学活动是直接关乎政治建设成效的大问题,教学不能一蹴而就,更不能为别国做嫁衣,这"是件用力而缓慢穿透硬木板的工作,它同时需要激情和眼光"。③

本土化工作包括以下三个方面。

首先是教学范式的本土化。虽然罗家伦也经常延请"所谓名流与叛逆的红人"④来讲座授课,但中政校的常任教员多为欧美与

---

① 《我所认识的戴季陶先生》,载《逝者如斯集》,商务印书馆,2014年,第78—79页。
② 杨沛龙:《中国早期行政学史:民国时期行政学研究》,社会科学文献出版社,2014年,第276—277页。
③ [德]马克斯·韦伯:《学术与政治》,冯克利译,生活·读书·新知三联书店,1999年,第117页。
④ 《陈果夫致罗家伦函》(1932),载《罗家伦先生文存·补编》,近代中国出版社,1999年,第461—465页。

日本留学归国的国民党派学者(尽管国民党员的比例并不高①)。他们主张将三民主义的民生史观与欧美研究范式相结合,构建起适应国民党统治需要的理论体系②,如法政系主任萨孟武;他们尤其注重中国社会的现实需要;在文化上主张中国本位——中国本位的文化建设宣言,反对"开口杜威,闭口罗素";在政治上主张统一,反对分裂。③ 同时,中政校的教学也注重三民主义与儒家传统的融合。蒋介石曾专门致函教育长程天放(1943—1945),要求特设必修课"中国政治哲学"专讲四书,试图借此回归传统,拓展国民党党化的道义空间,强化文化的统制的基础。④

其次是教材体系的本土化。中政校注重在增强国际理论对话能力的基础上,进一步推进教材本土化的建设。部分教员具有较强的国际理论对话的能力。例如,"国际法"与"宪法"的课程教授江海潮就曾在德国科学院国际法研究所工作,他参与编写《世界各国国际资料索引大全》,其德文著作《中国宪法变迁史及国家元首在法律上的地位》被列入德国科学院国际法研究所丛书。在此基础上,学校大规模推进教材本土化建设工程,流传后世的许多专著即当时任课教员结合西洋学术前沿内容与本国实际需求而作的课堂讲稿。例如,萨孟武⑤的《中国社会问题之社会学的研究》(上海

---

① 中央政治学校的教员并非都有国民党党籍,"国家主义派中坚人物"青年党领袖左舜生也曾由蒋介石延聘来政校任教。张欢:《国民党政治干部养成:中央政治学校的办学理念与实践(1927—1937)》,华中师范大学硕士学位论文,2017年,第69页。
② 阎书钦:《亦学亦政:民国时期关于政治学研究范式的论争》,《武汉大学学报》2016年第6期。
③ 敖光旭:《1920—1930年代国家主义派之内在文化理路》,《近代史研究》2006年第2期。
④ 《蒋中正电丁惟汾程天放请酌核南京政治学校毕业考试应专设四书一科》(1935年2月5日),中国台北"国史馆",典藏号:002-080200-00205-085;许小青:《"九·一八"前后国民党文化政策解读》,《华中师范大学学报》2015年第6期。
⑤ 萨孟武在《中年时代》中提到,自己因早年口吃,闽南口音过重而对讲稿非常倚重,每次讲课必向学生发放讲义,因而积累起多部讲稿型专著。其中,《中国社会政治史》从1935年开始编写,一、二两册(先秦至南北朝)曾作为讲义引发给行政系学生。

华通书局,1929)、《三民主义政治学》(1931)、《西洋政治思想史》(新生命书局,1933)、《政治学与比较宪法》(商务印书馆,1936),及译著《新国家论》(商务印书馆,1930)、《国际纷争与国际联盟》(商务印书馆,1931)均系出版的讲稿;萨孟武后继任法政系主任的张金鉴出版了《行政学之理论与实际》(商务印书馆,1935)、《行政管理概论》(中国文化服务社,1943)、《行政学提要》(大东书局,1946)、《行政管理学》(抗战时期)、《人事行政学》(商务印书馆,1939)。据当事人回忆,为准备"中国政治制度史"一课,张金鉴编写讲稿近60万言,迁台后加以整理始成《中国政治制度史》一书。① 除大学部外,公务员训练部的课程讲义亦集结出版,包括铨叙部政务次长马洪焕的《铨叙制度概要》;考选委员会委员长陈百年(陈大齐)的《考选制度大要》;行政院参事端木凯的《中央及地方行政制度》;立法院立法委员陈顾远的《现行行政程序法纲要》;训练总监部参事项致庄的《军事学科》;内政部地政司司长郑震宇的《土地制度与土地行政》;川岛上庆亲王的《警察行政讲演纲要》;财政部政务次长鲁佩璋的《财务行政》;外交部部长王宠惠的《法理学》等。

最后是实务导向的教学本土化。中政校的教学注重打通"作为科学的学科"与"作为实用的学科"之间的壁垒,以增进青年文官的实务能力。一方面,中政校的教学不囿于学科门类。以法政系为例,法政系的教学打通政治学、行政学、国际政治、外交学、国际公法、国际贸易、行政法、财政学的界限,强调学生法政经的通识基础。教务主任刘振东曾表示:"专门人才,只能做专门业务,为国家社会负局部建设之责任,至于体国经邦,纵览庶政,负革命建国之大任者,则非通才即不能胜任。"②另一方面,中政校的教学又较一

---

① 张金鉴:《中国政治制度史》,三民书局,2006年,序言。
② 参见刘振东:《本校财政教育与中国财政革新》,载《政大四十年》,中国台湾"国立"政治大学,1967年;汪正晟:《中央政治学校公共行政教育的困境与出路》,《近代史研究所集刊》第102期。

■ 学术独立论与青年文官训练:以中央政治学校(1929—1946)为例

一般大学更重视分门别类。罗家伦不推崇美国盛行的专家政治(Technocracy)学说,但他也主张,从事政治的人要有专家的训练,才能统御纷繁的现象和精密的问题。因此,为顾全政治上的实际需要,中政校在1931年后不再采用一般法学院的分系方法,而是采取第一学年进行文官基本训练、第二学年分系、第三学年在原系下分组的方式。学生各择一组,按照划定的范围去求专精。例如,法政系下设普通行政组、社会行政组、法制组。罗家伦希望中政校创设的这一制度可供其他大学中的法学院参考。① 此外,中政校注重文官训练的实务类教学。为避免"学生一入各机关服务,对于公文,每瞠目束手"的窘境,罗家伦特聘请曹冕、吴大钧来校讲授"公文写作"②;聘请外交部政务次长徐谟教授"外交文牍";国际条约研究专家崔书琴等人教授"条约研究"等。与巴黎政治学院相仿,中政校部分教员同时在数所高校任职或开设讲座,多数具有政府部门的实务经历(见表1),也有在政府各部门任职的兼职教员、客座教授等。他们发挥各自优势,为青年文官理论与实践能力的整合注入"黏合剂"。例如,萨孟武兼任国民参政会参政员;张金鉴兼任行政院专门委员;外交系主任徐谟担任外交部政务次长、考试院典试委员会高等考试典试委员会委员职务。徐谟创建的中政校外交系为当时建立最早且中国独一无二的外交学专业。他不仅亲自授课还经常邀请政府专门官员为全校学生开设讲座课程。1934年,梅汝璈在中政校主持英美法专门讲座;1937年,学校为外交系四年级学生增设"外交领事实务特别演讲课"系列,请外交人员直接授课,讲课内容包括"外交部与驻外使馆之组织及执掌"(涂允檀)、"外交官就任及辞任之仪节"(瞿常)、"领事官之委任及接待与地位包括其优例及豁免"(梁鋆立)、"货单签证问题"(程家骅)、

---

① 《从树立学风到树立政风》,载《罗家伦卷》,中国人民大学出版社,2015年,第173页。

② 《讲授公文常识》,《校刊》1931年第39期。

"保侨问题"(李盛铎)、"护照问题"(熊应祚)等。①

表 1 中政校法政系与外交系教员名录(1944)

姓名	学历	学校职务	教授课程	校外兼职
*萨孟武	日本京都大学法学学士	中政校教授、法政系主任(1930—1946)、研究部主任、毕业生指导部主任	政治学、中国政治史	国民参政会参政员
*张金鉴	中政校学士、美国斯坦福大学行政学硕士	中政校教授、法政系主任(1946)	行政学	行政院专门委员、中国行政学会负责人
陈石孚	美国格林奈尔大学学士	中政校教授、外交系主任(1942—1946)、研究部副主任	西洋史	曾任暨南大学政治经济系主任
徐谟	北洋大学法律系学士、美国华盛顿大学法学硕士	中政校外交系主任(兼任,1931—1941)	中国外交史、外交文牍	外交部政务次长、考试院典试委员会高等考试典试委员会委员
程天放	复旦大学学士、加拿大多伦多大学政治学博士	中政校教育长(1943—1945)、教务主任、研究部主任	中国政治思想史	国防最高委员会常务委员
陈之迈	美国哥伦比亚大学博士	中政校教授	中国政府	行政院参事
廖德珍	法国政治学校外交系	中政校教授	外交学	—

---

① 张晶萍:《民国外交学课程与教学考察——以中央政治学校外交系为中心》,《湖南工业大学学报》2017年第2期。

(续表)

姓名	学历	学校职务	教授课程	校外兼职
徐凌云	法国政治学校外交系	中政校教授	法文	—
崔书琴	南开大学学士、美国哈佛大学政治学博士	中政校教授	国际法、国际关系、条约研究	东北外交研究委员会研究主任
*温晋城	日本东京高工机械科	中政校教授	地方政治	江苏第五区行政督察专员
*周异斌（清溢）	中政校学士、美国密歇根大学硕士	中政校教授	政治制度	江苏省民政厅科长
*汤吉禾	美国哈佛大学博士	中政校教授	比较政府、西洋政治思想史	国民政府军事委员会政治训练班上校教授
*马洗繁	美国哥伦比亚大学、英国伦敦大学	中政校教授	比较政府、地方政府	河北省政府委员会秘书长、河北训政学院院长
*但荫荪	法国里昂大学博士	中政校教授、公务员训练部普通科主任	政治学、国际公法	教育部参事、社会教育司司长，曾任暨南大学教授、复旦大学政治系主任
*罗志渊	中政校学士	中政校专任讲师、指导部编审组组长	地方政治、地方行政	江苏省民政厅保甲指导员
*高亨庸	中政校学士	中政校教授、研究部组长（兼）	各国地方政府、西洋政治思想史	—

(续表)

姓名	学历	学校职务	教授课程	校外兼职
*江海潮（瀛波）	德国法兰克福大学法学博士	中政校教授	国际法、宪法	国立编辑馆政治名词（国际关系部分）审查委员会委员、国立编辑馆特约编审
*王振湘	法国巴黎大学博士	中政校教授	法文、政治学	—
*陈世材	美国哈佛大学博士	中政校教授	政治史	中国中央银行法律顾问
江康黎	中政校学士、美国西北大学政治学硕士	—	市政学	—
薛伯康	美国西雅图大学硕士	—	人事行政	《行政月刊》主任编辑

资料来源：《中央政治学校教职员录》(1944)、教育部《全国专科以上学校教员名册》(1941—1944)。其中，带*者为教育部登记在册的法政系与外交系教师名单。

五、自主性的研究

"提倡学术研究，是培植行政人才的最有力的一个方案。"① 罗家伦认为，大学承担着"造成民族文化之使命，为民族求生存，是国家学术得以永久发展，使民族精神得到充分振发"的伟大使命②，

---

① 姜旭实：《怎样培植行政人才》，《行政效率》1935 年第 12 期；杨沛龙：《中国早期行政学史：民国时期行政学研究》，社会科学文献出版社，2014 年，第 274 页。
② 罗家伦先生文存编辑委员会编：《提高学术创立有机体的民族文化》，载《罗家伦先生文存》第 5 册，中国台北"国史馆"、中国国民党中央委员会党史委员会，1976 年，第 232—234 页。

而"中国现在的大学,则因陈义过高的结果,弄到教课既感不足,研究亦复不够"①。在民国自主知识体系的构建过程中,中政校从青年文官训练的要求出发,力图通过研究政治经济与文化之实际问题,实现"立足本土实际以解决中国问题;立足本土经验以实现学术自主与独立"的愿景。1935年,中政校于大学部之外设立研究部,以建立三民主义社会科学体系为依归,培植学术专才,并设计建设方案供校长参考。研究部兼具研究生培养与智库的双重功能。研究部下设党务组、哲学与文化组、政治组、经济组、教育与社会组五大小组。各组设研究教授、研究员、助理研究员及研究生若干。1935年至1943年,研究部的研究人员规模达到160余人。②

中国社会问题的实际调查及改进方案的提出是自主性研究的首要内容。研究部各小组皆有明确的研究范围6—7项。例如,政治组的研究范围包括:政治实况之调查;实际政治问题之研讨;政治建设方案之设计;各派政治思想之批判;各种政治制度之研讨;三民主义的政治科学之建设。研究部规定研究人员需每年就相关研究范围拟定调查纲要,并带领研究生做三个月的实地考察或调查,以期深切了解各种行政设施情况,沟通理论与事实,为文官训练提供最为鲜活的现实素材。以1937年研究部政治组的工作情况及规划为例:行政组已完成工作包括比较公民训练、湖南行政调查、江西行政调查、中国县政论、政治新理论,另计划完成中国公民训练、县政建设试验区之研究、县财务行政及财务监督制度、县行政组织问题、中国农村组织与公民训练、日俄关系之研究、山西村政调查、县政府与县行政、地方自治实施问题研究。③ 中政校的学

---

① 《中国大学教育之危机》,载《罗家伦卷》,中国人民大学出版社,2015年,第240—245页。
② 朱燕平编:《中国国民党中央政治学校文献类编》(1927—1949),江苏人民出版社,2014年,第103—112页。
③ 《研究部概况》,中央政治学校研究部1937年4月,第2—5页。

术研究专以政策性见长,如刘振东提交的《对于今后外汇政策之建议》《关于外交政策之建议》《三民主义社会政策之原则及其纲目》,周炽夏提交的《关于外交官人选标准之建议》,王宝桓提交的《改进国际宣传方案》等,这些涉及实际问题的改进方案均为国民党中央高度重视的研究内容。①

集结出版专著教材以谋研究与文官训练之沟通也是自主性研究的重要部分。1937年,学校聘萨孟武、陈石孚等10人兼任指导研究部。研究人员每年皆须提交研究计划,通报研究进度。根据1943年的研究部工作计划,张逢沛的《中国吏治制度史》、江士杰的《战费筹措方法论》、周曙山的《中国国民党史》、何隼的《中国政治思想史》、曾繁康的《中国政治史》、高亨庸的《西洋政治思想史》均在研究部的出版安排中。刊印的著作与教材作为青年文官训练的基础性教程,涵盖教学与训导的各个方面。1935—1942年,教学类出版物包括《研究丛书》14种、《战时丛书》7种、《新政丛书》9种、《乡土教材丛书》18辑、《三民主义县政丛书》4种、《新教育丛书》3种。张金鉴的《县政论》、刘振东的《中国所得税问题》、程其保的《中国教育实际问题之分析》、江士杰的《里甲制度考略》、王文萱的《移垦边疆问题》、寿勉成的《中国合作事业》等均为文官训练的重要参考资料。训导类出版物包括萨孟武等人的《国父遗教汇编》(1942)、《中山先生的教育哲学》(1946)、廖文奎的《政治心理学》(1925)与《比较公民训练》(1925)、王镜清的《建国教育的中心政策》(1939)、刘振东的《政治修养与政治建设》(1939)等,构建起国民党三民主义理论体系的核心教程。②

《政治季刊》与《新政治》(月刊)的出版为青年文官训练提供了另一个学术阵地。1933年,研究部开始编印《政治季刊》,每刊发

---

① 朱燕平编:《中国国民党中央政治学校文献类编》(1927—1949),江苏人民出版社,2014年,第96页。
② 同上书,第93—95页。

文 10 余篇,均为各组研究员与研究生的最新研究成果。如刘振东的《太平洋问题之过去现在与将来》、梅思平的《地方性质制度改革问题》、薛伯康的《地方行政组织的新动向》、赵兰坪的《论价值》、汪懋祖的《孙文学说与教育原理》、萨孟武的《民主政治之转变》等①代表了当时国民党派学术研究的水准。1938 年,内迁入川后,研究部又在季刊之外另行编印《新政治》(月刊)(1938—1946)。1941 年,因战时印刷困难停刊,1943 年复刊。新刊虽办于战时,但研究内容基于时势,又不囿于时势,成为战时提振青年士气、唤醒青年民族独立意识的又一学术阵地。创刊号中既包括严肃的研究性论文,如陈石孚的《列强之基本外交政策》、萨孟武的《秦的兴亡》、杨玉清的《中国政治建设论》、方秋苇的《兵役法之研究》、姜又赓的《统制外汇与抗战财政之前途》,也有戏剧剧本《中华儿女》等。正如创刊号在编后记中写道的那样:"刊物的使命,本有消极与积极两种:消极的是在指示出中外大势,积极的是在设计各种方案,这是一个理论与现实的结合处……怎样设法替民族在长期抗战中找出一条走到复生的道路,便是我们企图探索的鹄……在本刊登出的文章,有一二篇为政府当局赏识采纳,或者无形中转变了社会的某种恶习……当这个刊物的内容影响到党国大计和民众心理时,她所担负的使命,又该如何重大。"②

六、社会化的实践

如果说教学与研究需要韦伯所说的"眼光",那么实践则更需要"激情"。中政校的社会实践可谓是学术独立的现实"激情版"。

---

① 《政治季刊》第一卷第一期,中央政治学校,1933 年 10 月。
② 《新政治》创刊号·编后,中央政治学校研究部,新政治月刊社主编,1938 年 10 月。

在罗家伦看来，学术独立与社会实践的关系，应当放在孙中山"知难行易说"的背景中来理解："所谓行，自然不是盲目的乱动，也不是根据一知半解去胡行，我们必须顺从中山先生所讲的三个步骤，由不知而行，做到行而后知，再进到知而后行。现在各位受高等教育，只是受这第三步的训练……要在'行'中体会'知'……在知识上体悟追求……养成健全的理智、远大的眼光、高超的意境，再以坚强的毅力、敏捷的行动，去左右客观的环境，以完成伟大的事业，作进一步新知的实证。"[①]社会化的实践是检验青年文官训练有效性的试金石，也是青年文官发现与提出中国实际问题、思考并研究中国实际问题的重要契机。

首先是训练青年文官从行动中扩充经验。"求知的要诀，就是……从行动中随时扩充自己的新经验，发现新困难新问题，从而求得新知识。"[②]罗家伦尤其要求中政校的学生，"对于政治，不要仅存批评现状的态度，要存如果自己接上来干，如何可以干得好的心理"。[③] 因此，青年文官训练"非有实习场所决不以资历练"。[④] 中政校初期毕业的学生依据所学专业不同，被分派至江浙、湖北、山东、安徽、福建、河南、江西等地进行为期4个月的实习。实习部门为国民政府主计处、外交部、实业部、铁道部以及各省、市、县政府，民政厅、财政厅、教育厅、土地局、公安局、工务局、建设局及地方法院等，实习内容涉及政党政治、实业、外交、普通行政、财务行政、土地行政、司法、公安、保甲、教育、合作实业、救济慈善等。学生实习期满返校时须呈缴调查报告，并由各系主任、教授

---

① 《知难行易说的科学基础》，载《罗家伦卷》，中国人民大学出版社，2015年，第212—213页。

② 同上。

③ 《从树立学风到树立政风》，载《罗家伦卷》，中国人民大学出版社，2015年，第174页。

④ 《陈果夫罗家伦等电嘱中正请电嘱浙省于建德兰溪二县择一为自治实验县依江宁县成规办理干部训练》(1933年4月16日)，国史馆藏，蒋中正总统文物，典藏号002-080200-00077-008。

■ 学术独立论与青年文官训练:以中央政治学校(1929—1946)为例

等审阅评分,学生始得毕业并分配至各省市工作。① 抗战爆发前,毕业生完成的国情调查报告已有几百余册,蔚为大观。从现存的调查报告来看,青年文官在实习过程中的确遭遇现实困境并形成反思。例如,中政校实习生对于县治"无远大之计划,唯在守成"的做法微词颇多;法政系普通行政组的陈开泗认识到,学校教育对于县政最重要的"钱粮与刑名"几乎毫无用处;赴上海市政府实习的高应笃将实习体会总结为"一是学非所用,二是应付困难,三是不懂公文"。②

1932 年开始的江宁、兰溪实验县县政改革是中政校将学术研究、县政建设与青年文官训练相结合的另一种有力尝试。③ 为配合孙中山的训政思想,通过地方建设与民权训练来开发民智、发展民权④,国民党特将江苏江宁与浙江兰溪两地交于中政校作为直属实验县,以为将来推广和改革县政的参考。这为青年文官培训提供了绝佳的实践平台。中政校教员与学生从试验县筹办到县政工作再到县政改革,几乎全程参与两地的县政建设。由科长、股长至县长的各级文官中,中政校的教师或毕业生占比约为 20%—25%。中政校的在校学生亦频繁来此参观实习,积极参与县政建设。例如,1934 年,社会统计科学生在李成谟教授带领下,参与孝陵卫附近村落户口调查;1935 年,计政学院毕业生卓宝瑄等十余人赴兰溪县参与编写县政概况报告。⑤ 虽然县政建设运动最终因

---

① 南京图书馆编:《二十世纪三十年代国情调查报告》第 1 卷,凤凰出版社,2012 年,前言。
② 汪正晟:《中央政治学校公共行政教育的困境与出路》,《近代史研究所集刊》第 102 期。
③ 王先明、李伟中:《20 世纪 30 年代的县政建设运动与乡村社会变迁——以五个县政建设实验县为基本分析样本》,《史学月刊》2005 年第 4 期。
④ 孙中山:《地方自治实行法》,载《孙中山全集》第 5 册,中华书局,2017 年,第 220 页。
⑤ 《大学部三年级统计组学生参观江宁自治实验县户口调查》,《校刊》第 67 期;《计政学院第二期毕业同学合编兰溪概况》,《校刊》第 92 期。

内部改革力量不足①而失败,但就文官训练的实际效果而言,试验县改革的确让青年第一次真正"灼见本国制度之良窳,周知本国人民之愿欲"②,它不仅为中政校的毕业生提供了系统实习之机会,也为他们未来就业、实现施政抱负搭建了舞台。

其次是训练青年文官在经验中获取知识。1938年,内迁入川后,为密切毕业生与中政校之间"教育与再教育"的关系,使学生与学校能够彼此"利用经验,以扩充自己的新经验"③,学校专门设立了毕业生指导部。教务主任余井塘认为,毕业生指导部主要致力于以下四点的推进:做人与做事的道理并重的训练;理论与实际的道理融合的训练;学校与社会的关系力求贯通;学校与毕业生的关系力求密切。④ 一方面,学校希望能够对毕业生进行持续性的教育与指导;另一方面,也希望在政治上成熟起来的优秀毕业生能够反哺学校,或在业务上对学校在读的学生予以技术指导、就业协助,或将学校的教育精神传导给更广泛的社会群体。

能否研究并汲取他人实践经验是青年文官训练成败的关键因素。萨孟武任毕业生指导部主任期间,指导出版了《服务》(月刊)(1939—1944),并在此基础上主编了《服务丛书 行政经验集》的第一集——《民政经验》。⑤ 陈果夫指出,青年应像孙中山所说

---

① 王先明、李伟中:《20世纪30年代的县政建设运动与乡村社会变迁——以五个县政建设实验县为基本分析样本》,《史学月刊》2005年第4期。
② 杨沛龙:《中国早期行政学史:民国时期行政学研究》,社会科学文献出版社,2014年,第275页。
③ 《知难行易说的科学基础》,载《罗家伦卷》,中国人民大学出版社,2015年,第213页。
④ 《毕业生指导部之任务》,载朱燕平编:《中国国民党中央政治学校文献类编》(1927—1949),江苏人民出版社,2014年,第351页。
⑤ 《服务丛书·行政经验集》第1集《民政经验》,中央政治学校毕业生指导部,1939年。另见许康、雷玉琼:《中国近代行政学史料钩沉与钩玄》,社会科学文献出版社,2021年,第602页。

的那样"要立志做大事,不可存心做大官",对于即将开始文官生涯的青年而言,应当把做官理解为一种服务。① 余井塘在《服务》(月刊)的发刊词中指出,本刊致力于"公开并搜集古今政治家及其他实行家各人做人做事的一切方法及其一切实际经验材料……同样重要的是搜集执行人的,尤其最下层执行人的经验材料",而"发行本刊的目的……说小一点,是为了想多少提高服务于行政方面或其他方面的中央政治学校毕业生的服务的兴趣、服务的道德、服务的效率而已"。② 创刊号中的"服务经验特辑"包括陈果夫的《苏联四年之回忆》、余井塘的《谈用人——专谈我民政厅长任内的经验》、张金鉴的《我如何做县政府科长》、李晋芳的《我如何做县长》、王德溥的《我如何做专员》、郭培师的《如何做区长》等;"专题讨论:兵役问题"收录了《四川等省兵役工作视察报告》《宜昌县长等主办兵役行政的经验和感想》等文章。毕业生指导部还邀请那些分配到地方政府任科长、股长的法政系学生,或者做县长的公务员训练部高等科学生、做区长或指导员的普通科学生③分享行政经验,收录于《民政经验》集中,以更好地服务于中政校的文官训练工作。中政校毕业生郭培师毕业后选择投身梁漱溟主持的乡村建设研究院,自理一套治理方式,在江苏镇江郊外南乡的第三区任区长,进行基层试验;并在任内建立短期师资培训班,招考当地青年为干部,培训后分发各地方任保甲长及短期学校的校长,将中政校青年文官训练的方法与精神在基层实践中延续并推广④,这或许也是中政校的社会化实践最具"激情"的体现。

---

① 《读书人心理的改革》,载《陈果夫先生全集》第一册,正中书局,1952年,第152—154页。
② 《服务》创刊号,中央政治学校毕业生指导部,1939年3月。
③ 一粟:《国民党中央政治大学一瞥》,载政协武胜县委员会文史工作委员会编:《武胜文史》第二辑,武胜县印刷厂,1989年,第37—44页。
④ 郭培师:《后坪实政录》,《服务月刊》第4期;汪正晟:《中央政治学校公共行政教育的困境与出路》,《近代史研究所集刊》第102期。

七、结语

中政校应时而生也应时而变。训政结束后,该校转制更名为"国立政治大学",开始了一般大学之使命。按照陈果夫的解释,"自宪法颁布,三民主义融汇于宪法,而公诸全国,不复为本党所专有,本校亦于是由党办而改为国立。从之本校校名地位之变更,不徒为党校政校之延续,抑更加重其对于现实三民主义之责任"。① 以期政治大学能够由此领导全国大学。但无论校名如何变更,社会结构与阶段如何嬗变,关于国家精英如何培养,特别是青年文官知识能力、业务修养及其对政权的认同如何提升的问题,永远都不会过时。在任何时代,青年文官的培养与训练能够得以系统推进,任用制度得以稳步发展,"且能够为青年展开希望,为社会保持公道,并间接促进大学教育的发达,关系诚非浅鲜"。②

Academic Independence and the Training of Young Civil Servants: A Case Study of National Chengchi University (1929—1946)

Shun Zhou

Abstract: How to train the young civil servants is an urgent problem faced by the new Kuomintang regime after the northern expedition. Drawing on the model of the Soviet party school and the British and French civil service training model, the Kuomintang set up National Chengchi University to

---

① 《国立政治大学二十年》,载《陈果夫先生全集》第一册,正中书局,1952年,第196页。
② 《中国大学教育之危机》,载《罗家伦卷》,中国人民大学出版社,2015年,第240—245页。

train the party's political cadres and administrative personnel. Luo Jialun regarded academic independence as an important foundation for the independence of the state and the nation. As an attempt to construct the independent knowledge system of the Republic of China, the theory of academic independence was carried out in his National Chengchi University. Although there is tension between the training of young civil servants and academic independence, it is a unity of the two. The demand for academic independence is fully embodied in the teaching, research and practice of the training of young civil servants in Chinese political schools. Although it failed to achieve the goal of "Promoting the style of government by the style of study", the school has not really become "The source of the new politics", however, the practice of regarding the training of young civil servants as an attempt of national academic independence is still left to the modern university education and the construction of civil servants for inspiration.

Keywords: National Chengchi University; Youth; Civil Service; Academic Independence; Luo Jialun

政治思想

近代中国政治思想研究的原生概念发掘*

谢丽萍**

[内容摘要]　近年学界关注知识自主与政治概念建构议题,着重呈现了知识创新过程中的中国主体性。在知识考古、涵化与再生产的领域中,近代中国政治思想研究需要提倡发掘原生概念的思路。针对"知识迁移"引起的外来概念研究的现象,本文重新讨论了概念翻译的局限问题。既有研究主要以概念的可译性为前提,以新概念的使用为特征,论证中国的现代化进程。本文试图着眼于概念的不可翻译之处,发掘近代中国常用的且不在西方理论谱系中的概念,讨论近代中国知识生产的思维方式。在现代化转型的中西讨论框架中,发掘当代固定知识之外的概念,可以呈现"面对同样的现代化问题提出不同的解答"与"同样的解答但回应不同的国度问题"的复杂情况。这有助于在强调概念自主性的同时,也力求避免陷于单一的解释路径。发掘现代化转型过程中的原生政治概念,呈现背后中西文化独特性与共通性问题,对于建构中国自主的知识体系具有重要意义。

[关键词]　原生概念;概念翻译;知识迁移;政治思想;知识自主性

---

* 本文系中国博士后科学基金资助项目"中国近代政治知识体系中'民'概念群的生成及转型研究"(项目编号:2023M740736);上海市"超级博士后"激励计划资助项目"民国初期知识精英的精神困境与制度实践"(项目编号:2022107)的阶段性研究成果。

** 谢丽萍,复旦大学国际关系与公共事务学院。

近年政治学界关注中国自主知识体系建构,涌现出很多概念建构与学术探讨的作品。如何将概念建构与政治知识联系起来展现中国的主体性?这是学界仍在思考与讨论的问题。自主知识体系建构的思考核心在于如何解释中国概念的独特性及其对世界的知识贡献。基于中国的独特发展路径,概念研究多数采用追溯历史的方式陈述中国政治概念演变的路径,寻找中国主体性的解释。中国主体性的论证要求处理好中国与外界多方政治学知识,由此本文立足于现代概念所追溯的清末民初时期,讨论该时期面临的古今中外多套知识与翻译阐释的问题,提出近代中国政治思想史对恢复历史场域中知识脉络的重要性。以中国的传统概念表述为切入口,呈现近代士人学人的知识想象力,有利于处理好中西方知识的区别,在相互对话语与反思中确立真正的本土立场,形成中国的自主知识逻辑,回应共通的时代问题。

一、近代中国概念的解释问题

中国现代化历程与西方殊异,从政治思想的角度出发,本土的现代政治概念背后是复杂的知识谱系与文化系统,概念研究也意味着需要借由本土政治知识解释世界多变局势下中国现代化的议题。概念是知识的锚点、思想的单位,在学界当前不同现代化叙事的影响下,概念研究在中国近代史的议题中,其理论预设往往也遵循以下几种解释模式:冲击—回应模式、传统—近代模式、帝国主义模式等。柯文的中国中心观一度影响了早期中国学界对自身现代化历程的研究。[1] 然

---

[1] 柯文反对把中国的转型视为西方历史的延续,在 20 世纪 80 年代提出应当在中国自身发现历史,强调探索社会内部的变化动力和形态结构,而非以西方外力影响为主。参见[美]柯文:《在中国发现历史:中国中心观在美国的兴起》,林同奇译,社会科学文献出版社,2017 年。

而,中国中心观是面向美国学界的历史书写而提出的观点,依旧是西方问题意识框架下的范式反思。中国现代化转型研究的史观问题与史学方法在学界得到了充分讨论,近代中国概念研究不仅需要回应上述问题,还需要体现在概念与知识的解释逻辑之中。建构中国自主知识体系既要求研究者对古今中西知识的区别作出判断,也要求提出中国的问题意识,提供中国看待西方的视角。

1. 概念研究与史观问题

近代中国概念研究在现代化议题中如何处理中西立场问题?概念研究往往以"术语/词语"为介质进行文本梳理,当前近代中国政治概念术语优先选择现代理论相关的关键词展开,比如"民主""政党""国家"等,形成"西方传入—本土发展"的演变逻辑,通过对比传统中国用语的不同之处,由此证明中国现代化转型。这套现代理论知识使得西方成为分析现代化转型的坐标系,其中无不体现着传统—现代二元分立的视角,也预设了清末民初的中国需要通过对比西方来确认自己的现代化程度。

这种预设并非由概念研究方法带来的。国内学界逐渐接受并了解德国概念史或历史语义学、英国剑桥学派观念史、法国话语分析等,研究基本概念的形成与演变以及如何被运用,其目的在于揭示历史变迁的过程。这些概念研究方法不仅不是为了强化西方现代化理念的基准,恰恰是为了批判用现代译名描述过去的不合时宜的做法。德国科塞雷克(Reinhart Koselleck)的前辈布鲁内尔(Otto Brunner)曾发问:使用"国家""社会""封建主义"等用词是否足以解释遥远时代的思想与文化,又是否能够帮助我们准确理解?由此提出为了更准确地描述过去的时代,采用的术语必须尽可能沿用史料原本的概念用词,才有助于正确地解释这些来源史料的含义。①

---

① Brunner, Otto, *Land und Herrschaft: Grundfragen der territorialen Verfassungsgeschichte Südostdeutschlands im Mittelalter*, Brünn: Brünn: Rohrer, 1946, p. 187. 转引自[德]冯凯:《概念史:简短的导论》,谢丽萍译,载孙江主编:《亚洲概念史研究》(第10卷),商务印书馆,2023年。

布鲁内尔对于概念研究的倡议,落脚点不在于证成现代术语是如何演变而来,而在于提议进行某个具体时期的研究应恢复使用活跃于该时期的概念。而近代中国概念研究方兴未艾,在借鉴以往现代化主题研究的过程中,因容易受限于"论证现代化"的思路,逐渐丢失了对清末民国时期旧概念的敏感度。因而开展近代中国概念研究需要在史观上突破某种既定的现代化理解,接受近代不同士人学人在概念使用上具有多种中国转型方案,才能发现更多时代议题,在概念追溯上才有更广阔的知识空间。

2. 概念研究与构词法追溯问题

德国概念史学者冯凯(Kai Vogelsang)关注东亚概念史状况,其西语视角更能发现汉字文化圈的概念研究可能存在的问题。冯凯指出,中国的概念史研究容易依赖辞典编纂的研究传统,擅长分析汉字结构,例如,解释儒家概念"仁"从汉字结构开始解释,讨论古代中国的"历史"概念,则采用商朝甲骨文上的"史"字来举证,关于中国"社会"概念则先提及一千年前出现"社会"的文字文本。他认为,这种推理思路混淆了字、词、概念三者,因为甲骨文"史"字的出现并不意味着商朝已经有了"历史"这个概念;古时与祭祀结社相关的"社会"也与现代的"社会"概念完全不同,只是在表述上用了同个词。概念史需要打破"传统连贯不断裂"的认识,也不会对传统不屑一顾,而会追问这个既定传统何时且为何被发明了出来。①

概念术语出现的先后时间与释义是中国近代概念研究的要点,既需要通过文字考辨连接传统,又需要通过中西释义论证概念意涵的演变,印证三千年未有之大变局。冯凯所指的辞典编纂传统固有道理,但中国乃至东亚的构词追溯特征与其现代转型需要

---

① 参见[德]冯凯:《概念史:简短的导论》,谢丽萍译,载孙江主编:《亚洲概念史研究》(第10卷),商务印书馆,2023年。

同时处理现代与传统的问题、本土与外来的问题,因为传统汉字发生在先的思路似乎更能证成本土知识在现代化问题处理上的独特性。但是这种构词法追溯的思路是否足以彰显本土知识的主体性?这依旧是有待商榷论证的问题。

关于近代中国概念研究在构词法追溯上的问题,冯凯认为,东亚概念史基于传统习惯形成了辞典编纂构词法的依赖,实际上随着中国学界的概念研究水平逐渐成熟,近年来已经很少单纯援引"说文解字"的方式来阐述具体概念。但是这种依赖传统构词法的习惯,又迁移到另一种形式,即对译词构词法依赖。由此概念分析的作品容易借由以下思路进行论证:一方面,分析传统概念的意涵,依赖传统构词法拆字释义的表述;另一方面,分析现代概念的意涵,依赖西语对译词比较分析。为了体现一个概念是现代的概念,就需要通过其相对应的西方概念来证明。对译词在各自文化背景表述的意涵往往不尽相同,对译词之间的异同之处往往能成为分析中西文化的有力证据。比如 Reason of State 对译"国家理由"还是"国家理性"的讨论[1],Sovereignty 对译"主权"时涉及引介"权威"(Authority)的问题[2],此外 Sovereignty 也对译"国权",而"民权"可能包含法律意义上的"权利"(Rights)以及政治意义上的"权力"(Power)的意涵。[3]

因为语言学的翻译事实在概念的比较与分析上提供了很大的便利,新概念的释义都需要通过援引对译的外来语进行辅助解释,对比西方与中国概念的相异之处,来体现中国自身的独特性。但这种翻译所展现出来的逻辑,就使得西方成为现代化标准的参考

---

[1] 周保巍:《"国家理由"还是"国家理性":思想史脉络中的"reason of state"》,《学海》2010 年第 5 期。

[2] 马晓冉:《译介"权威":在"主权"与"天下"中寻求公度性》,杨焯译,《政治思想史》2016 年第 2 期。

[3] 张春林:《清末民初"民权"与"国权"之争论及变奏解析》,《福建论坛》(人文社会科学版)2021 年第 7 期。

系,这样的结局便是,我们依旧逃脱不了一种从西方立场出发的中国视角,即我们需要依赖西方备好的知识来认识自己的不同之处。由此关于现代与传统、中国与西方的关系问题的解释逻辑,均收束到概念的翻译论述之中。

二、中西政治概念关系的厘定:从翻译理论到思想史

关于近代中国新概念的研究基本离不开对翻译的讨论和认识。刘禾在关于概念旅行的讨论中提出"被译介的现代性"的问题,强调客方语言与主方语言之分。① 郭忠华基于"翻译现代性"进行有限假设,讨论概念迁移有限的可能性,认为尽管不同语言之间难以建立完美的对等关系,但出于某种"实际目的",翻译总是可能的,并以此展开研究。② 我们均承认概念只能有限地翻译,因此,在概念"可翻译"或"不可翻译"的两种研究取向中,"可翻译"的路径便于采用西方现成的"现代化"参考答案,用以讨论中国方案与现代化程度;"不可翻译"的思路虽然让中国现代化问题丢失参考系,但也能释放更多可能性问题。

1. 概念的不可译性问题

如果基于概念可以翻译的前提,近代中国概念的梳理往往借由与西方对译词的比照来证明现代化转型的思路,但一经词义列举则能发现,与西方对译的思路并不能提供更清晰的理解。比如,"国民"概念可以对译 Citizen 或 Nation③,又如"民权"相近的对译

---

① 参见刘禾:《跨语际实践:文学、民族文化和被译介的现代性》,生活·读书·新知三联书店,2008年。
② 郭忠华:《公民身份核心问题》,中央编译出版社,2016年,第270页。
③ 参见沈松桥:《国权与民权:晚清的"国民"论述,1895—1911》,载中国台北"中央"研究院:《历史语言研究所集刊》(第七十三本第四分册),2002年。

概念可以是"公民权利"(Civil Right)或"人民主权"(Popular Sovereignty)。同一概念的多个对译词往往体现了概念的复合意涵,自然不应该做非此即彼的译词裁剪。但也出现了概念研究上的困难,即"国民""民权"作为近代中国引介的新概念,反而让我们陷入概念多重混合理解的混乱,因此,也让我们意识到中西概念不可翻译的问题。反之,如果倾向于概念不可翻译的前提,我们可以发现更多误译的情境,在这里可以有两种应对分析方案:一是"正本清源"完成原有概念意涵的清理工作①;二是"将错就错"关注误解之后的概念意义。概念的误译史也应当有重要的学术价值,其重点不在于批评错误,而在解释错误。误译史承认了一个很重要的前提:语词虽然被翻译过来,但背后的观念理论体系没有一同迁移。因此,即便指明了对译词,还是存在难以理解的情况。欧洲的概念构造不可能考虑后来的中国经验,这种西方概念与中国经验的搭配,在解释上就显得无所适从,只能简单地提供一种类似西欧的现代化解释。

现代性观念很难经由翻译来完成,知识传播中的概念有限翻译使得概念研究需要承认:其一,新概念的使用不一定就意味着现代思想的发端;其二,具体的概念在迁移的过程中,取消了西欧思想史前提,以碎片化的知识形式翻译进来,晚清士人则用自己的基础知识来理解和解释这个概念。这意味着,概念的思想史前提在翻译的过程中被取消了。而且,西欧概念迻译的过程有着日本中介过滤的作用,这也是理解近代中国新概念的困难所在。对于中国而言,"西方不仅是一个地域概念,更构建了一套表征自由、平等、正义的政治话语体系"。② 这种他异性与刘禾所言跨语际实践的现代性话语殖民相辅相成,话语的接受国家天然地处于落后的

---

① 参见冯天瑜:《"封建"考论》,武汉大学出版社,2006 年。
② 郭忠华:《西方政治话语构建中的"他异性"策略——以公民话语作为分析进路》,《学海》2023 年第 1 期。

劣势地位,被动地学习以西方现代性为标准的解释框架。西方观念与本国的地方性知识的冲突,往往使得后发国家在理解与解释现代性上出现混乱。这一层面的反思表示,跨语际所能翻译的内容只是词语表述、现代性想象,以及几经压缩不成体系的碎片知识,既在翻译的信息量上有所衰减,即便观念能够适当翻译,也可能需要警惕一种殖民话语的认识。

那么近代中国的概念研究若要真正体现知识生产的自主性,就需要重访发现历史场域里中国回应传统知识并革新的逻辑,而不通过以对译词的方式,即不以西方为现代标准来证成中国的现代化过程。由此,我们所欲反思的是,当前研究的文化对比是单向的对比,即先有西方的标准然后对比中国的情况。如果要真正打破一种西方中心主义的思路,是否可以通过以中国作为论述的出发点,来比对西方乃至其他文明的不同之处?这个思路依旧是两种文化的对比,但是变更出发点能够让展开的论述逻辑变得完全不同。

2. 西学不是近代中国唯一的知识脉络

由此不只是西学影响着近代中国,传统的思想资源也能为理解新传入的概念提供语境,在发现中国传统与西方现代不同之处的同时,可以值得去探究,迻译吸纳的概念与传统思想资源之间贯通与迭代的关系。政治概念乃至价值观念的迁移,并非不言而喻指向明确的知识传播,而是知识精英作为知识言说者对不同思想资源进行处理的结果。我们必须意识到,中国知识精英对于西洋思想的吸纳,并非从一片空白到被动接受的过程,而是有其自身的理解基础。西洋知识是否能帮助中国走出亡国困境,才是知识精英所尤为关注的要点。由此,知识精英对西洋思想的理解与思考,需要在晚清民国的论域当中理解。

晚清知识精英所处时期面临着各类外来思想的冲击,从早期发行的《海国图志》《瀛寰志略》,再到传教士翻译的《万国公法》、林乐知创办的《万国公报》，都在更新着学人对世界的认知。以往关于近代中国的研究议题，更多关注的是中与西的文化交流，以儒家经世致用为传统，以西方政治思想为现代，将中国的现代化进程大体解释为中国学习西方的进程。但是该研究路径在学界中已经开始得到反思，比如，张灏更加强调晚清知识精英植根于中国文化传统的情况，以及他们所具备的儒家传统所独有的关怀与问题意识，并且着重关注他们对传统思想中重要问题的思考，以及试图与西学建立交流的努力。① 章清则更加微观地讨论在中西方交流中传统的知识分类及特有的言说方式所扮演的角色，并根据中国传统思想资源来解释晚清知识转型，认为晚清时期的"教""学"分离、"政""艺"分殊，以及"学"脱离"政""教"的独立，成为知识精英接纳现代性与普遍性的入口。② 此类研究均以还原知识精英的传统儒学知识储备，来回应晚清知识转型的问题，将中学资源从以往处于价值低位的预设，抬升回中西方异文化之间交流的平等地位。

也有学者直接从晚清知识转型的思想资源出发，从阅读史的角度追问晚清士人认识世界的知识来源。潘光哲根据知识精英所处时代所能阅读到的文献，提出了"知识仓库"的概念，析论晚清士人如何因应世变的思想世界。③ 有趣的是，"知识仓库"中除了西学书籍报刊之外，潘光哲也注意到了"假借东学而知会西学"的"知识仓库"往东学变易的情况，而这个变易过程的重要推手便是梁启超。东学之于知识精英代表人物梁启超的意义，早在20年前中国与日本学者已经共同有所探讨④，研讨班成员的中国学者桑兵就

---

① 参见张灏：《危机中的中国知识分子：寻求秩序与意义》，新星出版社，2006年。
② 章清：《学、政、教：晚清中国知识转型的基调及其变奏》，《近代史研究》2017年第5期。
③ 参见潘光哲：《晚清士人的西学阅读史（1833—1898）》，凤凰出版社，2019年。
④ 日本学者狭间直树发起主持从1993年到1997年历时4年的研究班，以梁启超为研究焦点，主题为「日本を媒介とした西洋近代認識」并收编成员报告论文出版《共同研究：梁啓超西洋近代思想受容と明治日本》，于2001年初版汉译本《梁启超·明治日本·西方》，2012年出修订版。

发现,关于中国与外来思想的文化关系容易流于相对平行的简单比较,在思想基础并不相同之处还有格义附会的嫌疑,所以提出研究梁启超、明治日本与西方关系的意义就在于,以历史事实联系为依据,在此坚实的基础之上讨论处于不同文化系统的精神关系。① 近年来,桑兵也提出中国晚清时期主要有以下四类知识资源:一是由西洋译介过来的西学;二是中国传统固有学问;三是从日本传播而来的东学;四是与印度佛学相关的天竺之学。中西学的融合产生新学,其传播与继承主要靠"中西两面都是半桶水的趋新知识人"。②

3. 未被选择的旧概念

晚清民国时期四套知识资源的讨论也应当展开同一时期的概念集群研究,亦即该时期的知识人对中国的转型设想不会单一地按西学提供的知识推进,而是理应有更丰富多层次的知识想象力。而这些想象力可以散见于当时所使用的概念术语与论证思路,包括那些我们当下已经不熟悉的遗忘的概念。遗憾的是,学界几乎对被历史淘汰后的概念术语无法产生很大的兴趣,因其表述无法在当下呈现足够的生命力。但这种后发判断在追溯历史过程中容易出现"后设历史"的谬误,即无法完整地呈现历史横截面中的知识构成与概念所表达的观念系统。由此提倡"历史语境主义"的剑桥学派的斯金纳才有《自由主义之前的自由》等作品解释共和主义式自由的传统,德国布鲁内尔也提议应当采用史料原本的概念用词,以恢复原本概念的思路来达成对历史的理解。近代中国也涌现了很多相对于传统而言十分崭新的概念,打开了许多不同层面

---

① 桑兵认为,通过东学引进西学,进而建立西学,是近代中国人在以观念和知识转型为中心的精神世界变化进程中所走过的一段重要路径。详见桑兵:《梁启超的东学、西学与新学:近代中外思想文化的互动与比较(代修订版序)》,[日]狭间直树编:《梁启超·明治日本·西方——日本京都大学人文科学研究所共同研究报告》(修订版),社会科学文献出版社,2012年。

② 桑兵:《晚清民国知识人的知识》,《学术研究》2020年第1期。

的新议题。

事实上,有相当一部分政治概念进入学界的研究视野,比如,"天下"和"国"、"民权"与"国权"等。列文森(Joseph Levenson)曾提出"天下"和"国"的意义并不能简单地用英文对译词来表述,因为"无论是在先秦还是现代,其中一个词的定义都与另一个词相关,都意味着与另一个词的比较"。① "民权"与"国权"也是如此,二者是处于近代中国语境的一对重要概念。经由日本转译而来的"民权"概念,不会局限其对译为"公民权利"(Civil Right)与"人民主权"(Popular Sovereignty)的解释,而是在民权主义与国家主义的论域可以呈现东亚国家的问题意识。但民与国之间的关系解释目前仍会回归于与西方现代化理论更亲和的"自由"与"国家"术语,视为"自由"与"国家"之间的内在张力。② 这些概念之所以能被关注,还在于其与我们当下所熟悉的现代政治理论有所关联,我们越熟悉西方文本,就越能够比清末民初的知识人更容易发现翻译误译的问题所在,也似乎对近代译词的释义有更多的解释权。但这种更靠近西方知识的进路,反而有可能缩小了我们看待近代中国的知识视野。

依赖对译词的构词法限制了词语释义的思路。在近代中国概念研究中,不能仅仅满足于语言学的翻译事实在概念分析上所带来的便利,还应把概念放在更为广阔的政治议题与叙事中理解,这样才能释放更多符合历史语境的旧概念,让这些未被现代化所选择的旧概念进入思考历史的研究视野。比如,关于人民意志与权利的议题,李大钊提出过"民彝"概念:"盖政治者,一群民彝之结晶,民彝者,凡事真理之权衡也。""(民彝)可以创造历史,而历史

---

① [美]约瑟夫·列文森:《儒教中国及其现代命运:三部曲》,刘文楠译,香港中文大学出版社,2023年,第133页。
② 张春林:《清末民初"民权"与"国权"之争论及变奏解析》,《福建论坛》(人文社会科学版)2021年第7期。

者,不可以束制民彝。"①又如章太炎以"齐物"释"平等"背后的唯识、华严和《庄子》思想脉络②,再如康有为大同思想中与"国民""公民"并立的"天民"概念③,刘师培以中国民本思想释"民约"之义④,还有"夷""洋""西""外"作为理解"外交""世界""国际"等一系列现代汉语新概念的前置概念。⑤

诸多概念都曾为中国的观念转型作过或多或少的贡献,但由于受限于今日的知识体系与思维习惯,只有极少与现代政治理论相关的概念得到研究者的关注,很多概念因无法收编进现有的知识论述而被忽略,或者说最起码的,我们失去了把握"时间上的异邦"⑥流通概念的敏感度。概念史研究已经不只是"语言学转向的结果"⑦,如果要真正发挥概念研究的知识贡献,发掘旧概念是必不可少的环节。旧概念是相对于我们现在固有知识体系的概念而言的,其"旧"不在于落后或者失去对世界的解释力,而在于我们受限于片面的当下知识取向而感到陌生无法理解。概念研究对知识的颠覆性意义正在于,这种从体系视角到更为微观的概念视角,能够围绕"概念"自身独立地形成逻辑线索,打散既有知识体系的主要脉络,由此铺开了理论研究的道路。当然,这种积极论断在实际操作中并不尽如人意。在另一层面的概念研究中,徐勇教授以田

---

① 李大钊:《民彝与政治》,《民彝》1916年第1期。
② 参见章太炎:《齐物论释》,崇文书局,2016年;汪晖:《再问"什么的平等"?(下)——齐物平等与"跨体系社会"》,《文化纵横》2011年第6期。
③ 谢丽萍、郭台辉:《近代中国政治身份构建的传统人伦基础——以康有为"天民"论述为中心》,《文史哲》2022年第3期。
④ 参见仪征刘光汉(刘师培)、侯官林獬:《中国民约精义》,上海镜今书局,1904年。
⑤ 方维规:《"夷""洋""西""外"及其相关概念——论19世纪汉语涉外词汇和概念的演变》,《北京师范大学学报》(社会科学版)2013年第4期。
⑥ "过去是一个异邦(foreign country)。就是说,历史学研究的并非自己的国度,而是异国他乡,只不过它是时间意义上的而不是空间意义上的异邦。"李里峰:《从社会科学拯救历史——关于历史学学科特质的再思考》,《江海学刊》2014年第6期。
⑦ 李里峰:《概念史研究在中国:回顾与展望》,《福建论坛·人文社会科学版》2012年第5期。

野研究基础上的概念建构见长,但也意识到"概念孤儿"无法形成有效关联的知识体系的问题。① 所以发掘旧概念的研究不能只有词语本身的演变,还需要政治思想史提供知识脉络的梳理,在近代中国政治思想史中发掘旧概念。

三、提倡原生概念背后的学术史观与问题意识

对于概念研究而言,政治思想史的梳理可以帮助指定概念定位其知识位置。西欧国家长达一两个世纪的政治理论与实践,以碎片化知识的形式迅速传入中国,形成了晚清士人对西欧国家的零碎理解。由此翻译传播而来的概念,压缩了几个世纪多个国家的时空经验,概念背后所蕴含的巨大信息量与思想史前提在传播的过程中被取消了,以直观的方式进入晚清民国士人学人的认识中。概念研究需要恢复概念的思想史前提,才能理解晚清民国士人学人认识外来概念的可能性与局限性,有助于探寻知识精英如何基于不完全的外来知识等,结合传统等思想资源创设独特的理解。在知识考古、涵化与再生产的领域中,近代中国政治思想研究可以提供发掘旧概念的思路。相较于更靠近西方理论的"新概念","旧概念"反而因为传统知识的遗忘而更为陌生。发掘旧概念是在学界关注主流概念的潮流下提出的,关注点的偏狭会使得近代中国政治概念背后的知识图谱不够完整,容易丢失晚清民国士人学人关注的议题与思维方式。

1. 处理知识来源与历史结果之间的关系

如何看待发掘原生概念的研究价值,是概念选择乃至议题选

---

① 徐勇:《将概念带入学术体系:为"概念孤儿"寻家》,《中国社会科学评价》2022年第4期。

择的关键。前文论述了晚清民国时期的多条知识脉络,由此论证近代思想场域有多种概念表述,很多概念值得学界关注,但最终只有与当前知识体系相关联的概念得到研究。造成这种局面的原因往往是现代化研究的参考系,以西方国家现代化作为先行依据,根据历史事实结果从知识社会学、知识传播等角度解释旧概念在"鞍型期"未能流传下来,在这种逻辑下,旧概念便意味着是被历史淘汰的概念,对当下没有过多实质借鉴意义的落后概念。单纯描述未流行于当前社会的旧概念,往往会受制于其被历史淘汰的命运,而无法真正展现概念的价值。但事实上,每个概念都在打开政治秩序的其他可能性。若不是当下固有认知习惯开始遭受质疑,旧概念背后的其他知识脉络可能依旧会被打上"不重要"的烙印,被历史结果盖棺定论。

此外,旧概念未被选择还可能是因为论证困难。旧概念属于当前学界研究的遗忘区域,起码不为主流学界所重视。对旧概念的发掘其实是知识现场的再现,所以掌握传统知识的要求使得发掘旧概念成为研究的知识门槛。发掘旧概念旨在发掘背后真正的历史议题,而非一味提倡回归传统,陷入保守的知识追忆。论证旧概念的价值,需要从打破历史结果导向的思路开始。如果我们认可思想与历史事实相关但不完全等同的话,那么研究者对历史场域中的概念选择就不应该以后发事实为依据来厘定概念自身的研究价值。

提倡发掘旧概念不能简单地梳理,而是一定要放在具体的政治议题语境当中去分析,只有这样才能发挥原生概念研究的意义,丰富我们已经固化的政治知识,体现近代中国知识人对政治概念理解的想象力。当前学界往往强调晚清民国时期知识精英对西方知识在理解上的局限性、缺陷、误读,但反过来说,也正是因为近代知识人缺乏一定的了解,而且有明确的中国问题意识,使得他们对概念的解释与理解非常有想象力,而这种想象力是我们当前的学者无法达到的地步,有可能是时代变迁对知识的敏感度不同,重要的是把这一种知识的想象力通过这样的研究带回来。因此,我们需要顺着晚清民国知识人的知识来源切入概念的研究,而非从已知历史结果的后见之明出发,仅论证概念成功或失败的必然性,而忽略历史偶然性背后其他概念的思想可能性。

2. 以事实与价值的关系处理来打破中西知识的关系预设

无论中西都在面临共通的问题,其挑选的合理性在于解释其共通之处,但却完全在西方的框架之下,并不产生新的知识。这虽完成了中国证明现代化的需要,但较少体现中国的特点。所以如何在承认前述研究的前提之下,在西方理论之外继续研究中国的现代化特点?在强调自主性的同时,就避不开西方脉络的问题。但是我们要做的不是回避西方,而是与西方互动与对话。路易斯·哈茨(Louis Hartz)在给史华慈的《寻求富强:严复与西方》写的序言中,在本土与外来的关系之间为我们提供了一种如何突破西方中心主义的思路:

> 外国评论家的本事,在于其能揭示出所研究国家的社会生活中蕴含着的思想的各个方面。因为这些评论家往往通过母文化提供的对照,使异国社会生活中蕴含着的思想显得清晰可见。埃利·哈列维(Elie Halevy)之所以令英国人感兴趣,托克维尔(Tocqueville)之所以令美国人感兴趣,就是因为英国人和美国人分别通过这两位大吃一惊地发现了自己。在这本书中,史华慈教授为我们介绍了又一位西方总体思想的外国观察家严复。尽管严复主要关注英国古典自由主义文本,但他于19世纪末至20世纪初在中国译介了一系列欧洲著作。同时,严复从尚未经历近代化变化的中国文化的角度出发,抓住了这些欧洲著作中阐述'集体的活力'这一主题。严复认

为,除西方著者们所说的诸多'个人主义'或'放任主义'以外,'集体的活力'这一主题体现了欧洲走向近代化的运动。①

这种突破体现在"中国看西方"与"西方看中国"的角度上,就需要重新质疑中西概念可对译的问题,当概念不可对译的时候,双方的立场才能出现,就变成了一种知识选择与自我逻辑的生成。所以概念研究需要近代中国政治思想史的贡献,因为它能提供一条概念阐释的逻辑。对于近代中国政治思想史来说,研究方式是人物实践思想,其实也需要概念研究提供的资源。所以概念研究中的政治思想史,以及政治思想史中的概念研究,并不是一种循环论证,而是一种相互需要,只是彼此需要的逻辑链条不一样。如果我们是从概念研究的角度出发的话,我们需要的是近代中国政治思想史提供的近代中国思想场域中多种知识语境及各种知识脉络。那么根据桑兵的研究,近代中国包括中学、西学、日学还有新学等多种知识体系,都需要认真梳理,但往往我们因为习惯以西方为师的认识思路,使得我们的脉络只有一种解释路径,其实还有其他的解释方式。这些解释方式在近代中国实践当中其实是有成功留存的概念、有解释失效的概念、有最终合流的概念以及有消殒的概念。

3. 修改知识参考系:处理好问题与答案的关系

厘清时代问题与本土问题意识的区别,意识到本土答案也可以回应时代问题,共通的现代化问题也有本土的选择。我们需要对中国中心观保持一定的警惕,其原因在于"中国中心观"依旧是后设视角的归因与反思研究。不以后设视角回顾历史才是突破的

---

① [美]路易斯·哈茨:《序言》,载[美]本杰明·史华慈:《寻求富强:严复与西方》,叶凤美译,中信出版集团,2016年,第Ⅶ页。

关键,这是中国乃至东亚国家在处理自身历史问题的时候,关于寻找现代化发展的动因,需要去唯一目的性的历史叙事,以此丰富中国与世界关系的解释。处理好这对关系就能够解释好知识自主性与普遍性的关系。

概念研究在此发挥的意义是,突破固定叙事框架,发现被忽略的重要议题判定,比如,从"礼"出发讨论儒家的秩序伦理如何适配现代的陌生人社会等问题。① 近代中国的概念固然与很多周边概念相关,将概念进入政治议题的讨论并非将概念研究无限扩大化,任意解释为一个兼容并包的概念,而是旨在发现,我们不适合基于西方的思想史前提来看待晚清民国概念的产生,比如,"国民"概念可以适当质疑"以建立民族国家为目的"或"以建立现代公民为目的"的叙事路径。而这些理解的可能性,往往会因为我们基于对西方理论的认识而做了切割,使得我们更远离晚清民国的语境。所以作为中国独特的问题意识,多方知识认知差异的张力矛盾必须由中国自己给予解释。

处理传统与现代、本土与外来的问题,难点在于处理特殊的历史条件与时代问题共通的普遍性之间的关系。每个具体的概念都有独特的命题,"历史上不同时代的政治思想,它在具体内容上表现为不同时代的政治问题、政治议题与政治命题,而不同时代的政治问题、政治议题及政治命题等各不相同,并非千篇一律,特定的时代总有特定的具体政治问题,并有讨论其政治问题的政治议题及呈现政治议题内容的政治命题,不同时代的政治问题、政治议题及政治命题差别很大。政治思想在这个维度上的差异体现了它的时间性特征"。② 所以难点在于识别概念的相关议题。

---

① 柯小刚:《礼与陌异性——回应赵汀阳论儒家无能以面对陌生人问题的批评意见》,《云南大学学报》(社会科学版)2011年第1期。
② 张师伟:《中国政治思想史研究的知识取向与多学科方法》,《政治思想史》2021年第1期。

四、结论:近代中国政治思想史的概念研究意识

如何将概念建构与政治知识联系起来展现中国的主体性?我们需要相对完整的思想与知识谱系,以及中国的问题意识或者中国答案,由此再生产出具有中国主体性的理解。强调中国知识的自主性不在于单独呈现与西方完全相异的面向,而是既有共通之处,又有独特理解。这种基于问题共性或者方案共性基础之上的独特性,才是中国近代自主知识的体现。在关乎近代中国时期的概念研究中,现代用词并不足以解释遥远时代的思想与文化,也无法帮助我们准确理解,甚至可能因我们当前时代的知识前提,反而曲解了近代在知识生产上的努力。由此,关于现代与传统的、中国与西方的关系问题,均收束到概念的翻译论述之中。概念表述可以翻译,但概念背后的思想观念无法翻译,翻译现代性的思路可考究近代中国向外界知识的引介,如果没有引介与接受的知识脉络,没有概念的使用背景,那么只能被悬置的知识碎片,尚未触及也未构成中国现代化进程的逻辑,由此本文提倡发掘旧概念的思路。

发掘旧概念的倡议,是基于当前的知识结构与西方现代知识过分融洽的情况提出的。我们对西方现代化的知识越熟悉,反而更加远离近代中国知识人的历史场域,以及难以到达他们设想未来的知识想象力。多数研究往往预设现代熟悉的议题进而确定研究的概念,旧概念被历史过滤,也被研究者的知识结构过滤,因此,旧概念是当前知识所陌生的概念,也需要侧重近代中国常用的且不在西方理论谱系中的概念,在既有的现代概念研究成果的基础上联结旧概念才能组成更为完整的知识地图。研究旧概念不是按既定的传统思想复兴的议题进行设置,而是从旧概念如何被提出及其最后在历史结果中被过滤的情况中寻找其思想遗产及其可能

性机会,重新设置近代的知识谱系,理解这些概念存在的语境。

旧概念的补足研究在于牵出古今中外多套知识与翻译阐释的问题。概念研究的颠覆性意义在于可以随时挑战我们既定的认知,并形成新的研究脉络。单纯的概念描述无法呈现概念与知识之间的联系,诉诸对译词构词法也容易陷入以西方为标准的叙事路径。本文从概念的不可翻译性开始重新思考概念背后的知识,即近代中国概念背后的知识谱系,强调近代不止有西学知识,还有传统的中学、来自印度的天竺学、经由日本转移到中国的东学,呈现近代知识场域的复杂性,也打开了先前局限于中西比较的视角。因此,发掘旧概念的提议不是为了追忆传统回归保守的历史认识,而是旨在以陌生的角度刺激当代知识结构所导致的视野偏狭,为理解近代提供更广阔的语境。通过研究陌生的旧概念,结合既有的现代概念研究,牵动概念所关联的近代中国各个方面的知识体系,可能可以更全面地理解中国的过去。

概念的论证体现着知识选择与自我逻辑的生成。所以概念研究的过程中需要近代中国政治思想史的贡献。谈论近代中国政治思想史的概念研究意识,需要处理三个方面的问题。

第一,处理好知识来源与历史结果之间的关系,处理好这个关系需从概念的选择开始。如果我们确实是从思想的角度出发,那么就不该用现实结果的角度去评判一个概念的价值,这样会出现后置历史的问题。在这里文本发挥的功能不只是作为概念用词出现的证据,还是串联起近代思想议题的思考线索。如果仅靠实证思路去看待文本,那么追溯的结果是大量近代概念的源头都与梁启超有关,因梁启超的大量写作而容易被提及,但概念背后的思想价值与知识选择,则应该有更多论证的过程,而非数据库式的史料选用。只有从概念如何被提起的角度出发,才能去论证其存在的合理性及其条件。

第二,以事实与价值的关系处理打破中西知识的关系预设。作为思想单位的概念研究需要再现近代中国的知识语境,呈现概念背后多条知识脉络,丰富概念演变的叙事模式,突破以自由主义为特点的西方现代化叙事,论证近代中国知识生产的思维方式。在政治思想史中发掘旧概念,才能突破寻找概念对译词进行辅助解释的依赖。旧概念只能补足我们的研究视角,并不意味着可以代替既往关于新概念的研究。基于概念不可翻译的取向,概念的释义就需要在新的论证环境中处理;从新的概念发现新的议题或者理解方式,即同个现代化问题的不同答案。

第三,修改知识参考系处理好问题与答案的关系。激活被遗忘被忽略的概念,呈现近代士人学人面临的历史问题与知识想象力,以及基于时代判断所设计的各种可能性方案,可以帮助我们理解中国知识转型的自主过程。这种知识想象力不是单纯语言意义上的造词能力,而是一种思维方式。我们倡导规避西方中心主义的解释,并非一味地提倡带有对抗性的本土性知识,而是可以拥有中国的视角看待西方,或者借西方的视角看待自身的"互看"模式。在中西知识交融的近代中国,于西学知识之外补充多个知识脉络,发现中国自身独特的问题意识及其解答,有利于自主知识体系的建构。由此,近代中国政治思想史对概念的梳理与把握在中国政治概念的发掘上具有重要作用。不以西方知识作为现代转型的价值理念,然后按其逻辑描述近代中国概念的演变及其得失。

当前,中国自主知识体系的提出旨在抵御源于西方的价值判断与政治话语体系,但近代中国政治思想史的贡献可以从抵御思路转向不同文明相互观看的思路。近代知识分子在学习西方的同时,也有很多抵抗的思想反应在概念之中。本文尝试提出发掘旧概念的思路,并非强调一种对抗性、排他性的中国自发知识,而在于借助当前知识结构所不熟悉的旧概念回到近代知识场域,有利于处理好中西方知识的区别,在相互对话与反思中确立真正的本土立场,形成中国的自主知识逻辑,回应共通的时代问题从而达到突破西方中心主义的叙事,从真正中国的逻辑中论述现代化问题,体现中国概念的独特性及其对世界的知识贡献。

The Issue on Exploring Indigenous Concepts of Political Thought in Early Modern China

Liping Xie

Abstract: The China academia has paid more attention to the issues on autonomy of knowledge and construction of political concepts recently, presenting the knowledge innovation with Chinese subjectivity. In the research area of political thought in early modern China, when it comes to archaeology, acculturation and reproduction of knowledge, it needs to advocate the idea of exploring and analyzing indigenous concepts. This paper reexamines the limitations of concept translation in the situation of the over-focused concepts caused by knowledge transplantation from abroad. The existing researches are mainly premised on the feasibility of concept translation, and demonstrate the process of Chinese modernization characterized by the use of new concepts after translation. Otherwise, this paper tries to explore indigenous concepts commonly used in early modern China and not in the western political thought, to carry out the way of knowledge production in modern China. In the framework of Sino-Western discussion of modernization transformation, exploring indigenous concepts except for translated concepts can present a complex situation of "proposing different solutions to the same modernization problems" and "providing the same solutions but responding to different national problems". This helps to discuss autonomy of concepts while seeking to avoid getting stuck in a one-sided interpretive path. Exploring the indigenous political concepts in the process of modernization transformation to present the uniqueness and commonality of Chinese and Western cultures is of great significance to the construction of China's independent knowledge system.

Keyword: Concept Construction; Concept Translation; Knowledge Transplantation; Political Thought; Autonomy of Knowledge

学术对话与评论

罗宾汉与储钱罐:西方福利国家的研究对话[*]

考斯塔·艾斯平-安德森[**]　斯坦因·库勒[***]

托马斯·霍义乎普[****]　刘春荣[*****]

翻译:王涵霏[******]

[内容摘要] 罗宾汉和储钱罐,是现代福利国家角色或政府作用的两种饶有争议的隐喻。"罗宾汉"象征着社会再分配体制劫富济贫、行侠仗义的形象;"存钱罐"则意味着福利国家致力于风险管理、支撑个体在生命周期内的平滑过渡,显示出社会投资的功能。随着人口老龄化、气候与环境变化,经济发展与技术组织模式的变迁,资本主义社会中的新风险不断增生,新冠肺炎疫情所带来的社会经济挑战更是加剧了消除贫困和减少社会排斥的挑战。在此背景下,福利国家的组织形式和政策实践生发了新一轮的回应与分化。在这一主题学术访谈中,我们邀请三位长期观察福利国家发展的欧洲学者开展一场研究对话,就若干历久弥新的议题开展对谈,涉及福利体制的多样性和政策调适、社会民主主义福利体制的韧性以及福利国家与社会生活的结构等,以进一步增益对当代西方福利国家及其社会契约变迁的理解。

---

[*] 感谢国家社科基金项目《西方福利国家前沿理论研究》(项目编号:18BZZ045)的支持。

[**] 考斯塔·艾斯平-安德森(Gøsta Esping Andersen),西班牙庞培法布拉大学DEMOSOC研究中心。

[***] 斯坦因·库勒(Stein Kuhnle),挪威卑尔根大学比较政治学系。

[****] 托马斯·霍义乎普(Thomas Højrup),丹麦哥本哈根大学人文学院。

[*****] 刘春荣,复旦大学国际关系与公共事务学院、复旦-欧洲中国研究中心。

[******] 王涵霏,复旦大学国际关系与公共事务学院。

一、比较福利体制与社会政策再造

艾斯平·安德森教授是庞培法布拉大学 DEMOSOC 研究中心的领军人物,2009 年西班牙 ICREA Acadèmia 奖提名者。主要研究方向有:生命历程动力学、社会分层和比较社会政策。在来到庞培法布拉大学之前,他先后在哈佛大学、特伦托大学和位于意大利的欧洲大学研究院任教。代表作包括《福利资本主义的三个世界》(*The Three Worlds of Welfare Capitalism*)和《后工业经济的社会基础》(*The Social Foundations of Postindustrial Economies*)等。前者斩获了美国政治科学协会公共政策分会所颁发的 Aaron Wildavsky 奖,后者已被翻译成意大利语和日语等多种语言。近几年,艾斯平教授还先后推出了学术著作《关于福利国家的三个教训》(*Trois Lecons sur L'Etat Providence*)和《21 世纪的家庭》(*Families in the 21st Century*)。安德森教授不仅是英国科学院和美国艺术与科学院的成员、丹麦罗斯基勒大学荣誉博士,还是许多科学机构的科学委员会成员,包括丹麦国家社会研究所、胡安·马奇研究所社会科学高级研究中心、马德里高级研究所和丹麦战略研究委员会等。此外,他一直与国际组织保持紧密的合作,积极投身于联合国、经济合作与发展组织、国际社会保障协会、欧盟的应用政策领域的相关工作,譬如,协助筹备 2000 年的欧盟里斯本峰会;向 2002 年欧盟轮值主席国比利时递交有关福利国家改革的联合报告。同时,他也是欧盟主席巴罗索组建的社会政策咨询小组成员。

刘春荣:您的专著《福利资本主义的三个世界》极大地推动和塑造了当代福利国家的研究议程。您当初是如何开启这个研究主题的? 其背后有怎样的思想和理论根源?①

艾斯平-安德森:《福利资本主义的三个世界》这本书写作于20世纪80年代末。因此,我对福利国家关键特征的认知难免局限于二战后30多年来的社会政策实践,主要的研究对象也局限在18个发达的经济合作与发展组织(简称"经合组织")成员国中。从这个角度看,我不由得自问:"三个世界"的分类是否过时了呢?

在这本书出版前,尽管蒂特姆斯(Richard Titmuss)试图将福利政策的制定模式概念化,学界尚未形成系统性的分析框架用以解释各国社会政策偏好的差异;也没有任何研究对各国福利政策进行诸如体制层面的分类。直接启发我的其实是为期3年的社会政策研究。在对各个国家收入维持政策(包括养老、失业、医疗领域)的形成和发展轨迹进行细致入微的梳理后,我提炼出了三种福利体制,这就是福利资本主义的三个世界的雏形。值得强调的是,由于医疗服务以外的社会服务到了20世纪90年代才逐步出现,我所提出的"三个世界"的分类仅仅是基于收入维持政策所做的判断,并未考量各国社会服务的差异;大部分精力也集中在对1930年以来跨国历史数据集的汇编上。

当然,我对各国具体政策的理解,很大程度上也受到一些极具影响力的社会科学理论家的启发,尤其是约瑟夫·熊彼特(Joseph Schumpeter)和卡尔·波兰尼(Karl Polanyi)。后者深化了我对政策去商品化程度的认识,使我的分析视角不再局限于资本主义市场经济体制下纯粹的现金援助。此外,社会学领域的社会分层理论也指导我用分层的视角分析福利项目(如:定向的;法团主义或普遍主义的;私有的)。

---

① 中译本见[丹麦]考斯塔·艾斯平-安德森:《福利资本主义的三个世界》,郑秉文译,法律出版社,2003年。

简而言之,这本书是我在无尽的政策细节和宏大的理论场域中不断探索的产物。在这过程中,起决定性作用的最后推动力来自安东尼·吉登斯(Anthony Giddens)。当时,他读了我写的一篇比较政治学的文章,便希望我能够把这篇文章拓写为一部专著,由他创立的政体出版社出版。

刘春荣:无论是在比较视野还是在方法论维度上,"三个世界"的类型学都在被不断地应用和再阐释。如今回过头来看,您觉得在福利国家类型学的各种争论和解读中,哪些是最有价值的贡献,哪些则是可能具有误导性的?

艾斯平-安德森:我认为这部作品主要有两个理论贡献:第一,将社会政策与宏观的政治经济学联系在一起,改变了社会政策研究和福利国家比较研究的基本范式。第二,为后来的福利国家比较研究提供了理论基础。当然,这也引发了不少学术争议。

有一种声音质疑"三个世界"理论的实证效力,也即分类是否正确的问题。在这一点上,我必须承认荷兰不管在过去还是现在都是一个模棱两可的案例。另外,还有学者声称福利资本主义不只存在"三个世界",应当是包含地中海模式的"四个世界"。他们的论证建立在对意大利和西班牙尚不发达的社会救助政策的观察上。我认为这种质疑缺乏有效性:一种体制不能也不应该取决于某一个具体政策的发展状况。

事实上,收入维持政策中的确出现了一种趋势:各国退休保险政策逐步向北欧(还有荷兰)靠拢,其基础都是传统的通用统一费率模型(traditional universal flat-rate model)。正是这种趋势削弱了福利体制的独特性,使我所研究的18个国家的福利体制在一定程度上走向趋同。

另一类争论的核心问题在于如何界定亚洲福利国家。对我而言,这一类问题比较难回应,因为亚洲国家的社会政策在过去(至少到最近还是如此)是不成熟、不完善的。我所能做的就是对日本这一发达的亚洲经济体进行案例研究,以此来验证"三个世界"理论的适用性。就研究设计而言,我完全照搬了《福利资本主义的三个世界》的方法和变量,最终发现:(1)并没有证据表明亚洲(至少是日本)代表着一种新的体制模式;(2)日本的福利体制在很大程度上是混合型的,不过它与"保守型"福利体制最为接近。

从20世纪90年代开始,以性别平权、保障女性就业和职业选择为纲的家庭服务迅猛发展,我的研究旨趣也随之转移了。您可能会问,诸如儿童保育、学前教育和老年护理一类的社会服务的发展是否会改变"三个世界"的体制格局。对于这个问题,至少到最近我的回答都还是否定的。斯堪的纳维亚国家早在21世纪初就开始推行儿童保育、学前教育和老年护理服务了,在提供普遍的、优质的社会服务方面一直走在前列。同时,这些国家在推动面向年老、体弱者的社会服务从机构护理到家庭护理(无偿)的转型过程中也有相当出色的表现。与之相对应的,除了法国个别地区外,欧洲大陆尚未出现真正意义上的家庭服务。我身处的自由主义福利国家也难以规避思维惯性,依旧相信市场主体才是社会服务的主要提供者。不过,近几十年来不同体制的福利国家也出现了趋同的倾向。这点和收入维持政策很像。在最近的发展中,德国决然推进了斯堪的纳维亚式的、覆盖全民的儿童保育服务,就是一个例证。

刘春荣:在福利国家发展的新地平线中,分化和趋同的动态的确都值得关注。为了回应欧盟提出的在21世纪提升经济竞争力、促进社会共融、实现社会公平的战略目标,您提出要用一种新的视角来重建欧洲福利体系,尤其是要基于生命历程的动力学,重视家庭生活与工作模式变迁下与传统的社会风险相伴生的新兴社会风险的影响。① 在这种思想指导下，社会投资的理念逐渐融入政策话语体系，成为指导儿童保育、长期护理、教育培训、积极就业、终身学习和积极老龄化、家庭服务与补助等一系列政策的方针。在这个政策取向中，您认为应该如何看待社会投资与社会保护的关系？您如何评估欧洲福利国家社会投资转向后的政策实践及其效果？

艾斯平-安德森：首先要强调的是，社会政策的学习、扩散和创新屡见不鲜。现代的许多社会政策都发端于北欧国家。积极就业政策（activation policy）和社会投资的概念也是如此。丹麦在20世纪90年代就已经提出了相应的议题；最近这些议题更是频繁地出现在欧盟和经合组织成员国的政策倡议中。

事实上，我们必须注意到积极就业和社会投资在概念和实践上都是不同的。发端于丹麦的积极就业政策旨在加强公民在劳动市场的竞争力。这些政策的驱动力是双倍的收益：一方面取代传统意义上消极的收入再分配政策（通常是失业保险和残疾保险），另一方面还可以通过组织培训和再培训的方式扩大人力资本存量，发展社会生产力，提升经济竞争力。

如果从积极就业政策的预设效益出发（发展生产力和激发人力资本潜力），它被贴上社会投资的标签是说得通的。然而，大量的评估报告表明，即使是在最早实施该政策并已成体系地推行了20年的丹麦，政策效果也不理想。丹麦的政策专家根据政策触达人群差异，将政策效果分为三类：(1)无效果。这是针对吸毒或酗酒者这类扶不起的阿斗而言的。(2)回旋镖效应。有一些人群确实被触达了（这可能是通过培训项目实现的），同时他们也被重新吸纳进劳动力市场。但是一段时间后他们又回到原点。(3)有效

---

① See Gøsta Esping-Andersen, Duncan Gallie, Anton Hemerijck and John Myles, *Why We Need a New Welfare State*, Oxford: Oxford University Press, 2002.

果。这类人群获得了稳定的就业机会。问题在于,评估结果指出,这类人群无论是否被触达都能够顺利被劳动力市场录用。换言之,积极就业政策的实际执行效果是消极的。当然,最近也出现了一些更为缜密细致的评估报告,为我们展现了较为乐观的政策图景:积极就业政策的确在帮助失业或无业的公民融入健康、稳定的劳动力市场。

刘春荣:着眼未来,社会投资的世界是福利国家的"应许之地"吗?为了让相关政策设计更为敏感、合理和有效,根据生命历程的立场,人们还需要导入怎样的视角、格外关注哪些议题?

艾斯平-安德森:社会投资的概念也是北欧首创的。诸如经合组织一类的主要国际组织认为,社会投资为我们这个时代的福利国家提供了最为有效的政策范式。它揭示了一种可能性:社会投资是建设发达的知识密集型经济体系的重要抓手,以社会政策为载体的社会投资可以大幅提升经济效益,创造增长红利。从国民经济核算视角看,传统的社会政策属于当期支出,并不能创造增收。而社会投资的概念试图证明一些特定的政策长远来看的确有增值的空间。这些政策应该被界定为能够创造增收的经济投资,而不是被划拨在当期支出里的款项。

那么我们的福利国家真的在朝着一种新兴的社会投资范式发展吗?某种程度上这的确是实情。尽管在进行国民经济核算时,教育和培训项目(包括积极就业政策)并未被视作一种投资,但它显然考虑了未来福利和效用的问题。0—3岁的早教和3—6岁(或小学起始年龄)的幼教所组成的学前教育是社会投资最清晰的例证。发展心理学研究表明,2岁和6—10岁是认知发展的关键时期。如果在这个阶段缺乏认知启蒙,之后也难以弥补。而我们知道,大部分接受高质量、高强度学前教育的孩子都来自社会地位较低的家庭。这意味着普及高水准的学前教育可以减缓社会不平等和社会分层——而学校教育则没有这种潜在收益。

至于学前教育是否能够创造生产力红利的问题,理论上取决于教学质量和参与强度。尤其是要降低生师比,招聘受过良好培训的教师;保证孩子们全年、全天候的出勤。绝大多数调查研究(包括我自己的研究在内)显示,优质的学前教育对孩子认知水平的提升有显著帮助。譬如,经合组织的一份评议文章指出,接受过优质学前教育的孩子在正式入学时的认知水平与已经上过一年学的孩子的认知水平相当。学前教育的最大受益者是出身较低的孩子。然而,无论是政策制定者还是政策评估者,都似乎忽略了这个事实:将1岁以下的孩子送到全天候的托儿所去接受学前教育会影响他未来的学习能力。后者与生命早期依恋关系,尤其是一岁以前所形成的依恋关系密切相关(例如婴幼儿对父母的依恋),这同样是发展心理学给予我们的启示。因此,我们必须注意:在对人力资本进行早期投资规划时,一定要将育儿假纳入考量,且育儿假的时间不应短于9—10个月。

二、北欧社会民主体制的存续与韧性

斯坦恩·库恩勒是挪威卑尔根大学比较政治学系荣誉教授、德国柏林赫尔梯行政学院比较社会政策系荣誉教授、复旦大学名誉教授、复旦大学北欧研究中心的创始人之一。同时,他也当选为挪威科学与文学院成员、挪威皇家科学与文学学会会员,并于2019年荣获上海白玉兰纪念奖银奖(Shanghai Magnolia Silver Award)。库恩勒教授发表了非常多的比较福利国家研究的成果。此次访谈主要关注北欧福利模式下福利国家的形成逻辑、动态适应力和韧性来源等福利国家研究中的诸多政治学议题,此外还讨论了有关中国社会政策发展的问题。

刘春荣:您最初为什么会研究福利国家和北欧社会民主主义福利体制?斯坦·罗坎(Stein Rokkan)教授及其社会分裂结构理论和国家建构理论,即西欧社会的冲突结构会转化为政党制度的理论假设[政党"冻结假设"(the freezing hypothesis)]在多大程度上激发了您对福利国家的研究志趣?

斯坦恩·库恩勒:时机很重要! 1966 年,斯坦·罗坎教授任职卑尔根大学社会学系教授,肩负着发展卑尔根大学发展政治社会学和比较政治学的重任。我很荣幸地成为他的第一批学生。当时,我刚刚从文理学院毕业,觉得记者可以接触更多有关社会、政治和世界的知识,因此想成为一名记者。恰好罗坎教授聘用了我,让我以一名大学生的身份加入他的课题组以及诸如欧洲政治研究协会(1970 年成立)、国际政治学协会、国际社会学协会的国际学术机构。后来到了 1975 年,我在大学获得了奖学金,罗坎教授邀请我一起组建北欧政治科学协会。在罗坎教授的指导下,我在 1973 年完成了题为《北欧国家的社会政治动员:1850—1970》的博士论文,这是第一篇有关北欧福利国家的历史比较研究的成果(historical comparative study)。①

罗坎教授所开展的欧洲政治发展研究以及他所提出的社会分裂结构理论、关键节点理论和国家建构的阶段论都激发了我对社会权利发展、社会不平等、社会保障和福利国家等议题的研究兴趣。福利国家,在我看来,是欧洲国家建构进程的最高点,而罗坎教授自己还没能对不同福利国家发展模式的形成条件和可能的影响进行详尽的考察,因此,这一研究任务自然而然地就落到了 20 世纪 70 年代来求学的我身上。

---

① 其中的观点可以参见:Stein Kuhnle, "The Beginnings of the Nordic Welfare States: Similarities and Differences," *Acta Sociologica*, Vol. 21, 1978, pp. 9-35.

刘春荣：迄今为止，已有大量的理论工具可以帮助我们理解福利国家的形成逻辑。比如，阶级动员理论强调阶级斗争为普适性的社会保障和福利项目提供了社会和政治基础。与之相关的是历史制度主义。这种理论认为制度和规范的变革与一些关键节点息息相关。您在研究北欧福利国家的起源时运用了什么论证工具和研究方法呢？

斯坦恩·库恩勒：阶级动员和权力资源理论无疑是重要的理论工具，但是我们观察到所谓福利国家的形成和扩张是各个工业国家在不同政治体制下完成的。社会经济变革与福利国家的能力及其特征没有明确的相关性。美国和欧洲福利国家发展的差异就是一个很好的例证。此外，值得注意的是，以国家作为社会福利的主要责任方的福利国家在威权政体和民主政体中都能生存下来。事实上，现代福利国家的起源可以追溯到19世纪80年代俾斯麦在保守-威权体制下的德国所推出的国家社会保险政策。工人问题或者社会问题由此被提上议程。处于不同经济政治发展阶段的国家受此启发，也积极响应欧洲以及随后在世界其他地区出现的社会政策倡议。欧洲的新兴政党，尤其但不限于其中的左翼政党，开始动员大批选民利用选举权向国家施压，使后者主动承担起社会责任。国家往往在不同的动机下制定社会保险和社会保障政策。

毫无疑问，社会政策出现的时机受到关键节点的影响。早期德国的社会保险政策可以被看作一个关键节点。

20世纪的两次世界大战也是关键历史节点。为应对这些灾难性事件，许多国家都出台了新举措，客观上增强了国家在社会福利供给上的责任。类似地，当下的新冠肺炎疫情可能也是另一个关键节点，它促使国家和国际两个主体出台新的社会政策，以回应和改善新形态的无保障和社会不平等状况。

刘春荣：学界普遍认为北欧国家是福利资本主义国家中的一个特殊分支。社会民主主义体制下的现代化模式也被界定为"北欧特色道路"(Nordic Sonderweg)。在这种论调中，自由的农民、获得解放的妇女、路德宗被认为是北欧福利模式的重要基石。在您看来，斯堪的纳维亚福利模式（北欧模式）在福利治理方面有哪些独特性？

斯坦恩·库恩勒：今天的福利国家无论是在形态上还是规模上都具有多样性。这点可以从组织架构、所涉领域、覆盖人口、可用资金、准入资格和慷慨程度这六个方面看出。威伦斯基（Harold Wilensky）、蒂特姆斯，以及众所周知的丹麦社会科学家、《福利资本主义的三个世界》的作者艾斯平-安德森很有学术敏感度，较早地进行了福利体制模式的类型化考察。不少学者深受他们的启发，纷纷投入福利体制研究中。其中"东亚模式"受到了不少关注。福利国家的类型化的确可以帮助我们从不同的规范性原则出发，解释福利国家发展路径上的差异。大量的研究也支持将"北欧模式"单拎出来讨论。其实和其他模式一样，北欧模式也不是静态的：2021年的北欧福利国家和20世纪50年代的北欧福利国家已经大不相同。只是北欧模式的内核，即普惠主义、公共责任、社会平等的原则，韧性很强。正是这些原则的组合使北欧福利国家脱颖而出。在我看来，这些原则甚至比政党政治和社会民主概念出现得还早，并在之后的历史时期不断得到强化，到第二次世界大战迎来"关键节点"——各政党就福利体系中政府的主体责任、普惠主义的基本原则达成了高度共识。

近年来，北欧福利国家在国际比较中的一些突出特征已经为其他福利国家所共享，后者也开始重视社会投资，强化教育政策、家庭政策和儿童政策，关注工作与生活的平衡，强调普惠性的医疗保健，某种程度上越来越"北欧化"。北欧福利国家也学习了其他国家的政策和思想，不仅在医疗和社会领域发展了私人保健以补充公共保健,还加强了养老金与工作收入间的联系。事实上,当今北欧模式与其他模式的区别主要体现在政府组织、工会组织和雇主组织所构成的治理铁三角上。民间社会组织可以参与制定政策提案和方案以辅助政治决策。这种治理传统萌芽于20世纪30年代社会经济危机,目前已成为制度化的冲突解决模式和政权合法性的重要来源。我曾把这种有别于其他欧洲国家的治理模式概括为"共识治理"(consensual governance)。

刘春荣:欧洲福利国家的生存与韧性是你的主要研究议题之一。相关研究一再表明,北欧国家所推行的积极劳动力市场政策能够帮助它们在日益严峻的国际环境中占据比较优势。丹麦的灵活保障就业政策(Flexicurity)就是一个很好的实例。欧盟已经将平衡劳动力市场的灵活性与安全性视作打造欧洲社会模式的一项战略部署。作为一种改革战略,其他福利国家是如何看待和理解灵活保障就业政策的?这一政策是否有既定的适用范围?

斯坦恩·库恩勒:Flexicurity的概念是丹麦社会民主党首相波尔·尼乎普·拉斯穆森(Poul Nyrup Rasmussen)在20世纪90年代提出的,此后被欧盟委员会采纳。它是一种战略安排,最初旨在实现劳动力市场的灵活性、相对慷慨的社会保障安排和积极劳动力市场政策的有机结合。在此基础上,欧盟又增加了"全民终身学习战略",与前者共同构成灵活保障就业政策四要素。"四要素"如今已经成为欧洲就业战略的核心要素,而灵活保障就业政策也以政策建议的形式由欧盟传达到各成员国,并由欧盟监督各成员国落实。

很显然,欧盟不可能从零开始打造一个一体化的欧洲福利国家。从这个意义上看,要在27个由不同国家主导、社会福利政策发展状况各异的国家实施同一项政策无疑是一个挑战。但我相信,欧盟可以最大化地推动和促进政策学习与政策传播,而灵活保障就业政策也的确能够帮助欧盟巩固和加强"欧洲社会模式",尽管现当下评估这项欧洲改革战略的成功与否还为时尚早。

刘春荣:在全球化背景下,福利国家接收了大量的移民。直到20世纪90年代,社会科学家还对这一现象持有乐观的态度,并由此提出普遍公民权的概念。然而,现状似乎与这种期待背道而驰:移民社会权利已经成为政治焦点议题。排他性团结(selective solidarity)和福利沙文主义(welfare chauvinism)的叙事有意将移民排除在社会福利之外。这种论调已经出现在许多西方民主国家,甚至是北欧国家中。您是如何看待移民和福利国家体制的关系的?在面对民粹主义和右翼政党所挑起的身份政治议题时,福利国家应当如何自处?

斯坦恩·库恩勒:你的观察很敏锐。我们可以看到,在整个欧洲,包括普惠性最强的北欧国家,对劳工移民、难民的怀疑态度都有上升的趋势。民粹主义右翼政党的崛起有赖于这种怀疑甚至反对一切移民及其福利的大众情绪。毫无疑问,这些政党改变了其他大多数政党的政治态度和政策选择,并导致既行政策的修订和调整。

我多年前开展过一个研究项目,在调查实验的过程中我们发现,挪威民众中存在着严重的"福利沙文主义"。在所有决定福利慷慨程度的因素不变的情况下,许多受访者并不希望向波兰劳工提供与挪威劳工相同的福利,尽管波兰劳工在法律上有权获取。我认为,其他国家的相似趋势在一定程度上表明人们对社会权利普遍缺乏了解,反倒充满了偏见和沙文主义的情绪。实际上,移民在短时间内的大量涌入会加重新族群政治社会融合的成本和风险。如果移民不能成功地融入社会,就会带来社会排他效应(social exclusion)、失业、低收入、犯罪和负面报道,进而激起大多数人的负面情绪。相反,当地居民,尤其是社会融合性学校出来的孩子(integrated-school children),则倾向于在移民家庭因法律原因受到驱逐时组织起来支持后者。在这种情况下,我们经常可以观察到民众之中以及左右翼各政党之间自发的团结。可见,入境检查政策和强有力的社会融合政策是对抗"福利沙文主义"的关键,它们既可以解释社会、福利、劳工政策的形成逻辑,又可以传扬欧盟劳动者自由流动制度相关的社会权利义务。

刘春荣:新冠肺炎疫情暴露了所有国家在社会保护覆盖面、全面性和适足性方面根深蒂固的不平等和巨大差距。疫情对福利国家是一个巨大考验,它危及国家的社会韧性和经济韧性。对于北欧国家而言,制度是维系社会基本功能的根本保证。尽管北欧各国制度相似度比较高,它们为应对全球疫情冲击所实施的政策(例如学校停课安排、工资补偿政策等)却有所不同。当福利国家在经受诸如全球疫情的考验时,我们相信政策和制度上的差异将会对福利国家的韧性产生深远的影响。在北欧,新冠肺炎疫情将如何重塑其既有的社会契约?进一步说,后疫情时代,国际社会政策是否会以新的形态出现?

斯坦恩·库恩勒:我们的确可以从现在尚未结束的疫情中吸取一些教训。只是在评估前,我们还需要更多比较研究帮助我们了解不同类型的福利国家是如何预防和回应疫情挑战的,它们在这个过程中做了哪些政策调整。显然各个福利国家所实施的政策是不一样的,即使在体制类型最为接近的挪威和瑞典也是如此。

从北欧经验来看,专家有时不能达到内部共识,各政府对专家的定位不一致,政府和专家间的分工协作方式也不固定。而北欧国家作为发达的福利国家,哪怕在国内外专家多年前就预警了流行病传播的风险和后果的前提下,也还是没能为这次疫情做充足的准备。尽管公允地说,普惠性福利国家由于对公民福利和安全负有更大的责任,在应对突发的医疗卫生危机和全局性、局部性的各种社会经济后果(如失业率激增、收入真空、不平等加剧等)方面的确做得更好。我认为,我们可以从中吸取的教训是加强医疗卫生领域的国际合作,以便做好针对这类突发危机的应急预案。这次新冠肺炎疫情告诉我们,没有人是一座孤岛,如果我们想获得在世界各地生活和旅行的自由,那么我们必将走向社会政策的全球化。一些观察者提出,新冠肺炎疫情会导致全球化的倒退,而我相信国内和国际层面的政策必须齐头并进,这是由世界范围内的行动自由和"人人健康"目标所需的全球化决定的。

刘春荣:您此前对改革开放后中国社会政策机制的发展动态进行过详尽的观察。事实上,尽管福利体制似乎不难在类型学上进行区分,但是学界对体制内部的复杂性仍然没有达成一致的看法。您认为,从全球的和比较的视角看,中国正在成为哪种类型的福利体制?中国应对社会问题的范式在多大程度上受到北欧模式的启发?

斯坦恩·库恩勒:自20世纪90年代起,中国开始迅猛发展社会政策,所涉范围很广。我认为,在很大程度上,这是对改革开放所造成的连带社会经济后果作出的政治回应。尤其是最近15年,中国持续推行普惠性更强的社会政策、社会保障和卫生政策,旨在覆盖全体公民。全面建成小康社会指日可待。事实上,原本20世纪50年代形成的中国福利系统是建立在城乡二元对立的户口制度之上的,这与西方福利模式区别很大。近年来,中国政府花费了不少精力,试图消除这种二元模式;社会政策的碎片化在下降,整体性、系统性在增强。为应对人口结构变化和区域人口流动趋势,消除或减轻家庭护理压力,协调工作生活平衡的政策和社会护理服务政策受到越来越广泛的重视。

新旧福利国家共同面临的挑战,是如何在低生育率和人口老龄化背景下基于新的人口结构和广泛社会权利来筹集足够的福利资金。在这个层面,北欧模式引起了全世界的注意,其中就包括中国和其他东亚国家。北欧福利国家在实现社会融合、保证社会公平、落实减贫事业、控制收入不平等、发展生产性经济、维护社会稳定等方面所取得的成功经验可能会转化为中国和其他新兴福利国家的灵感来源。不过,我们也不应低估各福利国家截然不同的文化、历史和经验的长期重要性。

三、福利国家与生活模态的结构辩证法

托马斯·霍义乎普是哥本哈根大学民族学教授。受到马克思对资本主义生产方式理论的启发,基于丹麦福利国家的实践经验,他推动了"生活模态"(life-modes)这一概念的建构和发展,将其视为福利国家所理解和接受的竞争性意识形态信号。霍义乎普的理论对于理解福利国家和社会生活的结构辩证关系具有重要意义。他出版了多部著作,其中包括 *State, Culture and Life-Modes*,以及 *Life-Modes in a Changing Global Order* 等。

刘春荣:福利国家可以被视作维系人类自身繁衍的社会制度,它是特定国家内人口的简单再生产和扩大再生产的结果。福利国家的形成与社会阶级的力量表达和个体生命周期息息相关,在很大程度上可以说是宏观政治行为(或者说社会政治的调控)与个体生活诉求的交汇。您的研究似乎另辟蹊径,力图从马克思主义理论那里萃取出"生活模态"(life-modes)的概念。① 在您看来,理解这种基于"生活模式"的国家理论,关键何在?

托马斯·霍义乎普:基于生活模态的分析范式一开始是为了回应20世纪70年代福利国家新一轮放权计划所伴生的社会问

---

① See Thomas Højrup, *State, Culture and Life-Modes: The Foundations of Life-Mode Analysis*, Farnham: Ashgate, 2003.

题;当时,丹麦国家规划研究所就民族学能否解释不同受众在区域计划中所传达的负反馈的论题咨询了学者的意见。在那个时期,北欧福利国家对所谓的权威规划(authoritative planning)逻辑进行重构,拥抱试点性质的协商规划(negotiating planning)逻辑,其目的是通过整合受众在提升工作生活质量上的观念和经验,使规划过程更加准确和高效。在这个过程中,规划者需要严格判断受众的反馈重要与否,以使规划取得成功。为了实现这一目标,我们探索了生活方式和实现某种生活方式的充分条件之间的联系。受到自然科学中有关生命体(lifeform)与其生态位(niche)之间的概念关系的启发,我们寻求某种科学思维方式,以明确描述文化领域的生活模态需要怎样的条件才能在社会形成的过程中完成自我复制。生物学在理论上的主要研究对象是生态系统——生物间弱肉强食的代谢链,或者各种生命形式在生存斗争中的共生或竞争关系;新陈代谢过程中的这种关系决定了在一个具体特定的生态系统中哪一种生命形式可以存在;而我们则努力探索不同的文化生活模态对于劳动力的分工和使用,在一个特定社会系统中,这些文化生活模态是如何相互确认、相互对立并互为前提的。

生命体和生活模态的概念可以追溯到亚里士多德,并在马克思对于生产方式(mode of production)理论的深入研究中得到了进一步的阐述。与生物学中的生命体概念相比,文化领域的生活模态与亚里士多德所谓的"美好生活"(the good life)的概念紧密相连。而在马克思的理论阐述中,"美好生活"的概念又是某种既定生活模态下所开展的实践中固有的意识形态映射。一种生产方式所对应的生产关系至少连接着两种生活模态。这意味着在理论层面,生活模态是关系链条的终端(terminals)。作为终端概念,生活模态可以帮助我们理解特定社会中各个阶级的社会实践和意识形态的具体表现形式。通过这种概念结构,我们找到了一种科学方法来识别和阐述某一特定的生活模态所需要的政治、法律、意识形态层面的充分条件,也即一个社会中不同生活模态所必需的差异化的生活条件(living conditions)。

在20世纪80年代,我们阐释了"社会形态"的概念(通用语中的"社会")。其预设前提是,社会形态有能力维护和捍卫其他自卫性质的政治单位对其独立性(清晰可见的边界)的承认。由于任何的防御措施都依政治意志、物质力量和意识形态的动员能力而定,我们有理由认为,争取承认的方式决定了"国家"概念的最初和最基本的特征:国家的政治结构、经济结构和意识形态结构。换言之,国家在争取承认的过程中被建构。上述理论为探究防御模态和福利国家形态的内涵和外延提供了新方向,与路易斯·特罗尔·叶尔姆斯列夫(Louis Trolle Hjelmslev)的理论倾向相契合。[①] 基于此,我们又从克劳塞维茨(Clausewitz)的战争理论中得到了防御优于进攻的结论(中国的革命领袖毛泽东发展出的"持久战"概念与之契合)。这解释了为什么从长远来看,生存下来的不一定是最强大、扩张主义或侵略性的国家,而是能够保持和发展高防御级别的国家。黑格尔的国家理论和克劳塞维茨的战争理论中蕴含的认识论断裂,使我们的研究团队有机会发展出一种防御优越性的生存逻辑。

刘春荣:为了应对资本主义的脆弱性,体现社会正义,许多社会政治家开始动员社会经济部门(志愿部门、第三产业等)解决各类危机,包括借助一种熟悉的集体组织形式(如合作社)来改善人们的工作和生活状况。历史上,这曾是工人运动和女权运动用以实现政治解放、文化解放的核心手段。在您看来,这些新的行动对于生活模态意味着什么,它们又如何与现代福利国家相联系并嵌入其叙事体系之中的呢?

---

① 路易斯·特罗尔·叶尔姆斯列夫是丹麦语言学家,他的学术思想构成了形式语言学和哥本哈根语言学派的基础。

托马斯·霍义乎普：国家可以在保险和诸如此类的业务上通过共同融资来推动生活模态的自我组织和自我管理。这种助推力往往将各类社会运动中形成的社团生活作为媒介，例如工人运动、小农运动、农民运动和合作社组织等。该模态下，国家共同体可以依靠社会生活方式来建构足以抵御市场危机的福利安排。这解释了为什么国家会利用小农团体(colonies of smallholders)来解决农村社会问题：独立的小农生活模态可以吸纳农村剩余人口，使后者不至于被抛出农村、流入城镇进而成为新的不稳定因素。

黑格尔曾预测大量移民会涌入第三世界殖民地和北美，然而这一预言并没有成真。丹麦的福利国家构筑在生活模态之上，其社会主要收入来源是由家庭农业和渔业合作社生产并销往英国市场的出口食品。换言之，构筑在生活模态之上的丹麦福利国家是一个以合作社和社团(co-operatively as well as corporately structured)为主干的出口导向型国家。在其中，以家庭农场主为主体的农村合作社和丹麦独树一帜的社团文化、协商文化互为补充。

这种类型的福利国家在第二次世界大战后的三十年里发生了重要的变迁。新形式的福利国家导致组织化的生活模态不再构成国家和家庭福利的有机基础，因为市场经营的责任越来越个体化。在过去小农生活模态可以最大程度地解决社会问题，而现在公共部门更愿意鼓励年轻人自由流动，并且能够在增长导向的就业政策引导下进入就业市场，持续发展自身能力、适应新环境。第二次世界大战后，丹麦出台了工业出口的新战略。这一战略不再需要第一产业的支持，而是依赖于技术和生产方式的不断革新所创造的比较优势。除了建立在合同基础上的退休金储蓄外，相应的福利制度安排也与组织化、社会化的生活模态无关，反而是直接作用于个体的公民权、受教育权、咨询服务权、再培训权、失业救济权、福利转移支付权等。这些改变迫使人们不得不接受培训，终生适应不断波动的市场环境和灵活的就业条件。

刘春荣：在《被遗忘的人民》这本书中，您考察丹麦的经验并提出了三个基本的生活模态，这些生活模态对生产和再生产来说是必要的一环①。这项研究敦促人们采取新的分析视角去理解福利国家和普通人的生活追求之间的关系。以各种形式出现的、直接或间接的个人行动都在向政府传达一些信息。哪怕是在组织化程度非常高的北欧国家，这些信息也是至关重要的。在福利国家的框架内，各种生活模态是如何共存且相互关联的呢？我们可以指望个人来承载不同的生活模态吗？生活模态的多样性是否意味着福利政策和政府的社会调控无法以普遍需求为前提条件？

托马斯·霍义乎普：从理论出发，某种特定的生产方式对应的生产关系结构中会存在一系列共存的生活模态（作为终端出现）。这些生活模态互为前提，是彼此存在的条件。换言之，它们相互依存却又彼此不同。作为一种有机的实践形式，每种生活方式都包含特有的意识形态概念。人们（作为承载者）正是通过这些意识形态概念来观察和理解彼此的生活模态（以及实践和意识形态）的。人们之所以会理解或者误解他人，都是因为他们基于自己的生活模态搭建了一套特殊的概念体系，并用这套概念体系来解读他人。当不同生活模态的人都通过自己生活模态内嵌的意识形态滤镜来理解这个社会及其他生活模态时，"生活模态中心主义"（life-mode-centrism）就出现了。在生活模态中心主义下生活的人们，不断地维护、重建或改造属于自己的生活模态。我们将这个过程定义为"新文化过程"（neoculturation）。

生活模态中心主义和新文化过程会助长生活模态各异的群体之间的敌对情绪，从而导致曲解和误读。对于那些生活模态较为突出的群体，要让他们理解世界上还存在其他定义"美好生活"的

---

① See Thomas Højrup, *Det glemte folk: Livsformer og centraldirigering*, Charlottenlund: Museum Tusculanum Press, 2002.

方式是很难的,毕竟他们认为自己对"美好生活"的认知才是普世性的。在北欧福利国家,这种生活模态中心主义已经成为主流意识形态的一部分。20世纪70年代,政府在生活模态中心主义的指导下对所谓的普遍需求和"普世价值"进行判定,实践上采用工薪阶层的生活模态,界定了作为手段的工作时间和作为目的的闲暇时间,在此基础上建立了一批旨在对工作和闲暇作意识形态区分的新机构。如果考虑非工薪阶层的生活模态,在工作和闲暇这组关系上建立目的-手段的联系是毫无意义的,因为这些生活模态对应的实践逻辑的背后,是一套截然不同的概念体系和目的-手段关系。不过,由于生活模态的概念化本就是为了分析人们的生活要素,不同的生活模态之间仍然可以拥有一些相关联的特征。我们可以利用这些特征来把握、理解和阐述男人、女人、家庭、社区在不同生活模态下的处境,以及这些特征在复杂和常常相互矛盾的模态中共存的方式。

刘春荣:在思想史上,约翰·斯图亚特·穆勒(John Stuart Mill)批评社会政策对经济增长的抑制性。穆勒似乎认为,社会政策服务之所以没有被取缔,仅仅是出于人道主义的考量。在历史进程中,这种经济推理在福利国家的叙事中不断复现。您是如何将民族学(生活模态之间的张力)引入福利辩论,进而构建和重申福利国家和社会政策的批判性或规范性基础的?

托马斯·霍义乎普:穆勒的经济推理并非没有受到挑战。凯塞德社会主义者(Katheder Socialists)第一个站出来反驳。① 他们声称不安全感是痛苦、犯罪和反社会行为的根源,会导致劳动力供

---

① 凯塞德社会主义者是19世纪末兴起的资产阶级经济学和社会学思潮的代表,他们主要构成是一些鼓吹资产阶级改良主义的德国知识分子,其主张也被称为"扶手椅上的社会主义"(armchair socialism)。马克思曾使用"凯塞德社会主义者"一词来批评阿道夫·瓦格纳(Adolf Wagner)对其价值形式分析的理论误解。

应的衰减和生产力的下降。换言之,社会政策可以被看作一种改善工人身体状况、提升生产士气的手段。根据丹麦前社会事务部长、丹麦国家社会研究所研究主任本特·罗尔德·安德森(Bent Rold Andersen)的观点,凯塞德社会主义者和俾斯麦都关注到,当作为旧福利来源的扩展家庭(extended family)、小教区团体瓦解,社会不安全感就会出现。在过去,古典经济理论认为经济增长取决于资本量级和劳动力供应,但安德森并不赞成这种说法。他强调俾斯麦的社会政策模型可信度越来越高,经济安全计划不仅能提升工人阶级的工作能力和生产力,还可以通过消除或降低经济不确定性的方式帮助后者适应经济和技术领域的结构转型。

安德森显然相信国家有能力帮助那些陷入困境的人。在宏观层面,国家可以通过制定政策来尽可能保证充分就业。在微观层面,国家也可以适当地援助那些"不得不"承受失业压力的人。为了强调和扩展安德森的观点,我认为在经济增长理论中,社会心理上的不确定感应当被视为负面因素。个体的不确定感及相应的反应模态(reaction patterns)会成为经济运行中的心理变量并非巧合,它其实是建立在人类行为假设之上所做的概念延伸。

这促使我开始思考经济增长和福利国家的关系。如果追求经济增长等同于追求外贸的自由化和一种经济至上的生活模态以创造更自由的资本主义环境来推动工业和服务业发展,那么显然不是所有生活模态都在客观上偏好经济增长。事实上,经济增长可能会摧毁某些生活方式,就像英国乡村社会被圈地运动摧毁,旧工业区会被亚洲工厂占据上风的世界贸易摧毁一样。在丹麦的案例中,经济学家以增长为抓手,优先提升投资者生活模态、职业者生活模态和工薪阶层生活模态中的经济利益,并将这种战略视为共享的、普遍的、自然的。这种自由主义增长战略不仅仅是一个政治选择,而且构成了高质量的、持续扩张的经济文化内循环。在实际的政治实践中,鉴于丹麦的经济发展严重依赖对德国和英国的出口业务,历届丹麦政府都将丹麦和英国参与欧洲共同体内部统一市场的自由化进程视为丹麦福利国家扩张的先决条件。如果将这种发展制度化,那么诸如市政改革、规划法和社会福利改革等国内机构重组的行动——或许我们也可以称其为基础设施全面改革体系——作为手段可以缓和其他生活模态的承载者对自由主义战略的抵触情绪。

刘春荣:您曾主张,战胜资本主义的不是革命,而是资本主义内部自发的变革。事实上,处于动态演化中的资本主义具有多面性。尽管一些生活模态仍然保持着相当的韧性和可持续性,不少传统的生活模态和当地社群在全球化和新自由主义进程中面临着结构性的压力,进而被重构、消解或合并。作为托乎普斯特兰德沿海渔民协会(Thorupstrand Kystfiskerlaug)的主席,您协助当地组织了渔民协会,致力于有效管理公共资源。2021年,在我对托乎普斯特兰德的实地考察期间,当地的渔民协会在自发、自愿的原则上建立的动态自治体制给我留下了深刻印象。当初您是如何想到将您对生活模态和福利国家的思考融入实践当中的?您的这项知识介入(knowledge intervention)的主要发现和感想是什么?

托马斯·霍义乎普:新自由主义借助圈地运动剥夺劳动人民对共同资源的所有权,并通过再分配将所掠夺的自然资源转移到掌握最强大生活模态或国家形态的权势集团手中。土地掠夺和海洋掠夺与这些政策密切相关。在我看来,一个国家持续依赖垄断厂商或企业来攫取自然资源并以此获利的做法是不可取的。

在丹麦,渔民群体凭借自主经营和分股分红政策所凝聚起来的竞争力,与国家针对沿海居民进入丹麦水域捕鱼所设立的宽松准入门槛相辅相成,推动了渔业的组织化进程,渔业作为一项训练男人和男孩走向大海的活动,被视为"装备海军的海员摇篮"(nursery of seamen to man the naval fleet,知名的海军谚语)。正因此，我认为借助压制性的法律权力将传统渔民排除在捕捞配额外并且声称普通渔民无法对自己的生活负责的做法是非常不道德的，这也是我参与渔民社会组织（福利国家的社会过程）的一个驱动力。通过组织互助的渔民配额协会，我们发现，尽管其他可预见的冲突无法杜绝，参与分股分红的渔民家庭能够自主学习如何民主地、有意识地、创造性地、高效地、负责任地管理份额（如公共鱼类资源的受益权）。在我看来，这对于地方和各层级的政治家、领导者和管理者而言是一堂必修课，同时也堪称丹麦为现代共同体主义理想和福利实践（welfare praxis）所作出的卓越贡献。

刘春荣：您在中国进行的田野研究，为思考福利国家与生活模态的形成提供了启发？在快速转型的中国社会中，您发现的国家和生活模态是怎样的？此前您曾表明，各种生活模态总是在一个国家内共存，各种国家形式总是在一个国家体制内共存。是否存在一些因素促使您重新思考传统中国和现代中国的国家形式和社会团结呢？

托马斯·霍义乎普：对于社会科学家和民族学家而言，中国的文化、历史和实践特别适合进行实证分析和理论研究。它就如何组织人们捍卫领土主权完整并以此建构差异化的生活模态，积累了大量实践经验。在多变的国际形势下，这种经验共同解释了几千年来中国国家形态的演变。一个典型的例子就是：农民的生活方式不仅对军事防御很重要，而且就中国自传统的帝国向奉行社会主义的现代人民共和国的转型而言，也发挥了关键性作用。这说明将普通人整合进政治决策的过程有利于塑造公民意识。

这种结构辩证法在当代仍然发挥着重要作用，它为那些秉持着"爱国立场"的资本主义企业家或职业经理人的生活模态的人提供了成为共产党员的机会。同时，上述生活模态又促进了中国防御模态和主权工作的新发展。私有制企业、家庭企业、集体企业和国有企业紧密合作,有机互动,共同维护了一个国家体制下的共生战略模态,我们或者可以将这种生存模态概括为"相互依存创生的国家形态"(the interdependency founding state-form)。在中国,没有共产党人的干部生活模态(cadre life-mode),这种国家形态是不可能形成的。相互依存创生的国家形态超越了西方国家形态中的那些见诸于市场和公共部门(或者说市场决策和民主决策之间)的、令人捉摸不定(mercurial)的鸿沟。在某种程度上,这让人不由得想起北欧福利小国的一些重要特征。

Robin Hood, the Piggy Bank and Welfare State Dynamics: An Research Conversation

Gøsta Esping Andersen　Stein Kuhnle　Thomas Højrup　Chunrong Liu

Text translated by Hanfei Wang

Abstract: Robin Hood and the piggy bank are two established metaphors on the role of the modern welfare state. "Robin Hood" symbolizes the image of a social redistribution system and "piggy bank" implies that the welfare state is positioned to social risk management and supports the smooth transition of individuals within their life cycles, thus demonstrating the function of social investment. With the aging population, climate and environmental changes, economic and technological disruptions, new risks are constantly increasing in welfare capitalism, challenging its pursuit of eradicating poverty and reducing social exclusion. Against this background, western welfare state has kept evolving with new institutional settlement and policy practices. In this academic interview, we invite three European scholars to share research insights on a number of enduring topics in welfare politics and governance, covering welfare regime diversity and policy innovation, the resilience of social democratic welfare systems, and the structural dialectics of welfare states and social life. It aims to enriching the understanding of contemporary Western welfare states and the re-negotiation of social contracts.

稿　　约

1. "复旦政治学评论"为学术性与思想性并重的政治学研究类系列丛书,由复旦大学国际关系与公共事务学院组织编写,每年出版1—2辑。"复旦政治学评论"坚持学术自由之方针,以推动中国政治研究的发展为目标。欢迎海内外学者赐稿。

2. "复旦政治学评论"每辑专题由编辑委员会确定,除专题论文外,还刊载其他中文研究性论文,兼及译稿、研究评论、书评及其他相关撰述。译稿请注明原文语种及出处。稿件须为未在任何报章、刊物、书籍或出版物上发表的作品,会议论文以未出论文集为限。

3. 研究性论文一般以一万字至二万字为宜,其他类型的文字可在一万字上下。

4. 来稿可为打印稿,也可为电子文本。来稿须符合"复旦政治学评论"文稿体例。

5. "复旦政治学评论"实行匿名审稿制度,由学术委员会审定稿件。收到稿件后三个月内,"复旦政治学评论"编辑部即通知作者关于稿件的处理意见。文字打印稿恕不退还。

6. 凡在"复旦政治学评论"发表的文字,并不代表"复旦政治学评论"的观点,作者文责自负。

7. 凡在"复旦政治学评论"发表的文字,著作权归复旦大学国际关系与公共事务学院所有。未经书面允许,不得转载。

8. "复旦政治学评论"编辑部有权对来稿按稿例进行修改。不同意修改者请在投稿时注明。由每辑执行主编负责具体工作。

9. 来稿请附作者署名、真实姓名、所属机构、职称学位、学术简介、通讯地址、电话、电子邮箱地址,以便联络。

10. 打印稿请寄:复旦大学国际关系与公共事务学院"复旦政治学评论"编辑部(邮政编码:200433,地址:上海市邯郸路220号)。电子文本请发至:ChunrongLiu@fudan.edu.cn。

稿　　例

一、来稿请按题目(中、英文)、作者、内容提要(中、英文各200字左右)、正文之次序撰写。节次或内容编号请按一、(一)、1、(1)……之顺序排列。正文后附作者简介。

二、正文每段段首空两格。独立引文左右各缩进两格，上下各空一行，不必另加引号。

三、正文或注释中出现的中、日文书籍，以及期刊、报纸之名称，请以书名号《》表示；文章篇名请也以书名号《》表示。西文著作、期刊、报纸之名称，请以斜体表示；文章篇名请以双引号""表示。古籍书名与篇名连用时，可用·将书名与篇名分开，如《论语·述而》。

四、正文或注释中出现的页码及出版年月日，请以公元纪年并以阿拉伯数字表示。

五、所有引注均须详列来源。注释一律采用"页下脚注"格式，注释序号为连续编号。参考文献置于正文之后。

六、注释与参考文献请参考以下附例。

(一) 书籍

1. 中文

(1) 专/编著：王沪宁主编：《政治的逻辑：马克思主义政治学原理》，上海人民出版社，2004年，第71页。

(2) 译著：[美]罗伯特·吉尔平：《国际关系政治经济学》，杨宇光等译，经济科学出版社，1989年，第207页。

(3) 文集中的文章：黄仁伟：《关于中国和平崛起道路的再思考》，载上海市社会科学界联合会编：《人文社会科学与当代中国》，上海人民出版社，2003年，第164—175页。

2. 西文

(1) 专著：Aberbach, Joel D., Robert D. Putnam and Bert A. Rockman, *Bureaucrats and Politicians in Western Democracies*, Cambridge：Harvard University Press, 1981, pp.35-44.

(2) 编著: Kenneth Oye, ed., *Cooperation under Anarchy*, Princeton, N.J.: Princeton University Press, 1986, p.38.

(3) 译著: Nikolai Kondratieff, *The Long Wave Cycle*, trans. Guy Daniels, New York: Richardson and Snyder, 1984, chapter 2.

(4) 文集中的文章: Raymond Aron, "War and Industrial Society," in Leon Bramson and George Goethals, eds., *War: Studies from Psychology, Sociology, and Anthropology*, New York: Basic Books, 1968.

(二) 论文

1. 中文

(1) 期刊论文: 阎学通:《中国面临的国际安全环境》,《世界知识》2000年第3期。

(2) 报纸文章: 丁刚:《多边合作求安全》,《人民日报》2005年3月23日,第三版。

2. 西文

(1) 期刊论文: Samuel P. Huntington, "How Countries Democratize," *Political Science Quarterly*, Vol.106, Iss.4, Winter 1991-1992, pp.579-616.

(2) 报纸文章: Robin Wright and Glenn Kessler, "Bush Aims for 'Greater Mideast' Plan," *Washington Post*, February 9, 2004, p.A-1.

七、注释或参考文献,如与上一引用完全相同,可简化为"同上"(英文用"Ibid."表示)。如与上一引用的作者、著作相同,页码不同,可简化为"同上书,第＊页"(英文为"Ibid., p.＊")。

八、互联网上下载的资料除应注明作者、题目、时间等信息外,还应注明完整网址及最后浏览日期。

九、请尽量避免使用特殊字体、特殊编辑方式或个人格式。

图书在版编目(CIP)数据

利益的关联、博弈与公共政策/陈明明主编.
上海:复旦大学出版社,2024.12.--(复旦政治学评
论).--ISBN 978-7-309-17743-5
Ⅰ.D0
中国国家版本馆 CIP 数据核字第 2024UY8333 号

利益的关联、博弈与公共政策
陈明明　主编
责任编辑/朱　枫

复旦大学出版社有限公司出版发行
上海市国权路 579 号　邮编:200433
网址: fupnet@fudanpress.com　http://www.fudanpress.com
门市零售:86-21-65102580　团体订购:86-21-65104505
出版部电话:86-21-65642845
上海新艺印刷有限公司

开本 787 毫米×960 毫米　1/16　印张 23.5　字数 295 千字
2024 年 12 月第 1 版
2024 年 12 月第 1 版第 1 次印刷

ISBN 978-7-309-17743-5/D·1204
定价:78.00 元

如有印装质量问题,请向复旦大学出版社有限公司出版部调换。
版权所有　侵权必究